中國現代教育社團史

周谷城題

“中国现代教育社团史”丛书书目

《中国现代教育社团发展史论》
《中华教育改进社史》
《中华平民教育促进会史》
《生活教育社史》
《中华职业教育社史》
《江苏教育会史》
《全国教育会联合会史》
《中国教育学会史》
《无锡教育会史》
《中国社会教育社史》
《中国民生教育学会史》
《中国教育电影协会史》
《中国科学社史》
《通俗教育研究会史》
《国家教育协会史》
《中华图书馆协会史》
《少年中国学会史》
《中华儿童教育社史》
《新安旅行团史》
《留美中国学生联合会史》
《中华学艺社史》
《道德学社史》
《中华教育文化基金会史》
《中华基督教教育会史》
《华法教育会史》
《中华自然科学社史》
《寰球中国学生会史》
《华美协进社史》
《中国数学会史》
《澳门中华教育会史》

推进教育治理体系和治理能力现代化……推动社会参与教育治理常态化，建立健全社会参与学校管理和教育评价监管机制。

——《中国教育现代化 2035》

当前，我国改革开放正在逐步地深入和扩大，激发社会组织活力，在整个社会治理体系建设中具有重要作用。现代教育治理体系的建设，也迫切需要发挥专业的教育社团的积极作用。在这个大背景下，依据可靠的历史资料，回溯和评价历史上著名教育社团的产生、发展、组织方式和活动方式等，具有现实意义和社会价值。总的来说，这个项目设计视角独特，基础良好，具有较高的学术价值、实践价值和出版价值。

——石中英

教育社团组织与中国教育早期现代化，既是一个有丰富内涵的历史课题，更是一个极具现实意义的重大课题。由中国教育科学研究院储朝晖研究员领衔的学术团队，多年来在近代教育史这块园地上努力耕耘，多有创获，取得了可喜的成果，积累了深厚的知识储备。现在，他们选择一批有代表性、典型性、产生过重大影响的教育社团组织，列为专题，分头进行深入的研究，以期在丰富中国教育早期现代化研究和为当代中国教育改革服务两个方面做出贡献，我觉得他们的设想很好。

——田正平

国家出版基金项目
NATIONAL PUBLICATION FOUNDATION

中国现代教育社团史　丛书主编 / 储朝晖

留美中国学生联合会史

张睦楚　著

西南大学出版社
国家一级出版社　全国百佳图书出版单位

图书在版编目(CIP)数据

留美中国学生联合会史 / 张睦楚著. -- 重庆 : 西南大学出版社, 2023.12
(中国现代教育社团史)
ISBN 978-7-5697-1693-1

Ⅰ. ①留… Ⅱ. ①张… Ⅲ. ①留学生—联合会—历史—研究—中国 Ⅳ. ①G648.9

中国国家版本馆CIP数据核字(2023)第018593号

留美中国学生联合会史
LIUMEI ZHONGGUO XUESHENG LIANHEHUI SHI

张睦楚 著

策划编辑：尹清强　伯古娟
责任编辑：万珊珊　刘江华
责任校对：王传佳
装帧设计：观止堂_朱璇
排　　版：吴秀琴
出版发行：西南大学出版社(原西南师范大学出版社)
　　　　　重庆·北碚　邮编：400715
印　　刷：重庆升光电力印务有限公司
成品尺寸：170mm×240mm
印　　张：16.75
插　　页：4
字　　数：300千字
版　　次：2023年12月 第1版
印　　次：2023年12月 第1次
书　　号：ISBN 978-7-5697-1693-1

定　　价：78.00元

总序

在中国教育早期现代化的历史进程中，无论是清末，还是北洋政府和国民政府时期，在整个20世纪前期传统教育变革和现代教育推进波澜壮阔的历史舞台上，活跃着这样一批人的身影，他们既不是清王朝的封疆大吏、朝廷重臣，也不是中华民国政府的议长部长、军政要员，从张謇、袁希涛、沈恩孚、黄炎培，到晏阳初、陶行知、陈鹤琴、廖世承，有晚清的状元、举人，有海外学成归来的博士、硕士，他们不居庙堂之上，却念念不忘国家民族的百年大计；他们不拿政府的分文津贴，却时时心系中国教育的改革与发展。是“研究学理，介绍新知，发展教育，开通民智”这样一个共同理想和愿景，将这些年龄悬殊、经历迥异、分散在天南海北的传统士人、新型知识分子凝聚在一起，此呼彼应、同气相求，结成团体，组织会社。于是，从晚清最后十年的江苏学务总会、安徽全省教育总会、河南全省教育总会，到民国时期的全国教育会联合会；从中华职业教育社、中华新教育共进社、中华教育改进社，到中华平民教育促进会、生活教育社、中国社会教育社、中华儿童教育社、中国教育学会……在短短的半个世纪里，仅省级以上的和全国性的教育会社团体就有数十个，至于以县、市地区命名，以高等学校命名或以某种特定目标命名的各式各样的教育会社团体，更是难以计数。所有这些遍布全国各地的教育会社团体，通过持续不断的努力，从不同的层面，以不同的方式，冲刷着传统封建教育的根基，孕育和滋养着现代教育的因素。可以毫不夸张地说，在传统教育变革和现代教育推进的历史进程中，从宏观到微观，到处都留下了这些教育会社团体的深深印记，它们对中国教育早期现代化的贡献可谓功莫大焉！

大约从20世纪90年代开始，中国近代教育会社团体的研究，渐渐进入人们的学术视野。20多年过去了，如今关于这一领域的研究，已经风生水起，渐成气候，取得了相当的成果，并且有着很好的发展势头。说到底，这是当代中国教育改革的需要和呼唤。教育是中华民族振兴的根基和依托，改革和发展中国教育，让中国教育努力赶上世界先进水平，既是中央政府和地方各级政府义不容辞的职责，也必须依靠广大教育工作者的自觉参与和担当。从这个意义上讲，中国近代教育会社团体与中国教育早期现代化研究，既是一个有丰富内涵的历史课题，更是一个极具现实意义的重大问题。中国教育科学研究院储朝晖研究员，多年来在关注现实教育改革的诸多问题的同时，对中国近代教育史有着特殊的感情，并在这块园地上努力耕耘，多有创获，取得了可喜的成果，积累了深厚的知识储备。现在，他率领一批志同道合的中青年学者，完成了“中国现代教育社团史”的课题，从近代以来数十上百个教育社团中精心选择一批有代表性、典型性、产生过重大影响的教育社团，列为专题，分头进行了深入的研究。我相信，读者诸君在阅读这些成果后所收获的不仅仅是对教育社团的深入理解和崇高敬意，也可能从中引发出一些关于当代中国教育改革的更深层次的思考。

是为序。

田正平

丁酉暮春于浙江大学西溪校区

目录

第一章

导论

留美中国学生联合会在近代留学教育及近代中国转型变迁过程中具有重要的地位，参与联合会的留美学生对中国教育现代化贡献巨大。然而由于各方面的原因，对近代留美学生境外社团的研究尚不充分，也缺乏对留美中国学生联合会的组成、运作、组织等方面的问题进行系统的回溯，这无疑是中国近现代社团史研究的一个缺憾。在此情况下，全面考察留美中国学生社团不但具有独特的学术价值及现实意义，而且对当下各类教育社团的发展与改革具有重要的参考以及借鉴意义。

第一节　留美中国学生联合会研究的价值和意义

社团是一种实体或正式组织，英国学者罗伯特·M.麦基佛（Robert M. Maclver）在仔细考察"社团"的内涵特征之余提出了社团的目的属性，他认为"社团作为社会内部的一个器官，是为了社会达成某一类特殊目的并发挥作用而人为组成的团体"。[①]在社会学当中，社团又被认为是一种过程或是一种实体，就第一方面来说，所谓的"过程"是指许多个体为了某个特定的目标而相互发生作用；就第二方面来说，"实体"则是指由个人联合而成的组织，因此可以说社团是一群人为着达成某一目标或多种目标而聚合成的一种有机组织。社团通常依

① 麦基佛：《现代的国家》，胡道维译，商务印书馆，1937，第20页。

据其功能来分类，在此范围下具有特定功能的社团均属于某一类特定社团，特定的社团以特定的目标为自己的职能范围，开展特定的社团活动。现代中国的社团，萌芽于近代时期，这一时期恰是“市民社会”和“公共领域”急速发展的重要阶段，各类社团纷纷成立。由于成立的背景不同、社团主体不同、发展宗旨不同，运作方式也不尽相同，因此很难对这些社团进行一个相对严格的分类，例如：有的社团致力于国家实业的提升，有的社团致力于国家经济的改进，有的社团致力于社会文化智识的提升。可以说中国近代社团类型纷繁复杂，彼此间也有相当程度的联系。为了便于研究且按照本套丛书编写的定位，本研究对社团的探讨主要集中于中国近现代的文化教育社团主体之上。在中国一百余年的教育现代化进程中，这部分教育文化社团依靠对当时政治经济和教育发展形势的深远洞见，纷纷开展了一系列的社团活动，以推动中国近代教育的变迁及社会的发展。因此，可以说这些近现代教育社团对于中国社会的发展有着举足轻重的作用。

中国的教育社团自清末就渐渐萌芽，随后不断创生，在民国时期得以繁荣。学术界一般认为中国近现代时期的学生社团起源于1904年京师大学堂的抗俄铁血会，之后经历五四运动的洗礼，学生社团得到了长足的发展，逐渐成为集结青年才俊的主要阵地。对于学生社团而言，不同角度的检视具有不同的特征，以下分别从组织社会学、公民社会的视角进行说明。从组织社会学的视角来看，学生社团是一个开放的系统；从公民社会的视角来看，学生社团是国家权力向社会回归的桥梁和纽带，社团肩负着发展公民社会的历史使命。[①]学界一般认为，早期诞生的一批社团组织，其结构一般较不完善，活动时间较短，影响范围也较为有限。此后，逐渐发展出了一批较为成熟的教育社团，这些社团大多具有相对完整、成熟的社团章程，一套较为规范的运行机制，并通过各种各样的交流活动或是创办刊物以逐渐扩大自身的影响力。据相关统计，1912年至1922年这十余年间，中国本土新增的教育社团就达到了68个，这68个性质各异的社团在当时产生了较大的影响，其中有少数社团时至今日仍旧在运作。这部分社团的培植土壤皆取自于中国这片土地，其后期运作也是在中国本土逐渐进行的，社团通过组织运动、制订政策、推进教育实验、召开年会、举行演讲、邀请

① 李浩泉，李姗泽：《学生社团研究的若干问题》，《教育评论》2013年第5期，第72-74页。

名人讲学等多种形式，实践着中国近代教育转型的最良善、最鼓舞人心的理念。重要的是，随着相互联系的不断加强和新生力量的不断聚集，分散各地的教育社团也逐渐联合，成为全国性、区域性的大团体，例如全国教育会联合会、中华职业教育社、中华教育改进社、中华平民教育促进会总会、江苏省教育会、上海青年会、青年协会、寰球中国学生会等社团。其中一些团体甚至还实现了从“本土”到“异邦”的跨越，它们积极主动地与国际力量合作，实现了自身社团会务活动的国际化转型，如寰球中国学生会、中华教育改进社、全国教育联合会等社团。

学术界对近现代教育社团也日益关注，随着“市民社会”以及“公共领域”逐步应用到中国历史的研究中，在近代创立的民间社团也逐渐成了现今国内外学界关注的对象。有学者认为，致力于推进教育发展的社团是各类社团中的一个种类。依据不同的标准对社团进行分类时，我们会发现一些社团兼备多种性质，具有教育性的社团可能同时具备政治性、科学性、艺术性、道德性、军事性、实业性等特点，或者是与教育相关的某一思潮或运动相联系。教育社团大致可分为以下七类：(1)中央、省、市、县的相关教育会；(2)有教育思想导向的教育社团，如中华教育改进社、华法教育会、国家教育协会、少年中国学会、中国教育学会、生活教育社等；(3)以基金会为基础的教育社团，如中华教育文化基金董事会、哈佛燕京学社、鸿英教育基金会等；(4)教育专业领域的社团，这类社团数量最多，也最具多样性，例如通俗教育研究会、中国科学社、师范教育研究会、华侨教育社、教育法令研究会、图书馆协会、中华学艺社、世界语研究会、中华心理学会等；(5)与相应的运动伴生的教育社团，如中华平民教育促进会、华法教育会、收回教育权运动、道德学社、中华全国学生救亡会、平民教育讲演团、平民教育社等；(6)教育机构联合组建的社团，如全国教育会联合会、国立高等师范联合会等；(7)学生社团，包括中国学生赴日本、美国、英国成立的社团等。[①]倘若对上述这些教育社团进行检视，可以说以往对近代教育社团的研究中本土教育社团占有较大的比重，而创生于海外、由海外留学生联合组织的教育社团占较小

① 储朝晖：《中国现代教育社团发展史论》，西南师范大学出版社，2020，第169-171页。

的比例，很显然学术界现有的研究对海外学生联合群体的关注仍然不够。[①]但后者作为近代各类学术社团在彼岸的一种独特的派生形式，自然也具有较高且独特的研究价值。从中国近代社团研究的地域外延来看，由海外留学生联合组织的教育社团反而更具有研究意义与典型特征。倘若论及海外学生社团，则以留美学生所创办的"留美中国学生联合会"(Chinese Students' Alliance in the United States/ C.S.A.，以下或简称为"联合会")为代表。这一团体之所以具有较高的研究价值，是因为该"联合会"作为近代中国留学生团体之"母体"，它的创建很大程度上是基于中国当时的国情与美国社会相互结合，在当时众多境外的学生社团中所产生的影响是最大的，所吸纳的社团会员数量也是最多的，因而最具有代表性。以这一学生联合会为主题进行研究，剖析其组织形式与结构及其运作方式，并探讨其与中国社会、美国社会的互动情况，有利于从留美学生社团发展的角度考量近代社会历史的发展、学生组织自身的发展与双方国家之间的关系，有助于探讨一种近代教育社团"境外派生"新型的运作方式。因此，对于这一特殊学生社团的研究，自有其独特的意义所在。

从实质上讲，对留美学生社团的研究依旧属于对近代留学生研究的范畴。具体来讲，其属于近代中西文化交流史研究的范畴。正所谓"新中国之发达必速，其进行之初，纵或徐徐……中国少年尤应于此时为国人之向导"[②]。研究近代历史的变迁，不能不碰触到近代学生的问题；而研究近代学生的问题，则不能不碰触到近代留学生。由此，留学生成了研究近代中西文化交流进程绕不过去的一个重要问题，其中缘由是这类群体对于近代中国社会、政局、教育、文化产生了巨大作用——这取决于留学生的正向推动作用，加之在此之后"留美诸生，独以美国退还庚款之运用，成为一枝独秀"[③]，更突显了留学生的重要性。但是此后由于"民国以来的政局，至北伐完成而粗定，但继之而起者为抗日……政局的动荡影响了教育，政局不稳则教育亦难推展，在这种情况之下，我国海外留学

① 张剑：《科学社团在近代中国的命运——以中国科学社为中心》，山东教育出版社，2005，第2-3页。有的学者还对近代中国的社团数量进行了统计，如学者桑兵就曾对1901—1904年的社团做过统计，共有271个。(桑兵：《清末新知识界的社团与活动》，生活·读书·新知三联书店，1995，第275页。)

② 杨锦森：《论中国留美学生》，《东方杂志》1921年第8卷第12期，第34页。

③ 林子勋：《中国留学教育史(1847—1975)》，华冈出版社，1976，第590页。

诸生始终在艰难困苦之中挣扎”[①]。因此，留学生群体需要团结起来，形成一股“群力”，以便能更好地解决现实中遇到的一系列问题。

具体来看，大多数留学生处于这种特殊的困境之中，与全体国民相同，他们与生俱来的民族意识实际上正是大多数留学生应对种种危机的主要精神凭借，贯穿于他们学术志业和思想的是一种典型的民族主义关怀。[②]这种情感则明确地体现为留学生群体身上的“家国情怀”意识，或者是“民族主义”意识，这种意识成为直接推动留美学生成立境外社团的最核心情愫动力。甲午战争后，清政府便已意识到国家实力渐衰，于是向日本（随后是美国）派出留学生，随后国家经历了一系列的历史遭遇，不可谓不是一段深刻的历史记忆。这段时期也正是中国民族主义迅速形成（Formative Era）、迅速升温（Developmental Era）、迅速变动（Dramatic Change Era）的关键期。在这一时期，中国学子漂洋过海奔赴异国，以谋求强国之道，由于异邦结社理念的影响以及留学生们自发自觉意识的推动，这些心怀理想的学子在他乡组建成立了各类学生团体。这些学生团体使留学生得以群聚在一起，以实现共同的理想。按照哈贝马斯“理性交往”理论，社会交往是社会科学的根基。留美学生通过相互集结形成一个理性交往的群体，使得留美学生的交往行为、沟通方式产生了极大的改变，同时通过一定的合作交流形式，提升了交往沟通的效率，从而构建起属于自身群体独特的沟通世界，并达成了相对一致的理解与共识，协调规范着留美学生在异邦的学业生活方式及行为准则。

20世纪80年代伊始，无论是在教育学的研究中，还是在教育史分科的研究领域之下，对留学教育的研究逐步发展成为一门进展较快的学科，但现有的大部分学术研究仍停留在留美学生归国之后所做出的贡献等方面。有的学者针对此问题，指出“资料的收集与整理依然薄弱和滞后，中外学术交流和信息沟通的严重不足”这一研究困境。[③]对留美学生在留学期间所聚集起来开展的一系列学术探讨与社会活动方面的具体研究仍然是一个相当薄弱的环节，尤其是对于留学生在海外所组建的社团的研究，由于受史料条件和其他客观条件的限

① 林子勋：《中国留学教育史（1847—1975）》，华冈出版社，1976，第590页。

② 章清：《“胡适派学人群”与现代中国自由主义》，上海古籍出版社，2004，第434页。

③ 刘集林等：《中国留学通史（晚清卷）》，广东教育出版社，2013，第17页。

制，相关研究极少。因此，这其中所涉及的专题与领域仍然有待研究，尤其是对留美学生在美国所创立的这一最具代表性的联合社团的研究还处于起步阶段。对留美学生联合会进行相关的研究，无疑是对近代留美学生社团境外研究领域的拓展，也是对近代留美学生社团境外考察的一种重要的派生形式，在学术方面具有一定的意义。

传统中国没有严格意义上完整且大规模的海外学生组织，自然也没有具备相应功能的组织联合会。当然，对留学生群体的关注，长期以来也并未能够突破传统意义上重视归国留学生的局限，未能有更多的研究去关注海外留学生群体。随着近代留学事业的发展，正式的学生社团得以创建并走上了历史前台。与国内所成立的社团组织大发展相比较，留美学生联合会这一学生社团无论在创建的现实背景、组织形式、组织程序、社团功能，还是在与中、美双边的关系等方面，都有其自身的特征。对留美学生联合会的研究，有助于从学术社团发展的角度考察近代社会历史发展的脉络，进而探讨学生群体社团与社会、政治、学术、政府等方面的互动关系，从而深化与扩展近代中西文化交流史的研究。

从现实来看，在经历了一个多世纪的历史发展之后，关于留美学生所建立的一系列学生联合社团的相关问题也日益突出。由于环境的变化，中国缺乏学生公众领域赖以生存的土壤，也可以说这种结社在中国的兴起与创立实为一种“无土培植的过程”，要想牢固其根基实属不易，更无从谈起建立一个自由的学生“公共领域”的可能。[①]尤其是现今在海外创设的留学生社团的某些功能及某些权利还未能保障，譬如对于国家议政的权利、对于社团活动的自治权利与独立开展活动，甚至是创刊办报等方面的能力及权利都并未得到充分的发展及保

①章清：《自由主义：启蒙与民族主义之间》，载刘青峰编《民族主义与中国现代化》，香港中文大学出版社，1994，第417-418页。学者白鲁恂同样认为由于中国的独特性，民族主义极有可能演化成一种恶劣的政治结果，即中国的政治权力被一群“污染了的、有缺陷的、不配成为领导中国民族主义的人”所把持、所掌控，这些人并非是最具学问的、最现代化的，其中没有对现代世界有着深刻了解的人，甚至没有一个会说外语的人。（参见白鲁恂：《中国民族主义与现代化》，载刘青峰编《民族主义与中国现代化》，香港中文大学出版社，1994，第536页。）张灏先生也认为，以汉族族群中心意识为主干的中国民族主义还有一个特征使得它难以捉摸，时而展现其偏激性与极端性……中国传统文化自称华夏文化，自视为世界的中心，在近现代受到种种的挫折与屈辱以后，有时产生盲目仇外与自我狂大兼而有之的情结。这种情结很容易在民族主义里寄生，使得民族主义也潜藏一种义和团式的极端主义趋向，时而把中国带上反现代化偏激自残的道路。（参见张灏：《幽暗意识与民主传统》，新星出版社，2006，第175-176页。）

障。国内的一些相关机构对海外学生公共团体尚且处于“远程遥控”的阶段，甚至有一些社团并没有得到国家体制的保护与承认。海外留学生所组建的社团得以自由活动的空间显得十分狭窄，自然更谈不上建设起一个政治权力之外的纯粹的社团，更无从谈及社团建制化。因此，对于当今国家而言，作为民主政治基本条件的公众学人或学生群体得以自由讨论公共事务、参与政治的活动空间是极度缺失的。[①]留美学生联合会作为近代以来留美学生自发组织而成的一个学生自治团体，在某种层面具有“公共领域”的特性。对这一特殊“公共领域”的发展进程进行研究，有助于更好地对近代大范围背景之下各类“公众群体领域”或是“留学生公共空间”等问题进行研究。因此，通过研究以反思民国时期留美学生试图“造一学生社团”以“实现自治理想”的经验与教训，能为今天的教育工作研究者和决策人员提供可资参考与借鉴的历史经验；促进中国当今相关教育团体的改革理念或政策更好地作用于实践；加强学术与社会、教育团体与政府之间的沟通。这是本社团研究的核心意义之所在。

从个体层面来看，在彼时风雨飘摇动荡的社会生态中，留美中国学生没有抛弃国家，依然聚结成为一个具有向心力、凝聚力的学生团体，以图富强国家。而如今国家情况远胜当时，战火硝烟的年代早已远去，国家大力推进实施的“人才战略”“教育兴国”等，正进一步发挥教育强国的功能。在这一全新的现实背景之下，当代学人或学子，尤其是留美中国学生所集合形成的留学生团体，是不是更应该肩负起一种对于国家、民族命运的使命，责成自身完成对国家理应实现的义务？当今出国留学、归国学生的数量日益增长，这些学生在海外往往集结成群，或是致力于学业交流，或是致力于生活交往，其中所呈现出这样那样的问题，也都是现今研究留学生团体所绕不过去的问题。基于此，可以说留美中国学生联合会相关研究所论及的不仅仅是学生社团的建设、发展、变迁等一系列的历史变迁情况，更重要的是进一步将研究重点扩展到联合会在近代中国转型背景中的地位，将研究的实现放置在近代境外学生社团的价值之上，这也是对实践最有价值的启示所在。从这个层面上来说，对留美中国学生联合会的历史研究不仅仅具有回首过往的功能，还具有启发当下的作用。

---

① 哈贝马斯:《公共领域的结构转型》，曹卫东等译，学林出版社，1999。

第二节　关于留美学生集结成群相关研究的学术史回顾

从实质上而言，本研究隶属于留学教育史的范畴，留学教育史的相关研究在20世纪80年代已进入鼎盛时期。在某种程度上也可以说，整个留学教育史已经是相对成熟的研究领域，涌现出了一系列较为引人瞩目的学术成果，如毛礼锐、沈灌群主编《中国教育通史》，陈学恂主编《中国教育史研究》，王承绪、张瑞璠总主编《中外教育比较史纲》，王炳照、阎国华总主编《中国教育思想通史》，李国钧、王炳照主编《中国教育制度通史》，张瑞璠、黄书光主编《中国教育哲学史》。此外，周棉的《中国留学生论》关注到留学生"人"的个体，其内容分为留学教育发展论、留美生与重要社团事件论、留学生与中外文化交流论、留学生人物论四个方面，进一步拓展了留美学生个体与时代背景、重要社团、中外交流等方面相互影响的研究理路。周棉先生先后于2011年及2015年主持了两个国家社科基金重大课题，其成果在2017年入选国家哲学社会科学成果文库，其代表成果为《留学生群体与民国的社会发展》，是凝聚作者及其研究团队数十年辛劳的力作，也属研究者及其团队在留学生研究领域的巅峰之作。全书共分为上、下二编：上编以民国时期政治和社会变迁进程为主要论述线索，按照清末至民国的历史阶段进程，建构大的纵向论述框架，以体现历史学的学科本位，将留学生群体的演变、角色及作用作为基本考察内容；下编以专题为线索，重点考察留学生群体对民国社会发展的多方面作用及贡献，以突出留学生群体在民国现代化进程中的重要性及留学生研究的特色。对于留学生的研究，另有一部分教育史研究学者从留学生与国家转型互动、哥伦比亚大学留美中国博士名单、民国时期知识分子的家国情怀、留美海派中的学衡派知识分子、近代大学理念的旧模式与新范式、留学生个体与民国时期高等院校教育系科时代变革、留学生与中国教育现代化、民国知识分子与近代职业教育演进、近代中国高等教育学术缘起等视角入手，并产出了相关的研究成果。

亦有不少历史学和教育学领域的学者从事留学教育史研究。如王奇生在早期著作《中国留学生的历史轨迹(1872—1949)》《留学与救国——抗战时期海外学人群像》中指出，19世纪末20世纪上半叶海外留学生群体，人数虽然不多，但其群体能量不容低估。由于他们在早期直接经历了欧风美雨的洗礼，无论是知识结构、价值观念还是行为规范，都迥异于传统士大夫，但又继承了传统士大夫"天下兴亡，匹夫有责""当今天下舍我其谁"的壮志豪情，这样的矛盾奇妙地体现在了留学生群体之上。王奇生的研究将留学生一共分为六个时代，这六个时代分别为19世纪70年代至19世纪末、20世纪最初10年、20世纪10—20年代、20世纪30—40年代、20世纪50—60年代、1978年改革开放之后。在他的研究中，出国热分为六次，回国潮分为三次。其研究中令人眼前一亮的是，特单辟一节研究留学生的心态问题。他指出，留学生在域外人格与国格重叠，个人与国家一体，这种客居异国的特殊感触和特别心理，是国内一般民众所难以体认的。尚存的民族文化优越感，与弱国子民的屈辱感交织杂糅在一起，这种特殊环境的特殊感受，激发着具有强烈使命感的留学生的爱国精神。他认为，留学生在异国主要通过以下几类活动救国：(1)进行救国的国际宣传；(2)联络和引导华侨；(3)开展学术研究；(4)积极与闻国事；(5)创办救国刊物。《留学与救国——抗战时期海外学人群像》运用了大量历史档案文献资料，考证翔实，对近代中国的留学教育史做了全面论述，也对抗战背景下留学生海外生活和救亡运动进行了讨论，展现了一个特殊历史环境下留学生的使命与实际作为。此外，吴汉全、王中平的《留学生与近代中国社会变迁》，基于历史变迁的历程与思想文化演进的逻辑，以专题研究和个案研究分析为主，详细梳理了留学生与近代中国社会变迁的关系。该著作较为精彩的章节为第五章，着重对晚清时期留学生与中国现代学术起源的关系进行了考察，如留学生如何引进西方进化论的学术观念、如何推动中国传统学科的转型、如何创建社会科学的新学科等；第六章主要考察了五四时期留学生群体对于西方观念的群体分化，指出留学生在所谓的"主义"阵营中产生了理念分化，文化保守主义的兴起使得留学生群体观念再度产生了分化，最终分化为自由主义阵营与马克思主义阵营；第十章详细论述了留学生的本土意识及其爱国热忱，主要以清华早期留美学生群体为主体进行论述，并罗列了部分留学生社团及其政治主张，详细描述了新中国成立初期留美学生归国热潮与爱国主张。另外，章开沅、余子侠所著的《中国人留学史》以1949年为历史断点，分为上下二册，论述了中国人自1895年初赴洋留学之历史，其中对本课题较有参考意义的为上册。其留学史以潮流及风帆为喻，分为起航维艰(甲午战争之前的留学行动)、热潮初起(清末十五年:1895—1911)、潮起潮落(民国前期:1912—1927)、一波三折(民国后期:1927—1949)四个篇章。该著作史料选择精当、视角独到,脉络清晰且行文流畅,不失为一部佳作。

以上这些学术著作,更多关注留学生归国之后的影响与贡献,这无疑是正确的,也是可资借鉴的重要研究成果。叶隽在为海外中西文化交流研究学者叶维丽著《为中国寻找现代之路——中国留学生在美国(1900—1927)》所撰写的总序《留学史丛书》中认为,留学生之所以重要,就在于其留学背景,若舍去对其留学经验的深入考察,则异质文化碰撞的具体镜像就无从体现。同时,研究者通过阅读原始文献,查阅各大期刊网,发现学术界对该主题研究相对较少,无论是相关书籍还是论文数量都不多,即便是有所关注,也多以小论文等零散的研究形式为主,着眼点主要集中在历史脉络的梳理上,或是大线条、全景式的描述上。该研究主题还有待进一步深入发掘。即使有少数成果是从全新的角度研究相关问题,也仍然有进一步研究的空间。此后不少学者对这一问题做出探讨,使本研究能够从中吸取充足的养料,获得坚实的基础。毕竟"近代中国的留学不只是一个教育的问题,而是一个必须放在中国近代史的脉络上来处理的问题",留学在近代中国历史上产生了深远的影响,与社会上诸多问题相互联系在一起,形成了一种立体的关系网,其中包括社会学、人类学、文学等相关学科的研究方法,以及教育类通史、教育思想通史、教育制度通史、近代教育哲学史,为便于研究,以下分别对本研究相关文献做一个详细检视。

虽然有少数学者(主要是境外学者,尤其是美国的学者)对留美学生集结成群进行了相关研究,但由于资料的限制,对这一海外学生群体的研究尚未形成丰硕的成果,在很多研究领域及主题方面还存在空白。实际上,对社团的学术研究肇始于19世纪末的西方学术界,中国学术界对这一主题的研究大约兴起于20世纪初,到二三十年代有初步发展,研究的范围主要集中于秘密会党[①]或工商行会、慈善团体、科学社团,研究的内容也以社团的史实查考和现象陈述为主。这一类研究主要是以北美中国基督教协会、少年中国学会、中国科学社为中心的一系列社团研究。学者梁冠霆在《留美青年的信仰追寻:北美中国基督

① 文宙:《中国的新旧秘密结社》,《东方杂志》1927年第24卷第15期,第91页。

教学生运动研究(1909—1951)》中,主要介绍了北美基督教中国学生会(The Chinese Students' Christian Association in North America/C.S.C.A)的创立与发展。该著作中参考了耶鲁大学神学院保存的组织档案进行研究,对这一群体中的留美中国学生身份进行了极为细致的考察。作者在研究中认为北美基督教中国学生会中的成员们既是一名中国人,又是一名接受美国价值观的基督徒,因此在信仰方面有冲突;同时指出他们肩负着双重使命:作为中国人,他们要振兴中华,使自己的国家摆脱贫穷落后的地位,而作为一名基督徒,他们又要把主的福音传播到中国,在中国建立起一个上帝的国度。在这种双重身份、双重使命的促使下,这些留美中国学生在面对中国在20世纪上半叶所经历的种种变迁时,做出了自己的选择和判断。作者以此为切入点,描述了近半个世纪的北美基督教中国学生会的命运。王奇生在《近代中国学会的历史轨迹》中对清末学会的发展阶段进行了划分,第一阶段为1895年强学会成立至1898年,第二阶段为1904年清政府顺应大势解除党禁,此后1908年学会得到蓬勃发展。学者张剑在《科学社团在近代中国的命运——以中国科学社为中心》中运用了科学社会学、历史学等方面的理论及方法,全面地梳理了近代中国科学社团在震荡的近代中国社会中的演化及其对中国科学发展的影响,探讨了中国科学发展与社会变动之间的关系,主要分析了中国科学社在社会变迁当中的角色调适、中国科学社的主要事业对中国科学发展的影响、中国科学社与中国科学家社会角色的形成、社团社员群体与领导层的社会结构与社会网络等问题。其研究表明,类似于中国科学社这样的民间私立社团在近代中国虽然影响很大、作用突出,但仍旧没有找到一条可以健康发展的体制化道路,社团与社团之间也存在着各种分歧,没有结成统一的社会力量以制衡政府强权。张剑还研究了蔡元培与中国科学社的相互关系。[①]另外一位学者吴小龙在《少年中国学会研究》中指出,少年中国学会是五四时期最有名、影响最大的社会团体,由于该学会吸纳了当时大多数知识精英和青年领袖,因此这一学会始终发挥着重要作用,但后来出人意料地陷入内部矛盾之中,最终沦落到了解散的境地,究竟其中的原因有哪些。作者认为这一问题十分值得研究。该著作以一种全新的社团分析方式主要分

① 张剑:《蔡元培与中国科学社》,《史林》2002年第2期,第56-71页。

析了学会的筹备及成立、主要活动及理想追求、学会内部的各类思想论争（包括围绕“国家主义”所进行的激烈斗争、理性追求及非理性追求的相互牵绊），以及学会后期的逐渐分裂。[①] 范铁权在《近代中国科学社团研究》中分上、下两编对近代中国科学社团的发展进行了历史考察：上编主要考察了近代中国科学社团的发展概况，将近代中国科学社团的发展共分为五个阶段，分别是胚胎期——戊戌维新时期的科学社团，萌芽时期——清末科学社团（1900—1911），生长与发展时期——民国时期的科学社团（1912—1937），曲折与挣扎——抗战时期的科学社团（1937—1945），联合与奋进——解放战争时期的科学社团（1945—1949）；下编则分专题逐一考察近代科学社团的主要功绩，例如近代中国科学社团主要致力于传播科学和科学化运动、探索中国科学的体制化、投身于科学教育、推动社会关系发展等一系列事业。[②]除此之外，对于少年中国学会的研究，还有陈正茂的《理想与现实的冲突：少年中国学会史》。[③]该成果主要立足于晚清民族主义传统之沿袭，及新文化运动影响的背景之下少年中国学会发起的背景、学会成立的动机、学会发起的经过、学会的活动与发展、学会与反宗教运动、学会与“收回教育权运动”、学会的分裂等方面内容，尝试还原少年中国学会的历史图像，并希望能够经由此图像的描摹诠释，给予读者关于少年中国学会的研究一个有价值的参考。

基于近代学者集结成群的研究，学者许纪霖则提出了近代中国的“知识人社会”这一概念。他认为晚清科举制度的废除，使得士大夫成了自由流动的资源，于是也形成了一种全新的“知识人社会”。这一“知识人社会”拥有学校、社团及传媒三个重要的公共建构，这使得学子的文化影响力空前提高。[④]另外，还有一部分关于近代学生社团的相关研究，例如：蒋宝麟等人将学人社团与近代中国私立大学相结合展开研究；[⑤]孙广勇对近代教育会的研究；[⑥]王建芹的研究

① 吴小龙：《少年中国学会研究》，上海三联书店，2006。

② 范铁权：《近代中国科学社团研究》，人民出版社，2011。

③ 陈正茂：《理想与现实的冲突：少年中国学会史》，秀威资讯科技股份有限公司，2010。

④ 许纪霖：《重建社会重心：近代中国的“知识人社会”》，《学术月刊》2006年第38卷第11期，第143页。

⑤ 蒋宝麟：《学人社团、校董会与近代中国私立大学的治理机制——以上海大同大学为中心（1912—1949）》，《华中师范大学学报（人文社会科学版）》2015年第1期。

⑥ 孙广勇：《社会转型中的中国近代教育会研究》，华中师范大学出版社，2007。

选取不同社会结构、不同文化发展阶段、不同文化基础的社团组织，对其发展状况进行仔细梳理与归纳，揭示了近现代社团组织"从自愿到自由"的发展趋向[①]。此外，相关的研究还有学者桑兵对清末知识界的社团活动的研究、[②]近代留美学生与中国社会学社的研究等。尽管这些成果对于留学生社团的研究有所涉猎，却很少对留美中国学生联合会进行研究，即使有对联合会的相关研究，也仅仅是将其列为单独的一个章节，简要地对联合会的历史背景进行相关梳理，并没有专门针对这一社团的专著成果。基于此，对留美学生群体是怎样的情况、这一社团群体究竟是如何运作的，开展了哪些会务活动等一系列的问题，目前仍然缺乏细致的梳理与分析。由此带来的问题就是，近代留学教育、近代中西文化交流史等方面的真实面貌还依然十分模糊，对这段历史的还原与历史细节的进一步探究依然是学界需要完成的工作。

通过对以上学术界现有的成果进行详细的梳理，可见学界现有的研究没有将这些研究与学术关注放置在异邦留学生"社团群体"的背景之下进行再思考。虽然有对近代学生社团进行研究的相关成果，但对于留美中国学生联合会的关注仍然不够。尤其是学界对于留美学生已有的研究，主要集中在探讨留美学生对中国近代社会变革的影响，所呈现出的是留学生群体对于中国产生影响的一系列结果，并且偏重于探讨留学生归国之后的一系列活动，而对以美国为主的国外环境之下的中国学生所成立的社团研究相对较少。也就是说，这些研究呈现出了一种直线平面化的研究模式，重视留学生"回到中国"(Back in China)的经历，却对他们"求学海外"(Study Abroad China)的经历有所忽略。尽管已经有不少学者注意到这一方面研究的问题，但是就相关成果而言仍然不足，其研究的重要性也有必要再进行强调，对这段历史的还原与历史细节的进一步深入探究依然是学界需要完成的工作之一。鉴于此，本研究从海内外大量的中英文史料入手，展现出当时的留美中国学生联合会的一系列变迁过程，从而以一种全面的、全方位的视角对留美学生团体进行更为充分的研究。

---

① 王建芹等:《从自愿到自由——近现代社团组织的发展演进》，群言出版社，2007。

② 桑兵:《清末新知识界的社团与活动》，上海三联书店，1995。

第一章

中国学生留美及其结社活动的发展

20世纪初,中国学子漂洋过海奔赴异国,以谋求强国之道,由于异邦结社理念的影响以及留学生们自发自觉意识的推动,这些批心怀理想的学子在他乡组建成立了各类学生群体,这些学生群体使,留学生得以聚集在一起,以实现共同的理想。之所以在异国的土地上出现这些学生群体,一方面是由于随着近代留学的风起云涌,留学生群体逐渐壮大,加之深受美国的社团理念影响,学生结社具有了现实的需要及可能;另一方面则是由于留学生群体意识的逐渐兴起,学生在海外聚集起来,逐渐意识到只有采取"从个体到群体"这一途径,才能聚集海外人才,发挥学生应有的群体力量,从而推动近代学术团体的发展。

第一节　外部推动力:美国社团文化对中国留美学生的影响

留美中国学生联合会是近代海外留学生的自治组织。在当时出现的诸多学生社团中,由于其所吸纳的中国留学生人数最多,聚集了大批留美青年学子以及其他社团中的精英分子,而这部分精英分子又广泛分布于全美各地,加之联合会有效地组织与开展了各项会务事业,因而其在留美学生群体中产生的影响力是最大的。"联合会"的创立与发展对其他学生社团具有示范与指导作用,在留美青年当中也具有极大的感召力。留美中国学生联合会作为学生群体当中最具特色的学生联合会,其成立与发展有着重要的意义。近代美国几乎成为我国训练精英人才的重要场所,我国先后派遣数以万计的近代留美学生远赴大洋彼岸寻求救国之道。这些留美学生是我国社会的精英,肩负着国家建设大业的使命,他们希望通过从美国的精神文化入手,寻找一条民族复苏与文化自救之道。从整体大环境来看,彼时美国的文化深深影响着留学生,尤其是在美留学的中国学生,

中国近代留美教育肇始于1872年清政府选派幼童赴美留学,之后历经清末庚款兴学及国民政府正式选派留学生,留美教育绵延不衰,大有燎原之势。近代赴美留学已经逐渐从涓涓细流发展成为巨大的浪潮,如此数量巨大的一个留学生群体,必然有着结社的现实可能及共同需求。据美国华裔学者叶维丽统计,1906年在美中国学子将近300名,1911年增长到了650名,1915年超过了1000名,1918年达到1200人,1925年至1926年间则一度增长到1600名,1927年为2500名,1929年为1929人,1930年为1338人,1935年为1504人,1936年为1580人,1937年为1733人。[①]从总体统计来看,在1854年至1953年间,一共有20906名学子赴美留学,其中12535人获得了学位,毕业人数前十名的国内院校依次为清华大学、圣约翰大学[②]、中央大学、交通大学、燕京大学、岭南大学、北京大学、南京大学、复旦大学、西南联合大学(1937—1945)。[③]这部分留美学生往往在国内接受了良好的教育,在思维方面也较为开放,能够接受西方的新颖思想,尤其是当他们到达美国之后,深受美国先进的社团理念影响,逐渐开始意识到结群、结社的重要性,进而考虑成立一个属于全体在美留美学生的社团。美国社团理念对于在美留学生的影响可谓深远。为实现"补吾所之不及"之计,留美中国学生企盼借鉴美国社团创立的模式,"奋袂扬衿,急起直追",在异邦创办一个属于全体中国留学生的共同的活动领域,以实现"求同进化,以竞生存"的目标。

因此,"联合会"的创立与美国社会背景有着密切的现实联系,也就是说美

① 王奇生:《中国留学生的历史轨迹(1872—1949)》,湖北教育出版社,1992,第45页。

② 据相关统计,特殊的外文学习及严格的训练,使得圣约翰大学的学生英语水平跃居国内各校之冠,在早期留美中国学生联合会中,常有1/3比例的联合会干部是圣约翰大学毕业的学生。转引自宋秋蓉:《近代中国私立大学发展史》,陕西人民教育出版社,2006,第62页。

③ Stacey Bieler: *"Patriots" or "Traitors"? A History of American-educated Chinese Students.* New York: M. E. Sharpe: 2004, p.381.

国较为成熟的社团或基层组织形式不仅在理念上对留美中国学生有所影响，更在实质上影响着留美中国学生的行为决定及价值选择。近代以来，美国发达的社团组织已经成为在美学生实施其社会改造理想的承载模式，由中国而至的留学生自然受此观念的影响，组建了一个属于自己的学生联合社团。留美学生联合会作为中国留学美国的学生所建立起的最为重要、最具代表性的联合团体，使留学生们得以在这个自治的团体中实施自己的理念。彼时，欧美不少国家都已经采用了普遍选举制度，无论男女，凡是成年，均有选举权与被选举权。可以说，欧美大部分国家在人民的自治方面已具备了基本的形式。在这样的社会大背景之下，美国各大学大多采用"校城/城市"(School City)的模式进行学生社团的运作，其学生社团事务极为发达。无论大中小学，由学生自动自发组织的团体极多，学生自治团体机关极为完善，且运作井井有条，形成了一股斐然可观的学生自治潮流。[①]自1896年美国第一个正式的学生会在宾夕法尼亚大学创立，美国各大学逐渐意识到学生社团活动对于培养学生良好的公民意识、提升学生良好公民素质具有重要价值，于是开始鼓励各大学在校学生积极创立学生社团。20世纪30年代，美国学生会组织普遍设立，成为与大学中教育行政管理机构及教职员工会三足鼎立的重要组织。美国大学文化中洋溢着的轻松活泼的学生自治风气，犹如一阵春风细雨浸润了在美的中国留学生。生动活泼、自由自主的学生社团的自治方式深深地吸引着留美中国学生。如留美学生孟治在写给北京友人的信中描绘了到美国之后所感受到的学生对于社团的强烈需求，以及所体验到的美国高校公众社团的秩序井然、严谨有序："我从前想美国人讲'自由''自立'讲的太过了，必缺服从的心，那知道我错想了。美国学生的服从心非常的盛，我这学堂的课外组织如演说会开会秩序非常之整齐、严肃，据我眼光看，他们很畏惧他们的会长。"[②]当然，在孟治看来，他这里所提到的"畏惧"之情状本质上可以理解为在美国本土学生对于学生社团制度的严肃与重视态度。

长久以来，中国人素重门户宗派观念，轻于"公众精神(Civic Spirit)"；中国人向来也较为讲求"家族精神"，而淡于讨论"公众领域(Autonomous Public Sphere)"。由于客观制度因素或是主观意识，人们对"公共团体领域"的创设与

① 陈其昌等编《各国教育谈》，商务印书馆，1924，第151页。

② 孟治：《美国的几样好处》，《生命(北京)》1920年第1期，第2页。

运作也往往并不十分在意，这势必难以发展国家公民在政治事务上的才能，更无法谈论所应享受的公民权利。自晚清我国社团开始萌芽，在五四时期得以兴盛，重视“学生自治、学生运动”的现象得以凸显，但与美国校园中独立自治的学生社团运作相比，我国社团往往显得较为稚嫩，有些社团甚至还受到各方力量的掣肘，发育不充分，组织也不够完善。蔡元培曾在1921年间在美考察，于当年7月中旬在卜技利大学（即Berkeley University/伯克利大学）访问时。提出“大学教育应采用欧美之长，孔、墨教授之精神……提倡合群运动，使其将来在社会上有合群之精神，而不互相倾陷。美国大学之研究学问，与欧洲大学一样，其提倡合群运动，亦与英同，惟无科条约束学生耳”。[①]当然，学生通过自治所培养的公众精神对于国家的重要性，杜威也有相应的解释。杜威于1920年访华时在北京做了一场关于学生自治组织的演讲，他认为“美国学校自治团体的组织，大都仿照国家或市政的制度。中国也有几处是这样，这做法，虽也有好处，但总嫌过于注重形式。”“在专制国家的学校中，亦须采用专制的方法，养成学生依赖的心性；在共和国家，民主精神发达的社会之下，这种专制的方法就不适用了。民主国家所希望养成的是：全体人民对于社会各事，都看作自己的事一样，时时去当心处理，组织许多完全的团体。”学生能在民主国的缩影里做事，且了解‘责任’和‘自由’的意义，把自由做责任的工具，发展理想的目的。那么，将来定有真的自治团体产生，中国可以成一真的自治国家！”[②]作为受过欧风美雨浸润的中国留美学子，在美学习数年，在某种程度上逐步认同欧美国家所奉行的这种“自治精神”，大多接受并秉承了美国所提倡的“友爱、平等、自由、效率”准则，于是他们试图采用一种“联合的生活”方式，对在美留学生共同的经验进行一种沟通，当然，留美学生之间这种由“私域”走向“公众”的趋势，也意味着近代以来“群”意识的逐渐兴起。恰恰是由于受到美国社团文化的影响，留美中国学生逐渐集聚成群，创立了留美中国学生联合会。

在此种观念的影响之下，彼时的留学生逐步仿照美国学生社团创立的模

---

① 蔡元培：《在卜技利中国学生会演说词》，载高平叔编《蔡元培教育论著选》，人民教育出版社，2011，第346页。

②杜威：《学生自治的组织（在北京的讲演）》，载单中惠、王凤玉编《杜威在华教育讲演》，教育科学出版社，2007，第405-407页。

式，开始尝试发展一种对于公众社会“不具私心的关心”（Disinterested Interest）的行为及思维模式，这种留美中国学生对公众事务的关心显示出了一种宝贵的公众意识，而不是对个人私利的关心。在“联合会”成立及存续的时间中，大部分“联合会”的留美学生会员对这一组织起来的自治社团具有浓厚的兴趣，甚至有很大一部分留学生对留美中国学生联合会抱持着一种好感。1913年，留美学生联合会旗下会刊《留美中国学生月报》刊登了一名叫C.Y.Chin（金〈音译〉）的学生的文章《留美学生联合会的意义》（“The Proper Meaning of the Chinese Students' Alliance”）。该文章详陈了彼时留美学生对于联合会的作用与功能的赞许之情，字里行间无不透露着对“联合会”的肯定：“正是由于我们每一个留学生都是这块新土地的新人，留美学生联合会就成了我们每一位留学生的家园。我们的这一组织能够培养学生在道德之上的独立判断、思想之上的能力和体格上的强壮，使得我们在未来的世界上能够担当更大的责任。这一社团组织成为培养各种优秀公民素质的训练营，培养了为公众服务的精神，使我们得到了能够展示实际才能的机会。”当然，胡适对留学生自治的基层组织也充满着浓厚的兴趣，他认为中国很需要一种公共精神的培育组织：“不管我在哪儿，我都十分关心当地的政治和社会事业，把它们当作我自己家乡的事务，这种经验可以帮助我们培养我们关心公众事务的习惯。如果我们不关心当时当地的公众事务，待我们回国之后，又怎么会去热心维护我们自己国家的利益呢？”

第二节　凝聚的内驱力：留美中国学生结社的联合意识

留美中国学生联合会的成立也与彼时留美学生结社联合的意识有着极大的关联。这种结社的意识无疑是学生社团得以具有凝聚力的前提，也就是说留美中国学生在异邦结社联合成为群体，是与其自身内在需求息息相关的，彼岸留学生这种发自内心的结社意识，成了留学生群体之中较为强烈又特殊的情感需求。留美中国学生联合会创设的这段时期是中国历史上相当特殊的一段时间，在这一时期，中华民族一直在内忧外患的困局中十分艰难地寻找一条民族复兴、国家振兴的道路。被“三千年未有之大变局”所深深震撼的国人，一次次尝试着或大或小的变革，但这一次次或大或小的变革也不免失败和落空。这自然使人不得不联想到：问题的症结恐怕是出自文化、教育的层面，只有从这两个层面的变革入手，才能适应近代变革时期的特殊要求。在这一进程中，留学生一方面需要将留学时期所学之知识，以及建设国家的技能与精神，在回国之后运用在国内建设中；另一方面还需要在留学期间尽可能地融入国外的学习与生活，以便更好地达成留学之效用。在此种情况之下，留美中国学生联合会是彼时留学浪潮中一个全新的社群性产物，是这个时期中“留学为一切重要问题”的集中体现，这更凸显了留美学生结社在历史背景之下所应当显出的特殊性。当然，在“联合会”续存期间，留学生们也意识到在这一学生共同体的范围内的理念一旦得以顺利实施，这种精神必将呈星星火燎原之势，扩展到整个国家，从而使得国家富国强兵，走上独立民主的建设路径。

在这一背景之下，近代中国学子们开始寻求一条具有“向心力”的道路，即使个体彼此之间的力量得以相互联合，力求拯救民族于危机之中，用现代的、自愿参加的形式将国人动员及组织起来，是近代学生群体开始考虑并付诸实践的一项尝试。康有为在《大同书》中就曾明确提出合群的重要性，他认为随着公民意识的兴起，个人逐渐将自己的利益与他人相结合，倘若这种联合是成功的，那么这样的“合群”趋向则无疑是大同的先声。[①]这一观念也在严复的一系列著作得以体现，他认为“人之所以异于禽兽者，以之能群也”[②]。梁启超也认为，现代西方成功的关键在于有一个强大及牢固统一的人民共同体，于是他将目光转向

---

① 康有为：《大同书》，辽宁人民出版社，1994，第88页。

② 斯宾塞的著作 *The Study of Sociology* 现在译为《社会学》，但是在当时严复译作《群学肄言》，显然后者包含更多方面的内容。严复选用“群学”在于强调狭义的群学，也强调国家对于“群”的疾呼。（参见汪晖：《现代中国思想的兴起（下卷）》，生活·读书·新知三联书店，2008，第833页。）严复认为：中华民族亟须自拯民族危机，就需要不仅关心个人，还需要关心社会，需要“顾小己也需顾大国”；“特观吾国今处之形，则小己自由，尚非所急，而所以怯异族之侵横，求有立于天地之间，斯真刻不容缓之事。故所急者，乃国群自由，非小己自由也。求国群之自由，非合通国之群策群力不可”。（参见王栻主编《严复集》（第4册），中华书局，1986，第981页。）

中国，认为假若把中国人广泛地动员组织起来，那么就能够实现民族的强大。[①]从中可见，梁启超的这种“群”的意识，明确地指向民族国家思想，[②]在他的设想及概念中，充分而有效地将国人广泛地动员及组织起来，是实现民族强大所不可或缺的，换句话说也就是，所谓的“结社”就是将中国人组织到牢固和统一的共同体中的一个重要手段。

顺着康、严、梁三人的思路可知，力求拯救民族于危机之中，如何用现代的、自愿参加的形式将国人动员及组织起来，是近代学人开始考虑并随之实践的一项尝试。不可否认，梁启超所言的这种“群意识”的兴起与国家的强大息息相关，但其中却又要求具备一系列先决条件：首先需要个人主体能够具有某种舍己为人、舍小我为群体的“爱人”“为人”的自觉，这意味着需要“合多人之力以保之”；其次需要摒弃“人人皆知有己，不知有天下”的“独术”，需要采取“使其群合而不离，萃而不涣”的某种群体组织模式。[③]以上呈现出的是以“群意识”结社的前提条件。基于此，梁启超进一步在《〈说群〉序》中提出成功治理社团群体的关键点：“今夫千万人群而成国，亿兆京垓人群而成天下，所以有此国与天下者，则岂不以能群乎哉！以群术治群，群乃成；以独术治群，群乃败。”[④]这无疑进一步说明了治理社团群体需要采用一种与社群相匹配的模式。

随着彼时社会的留学生群体所具有的“群体精神”的逐渐形成，留美中国学生联合会得以以一种全新的、现代的、自愿的形式，将留美学生动员及组织起来，并开展一系列“联合会”的相关会务活动，从而完成团体应有的使命。很显然，这种由学生基于“人能群”的意识并自愿组织结合而成的社团，符合德国社会学者哈贝马斯(Jurgen Haberamas)所称许的“公民社会”(Civil Society)的精神。这种精神使得留学生们开始意识到课外活动、组织活动的重要性，特别是

---

① 梁启超：《〈说群〉序》，载《饮冰室书话》，时代文艺出版社，1998，第354页。梁启超自创“群术”一词，说明此为一种有效的治国之术：“以群术治群，群乃成，以独术治群，群乃败……善治国者，知君之与民同为一群之中之一人，因以知夫一群之中所以然之理，所常行之事，使其群合而不离，萃而不涣，夫是之谓群术。”该文首刊于《知新报》1897年第18期。

② [美]张灏：《梁启超与中国思想的过渡(1890—1907)》，崔志海、葛夫平译.江苏人民出版社，1995，第110-111页。

③ 梁启超：《梁启超选集》，上海人民出版社，1984，第40页。

④ 梁启超：《〈说群〉序》，载于郑大华、任菁编选《强学——戊戌时论选》，辽宁人民出版社，1994，第138-139页。

培养“公共精神”价值的一系列活动，有助于现代国民尤其是海外留学生群体培养塑造一种“公德”意识。留美学生长期侨居北美彼岸，受美国现实观念的影响，并出于自身团体的需要，遂意识到学生之间相互结社的可能性及必要性。1916年间，留美中国学牛联合会中文会刊针对“留美学生宜联合起来”这一议题，发表了《论中国学生宜注重社交》一文，明确指出留美生尤其需要“合群”的这一意见，并提倡留学生应该以一种“群意识”来顺利完成在美国的学习，来实现留学生对祖国的报答之行动。[①]

留美学生之所以具有结社的热情与结社的可操作性，正是由于留学问题的重要性的存在，使得留学生们对于国家的身份地位的重要性认识，上升到了一个前所未有的高度，于是留学生群体中自然充满了一种潜在的活力。这种活力能够成为推动留学生个体在精神方面、志趣方面寻找共鸣的最大助力，毕竟对于这个特殊的知识群体而言，学子之间相互集结之后创生出的思想往往比个体闭门造车、坐井观天更为深刻，也更具有活力。留学生们虽身处异国，各自在不同的院校求学，其生活、学习、社交范域均有所不同，除了在同一学校留学的留学生，或组织小型的学生团体，或基于个人私交与情感的联系多有来往，就全美较大的地域范围来看，大部分留学生还是难以实现大范围的交流。倘若留学生们在现实中摒弃闭门造车的理念，而将这种对公共精神、对群体力量所抱持的热情与信念在现实中实践下去，这势必会促成更大范围的成功。于是，留美中国学生联合会的出现，不仅以团结乐群的方式鼓励留学生们集群结社以开展相关的会务，更是培养了留学生的自治能力。因此，可以说正是由于留美学生的“群意识”的存在，联合会这一公共社团具有了本质的价值。在美留学生的自我组建与自我治理，作为留美学生一种全新的生活方式，采用学生间共同协作的方式，使得留美学生在生活、学业上得以互通声气、同心共振。留美中国学生在异邦通过留学生联合会组织方式，将“合作的价值”凸显出来，具有相同国族观念的留美学生的合作精神也更易于培养。可以想象的是，留美学生得以通过彼此间的互动机会共同合作——例如留学生演说会、辩论会、音乐会、演剧会、运动会、选举会等活动，发展了留学生的社会参与性、互助性，在这种共同的生活

① 李周麟：《论中国学生宜注重社交》，余簪传译，《留美学生季报》1916年第3卷第4期，第39-48页。

中，留美学生也能够渐渐感悟到相互合作是有益的，从而形成友爱合作的倾向。[①]

第三节　各校留美学生会的发展与初步联合

留美中国学生联合会从20世纪初期即开始创设，随着近代欧美学生团体的发展，留美学生联合会作为留美学生组建起来的第一个共同的留学生组织，逐渐成了留美学生活动的最重要的公共互动领域。回顾留美中国学生联合会的历史进程，可谓是发展历程漫长。大致来说，留美中国学生联合会的前身是1902年间成立于美国旧金山的“美洲中国留学生会”（The Chinese Students' Alliance of America，也称作“西美留学生会”），其宗旨是“联合各校中国学生，互通音问，研究学术，并协助侨民教授汉文汉语于其土生之子侄”[②]。这个学生会是由美国西海岸加利福尼亚的中国留学生为主要核心成员组成的相对小型的学生团体，也是留美学生成立时间最早的一个学生社团。美洲中国留学生会成立早期仅有会员3名，皆为旧金山大学的留美中国学生。美洲中国留学生会第一届会长为陈锦涛，其为1901年赴美国的官费留学生，时在哥伦比亚大学修读数学及社会学，后又转入耶鲁大学攻读政治经济学，于1906年获哲学博士学位。第一届副会长为刘轼伦。美洲中国留学生会成立之后，议定了学生会的六项工作职能，如倡议会中设办一学生联络册以便调查在美留学生的生活、学习情况，搜集在美有关学校的章程以及发生在学生身边的新鲜事，设立“助业部”以帮助学生勤工俭学，以及帮助在美华裔学生学习中文等。美州中国留学生会的成立对学生之间联络感情、交流思想、传播文化起到了积极的作用。因而西美的留学生均踊跃报名加入学生会。在成立之初的第一次会议中，入会者就有23人，到1903年7月有46人，1904年初有77人。[③]现存的美洲中国留学生会集体合

① 陶孟和：《社会与教育》，福建教育出版社，2008，第152-153页。

② 区克明：《留美中国学生会小史》，《东方杂志》1917年第14卷第12期，第173页。

③ 李书纬：《少年行：1840—1911晚清留学生历史现场》，广东人民出版社，2016，第128页。

影，见图2-1。

图2-1　美洲中国留学生会集体合影

资料来源：《美洲中国学生会摄影》，《政法学报》1903年第3卷第5期，第1页。

此后，在1903年夏季，留美中国学生在美国伊利诺伊州的芝加哥城成立了"中美中国学生会"[①]（Chinese Students' Alliance of the Mid-West of America）。1904年夏季，由于江苏、浙江、广东、湖北及各省市派来的留学生多数在美国东海岸求学，在留美学生留学的院校中又以在康奈尔大学就读的留学生数量最多，因此留美学生又在康奈尔大学成立了"绮色佳中国学生会"[②]（The Ithaca Chinese Students' Alliance of America）。1905年，留美中国学生又在美国西海岸成立了"太平洋西岸中国学生会"（Pacific Coast Chinese Students' Association），同一时间，东部留美学生在美国马萨诸塞州也成立了"东美中国留学生会"（Chinese Students' Alliance of the Eastern States）。[③]此外还有在美各大学的留美中国学生所组建的校级小型团体，如康奈尔大学中国学生会、伊利诺伊大学中国学生会、哥伦比亚大学中国学生会、普林斯顿大学中国学生会、哈佛大学中国学生会、威斯康星大学中国学生会等。[④]以上各类小型学会是以留美学生在美留学的学校进行划分的。此外，以留美学生赴美前毕业学校划分留学生社交团体，

① 区克明：《留美中国学生会小史》，《留美学生季报》1917年第4卷第3期，第66页。

② 区克明：《留美中国学生会小史》，《留美学生季报》1917年第4卷第3期，第67页。

③ 特别说明：此处为了和之后"留美中国学生联合会"统筹管辖下的"东美中国学生会"有所区别，特将1911年之前的东部学生会称为"东美中国留学生会"。

④ 张剑：《清末民初留美学生社团组织分析》，《学术月刊》2003年第5期，第59页。

还有中央大学留学生学会、燕京大学留学生学会、岭南大学留学生学会等。[①]大致来看,这些新成立的留学生会往往是以某一个地域或某一所学校(国内母校/在美母校)为轴心创办而成的,参会的留美学生大部分是在当地或相邻联邦州所属院校求学的学生,人数上虽然并不多,但其各自的会务运作却较有特色。

太平洋西岸中国学生会(Pacific Coast Chinese Students' Association)是留美学生在西海岸另一个较早成立的留美学生团体,因此也可以说是留美学生联合会的萌芽社团,早期参会人数曾一度达到115名。太平洋西岸中国学生会在1905年成立,成立之后的一段时间,学生会即定期组织学生聚会并开展各类会务活动,同时还积极创办报刊及留学生活手册,以供在美国西海岸的留学生使用,从而达成积极沟通联络、便利留学生留学生活的目的。由于会务运作较好,其自然具备学术讨论的必要性。据《留美中国学生小史》所述的太平洋西岸中国学生会早期的具体运作方式,可见该学生会已初步具备运作的一系列章程。为了对会务进行规范的管理,太平洋西岸中国学生会初步设立了学会中职员选举以及招收会员的相关规定:

> 此会会员多是生长美国之青年,而其招收会员之章程,则不甚论资格。凡年十六以上者,无论在大学中学小学,均得入会为会员,有选举被举职员之权。此与美洲中国留学生会章程,颇有分别。美洲中国学生会之招收会员也慎而苛。太平洋岸中国学生会则博而滥。数年之间,两会各行其见,各办其事,分道扬镳,并行而不相害。[②]

值得注意的是,在早期学生社团创立初期,虽然相应的学生社团(例如太平洋西岸中国学生会)逐步建立,全美的留美学生人数也达到了600人之多,但是这些留学生仍然“仅限于在美的西方一隅,人数寥寥”,也就是从地域上来看,仅仅限于美国的西海岸之滨,并且这些留学生大多散居西美各处,即使是最大的学生组织群体也不过是寥寥二三十人,各留学生群体之间也并未能“互通声气、群力合作”。[③]留美学生散居各地,学生们也各自在不同的城市、不同的院校求学,与同伴的沟通仅仅局限于同校的三两校友,除此之外,留学生之间往往“无

① 刘志宏:《赴美留学指导》,商务印书馆,1946,第75页。

② 区克明:《留美中国学生会小史》,《留美学生季报》1917年第4卷第3期,第66页。

③ 任鸿隽:《留美学界的几个问题》,《观察》1947年第2卷第11期,第8页。

交游之可言”。于是,在留学生看来,要使大家得以“知祖国之荣名,学问之大益,是非团结之而有以振其精神不可……学问贯通,精神贯结”[1]。可见留学生已经逐步意识到结社集群的重要性。“联合会”还进一步指出缺乏这种合群意识可能存在的问题:“苟无以通其学问,一其精神,将如恒河散沙,随潮上下,通今日之学问,去将来之扞格,是在团体。本此二意,而学生会之议起。”[2]于是,这一地区的留美中国学生开始考虑与其他地区的学生会进行联合。

太平洋西岸中国学生会在1909年10月这一重要的时间节点上,与1903年成立的中美中国学生会、1905年成立的东美中国学生会进行了联合,这三个学会随之组成了“全美中国学生会”。留学生会作为在美全体留美学生的公共领域,任何会务动态均与会员进行了充分的沟通,在一些关键事务上还向会员征集意见。例如,在太平洋西岸中国学生会即将与另外两个学生会进行合并之初,学生会在分发给会员的学会手册中向全体留学生通告了即将与其他学会联合的会务消息,并公布了具体的合并细则。此外,太平洋西岸中国学生会在1908年8月向全体西部地区留美学生专门发布的《西美留学报告》(“Chinese Students' Alliance of Pacific Coast Annual Bulletin”)(以下简称《报告》)中除了提供其学生会的运行细则、入会规定、留学生活信息之外,还详列了该年度学生会的会务财政详情,并向全体西海岸留学生告知即将与中美中国学生会、东美中国学生会进行联合的信息,同时也公布了联合的具体细则。细则中详细规定了三个学会合并之后的一系列管辖关系、职责权利等细节。值得一提的是,《报告》中以西美留学生会会歌开头,展现了留美学子对国家富强的殷切期望;《报告》以当年度在美留学学生数据统计结束,展现了在美留学学生的整体学习情况,可谓是一份让留学生全面了解会务信息的资料。《报告》洋溢着美国西海岸留学生对于祖国的赤子之情,大部分刊登的文稿均是留学生对于国家建设的相关探讨。以下特将学生会会歌列出,从中足见留美学生对于国家富强的殷切期望:

China Awakening　(中国的觉醒)

Awake! My country,sweet cathy!(觉醒吧! 我的国家,sweet cathy!)

① 中国留美学生编《美洲留学报告》,上海新作社,1904,第1页。

② 中国留美学生编《美洲留学报告》,上海新作社,1904,第2页。

Awake！ Here dawns a glorious day.（觉醒吧！ 黎明光辉的一天就要到来了！）

Awake from slumbers long and deep！（从深长的沉睡中觉醒过来！）

Awake from soul-benumbing sleep！（从麻木的睡梦中觉醒过来！）

Dream not of greatness past and gone；（伟大的过往已经过去；）

Of peaceful conquests nobly won！（而未来需要和平征服来获得！）

The day of great thing has come；（重要的是这一天已经到来了；）

Duty calls thee...wilt thou be dumb?（使命向你召唤……相信你不会置身于不顾）

Myriad foes encompass thee...（这无数的敌人……）

Arise, my country, and be free！（奋起，我的国家，争取自由！）

Let tyrants feel thy righteous rage，（让暴君感受到你的愤怒，）

Make foes restore thy heritage.（让敌人重塑你昔日的辉煌。）

Awake！ My country，sweet cathy！（觉醒！ 我的国家，sweet cathy！）

Rise and resume thy rightful sway！（奋起吧！ 重回你昔日的地位！）

The prince of progress stands o′er thee...（进步的王子就在你身边……）

He breaks the spell-lo！ Thou art free！（他要打破魔咒，你是自由的！）

图2-2　1908年太平洋西岸中国学生会合影

资料来源：Pacific Coast Students' Alliance Conference of August, 1908. Pacific Coast Chinese Students' Association: Pacific Coast Students' Annual Bulletin of 1908, San Francisco, p.6.

图2-3　1908年太平洋西岸中国学生会编写的《西美留学报告》封面

资料来源：The Chinese Students' Alliance of Pacific Coast, Pacific Coast Students' Annual Bulletin of 1908, San Francisco. 封面.

为了优化社团之间的资源，同时也便于社团之间的合作交流，多个留学生社团一度进行了联合。1906年，成立于康奈尔大学的绮色佳中国学生会与同属美国东部的东美中国留学生会也进行了联合。1909年，中美中国学生会与东美中国学生会进行了联合。正如前所述，同年的10月，这一新联合的团体又联合了太平洋西岸中国学生会，从而进一步优化了会务的构成。由于学生会之间相互进联合，留美学生有了联合式组织的可能，这大大方便了在美留学生学习和生活，也扩大了在美留学生的沟通范围，促进留美学生进一步互通声气。学生联合会的功能也在日后被留美学生联合会的会员所称赞：

吾国学子之负笈新陆者以千百计，而来者正复络绎于道，学成而归国者亦相若焉，此千数百之学子，虽散处各方，所学异趋。然推其所以不远万里而来者，要皆目击祖国之颠危。奋然负笈、思广智识、进德养、强体魄，准备他日为中流之砥柱也，由斯言之。则凡我留学界中人宜莫非同志，夫同志者离居，则思相聚以舒积愫、议经纶、励德学，盖函简虽可以致意。固不若促席握手之足以畅叙论极思辩也，且也此同志者之中，或则总角之谊、同窗之情，或则闻名相慕、无缘识荆，则其希冀得把晤之机也尤切。我前辈留学生中之识者，有鉴乎此，因创留美中国学生联会，以通气脉。[①]

留美中国学生联合会的创立，使留学界同仁互通声气，同窗间加强联络这也奠定了其重要地位。

第四节　留美中国学生联合会的成立

早前，东美中国学生会成立于1905年8月28日，当时有留学生共36人在美国东部地区麻省安姆斯特农科大学博物院开会，会后遂商定成立东美留学生第一留学会，此后学会逐渐发布了其相关章程，用以更好地管理该学生会。1913年，东美中国学生会在创刊不久的《留美学生年报》首刊发表了《东美学生会章程及规则》，以极长的篇幅详述规定，发布了12项章程及规则，涉及东美中国学生会定名与界域、宗旨、组织、代表、司法部、经济代表、会员、辞职及出会、选举法、法定专员等一系列具体章程。[②]东美学生会成立的早期宗旨涉及三个方面：

（一）协助中美二邦享受和平幸福；

（二）增进中国公同利益；

（三）聊络各校学生友谊。[③]

东美中国学生会在1905年成立之初，管辖美国东部的留学生，而东部的留学生人数又最多，因而东美中国学生会的规模也较其他学生会更大，在留学生

① 李昂：《中部中国留学生第九次夏令年会记事》，《留美学生季报》1919年第6卷第1期，第220–221页。

② 《东美学生会章程及规则》，《留美学生年报》1913年第2期，第1–5页。

③ 区克明：《留美中国学生会小史》，《留美学生季报》1917年第4卷第3期，第67页。

中也更具有影响力。彼时全美范围内不止一个留美学生会,难免造成留学生的诸多不便与混淆,也不利于全美范围内全体留学生的相互沟通,因此在美留学生中出现了将各处留学生会进行相互联合的呼声。随着时间的进一步推移,这种联合的呼声逐渐高涨。基于此种现实情况,并出于各方面的考虑,留美学牛会进行了联合。可以说1909年是留美中国学生联合会的一个重要转折点,在这一年年底东美中国学生会联合太平洋西岸中国学生会及中美中国学生会,成立了全美中国学生联合会(The Chinese Students' Alliance in America)。这一新成立的留美学生联合会同时选举了第一届联合会会务成员,一度成为留美学生群体当中最大、最具代表性的学生社团。①为了更好地还原留美学生会的联合过程,特详陈《留美中国学生会小史》,并以表2-1详细说明留美中国学生联合会的联合过程:

> 东美中国留学生会(The Chinese Students' Alliance of the Eastern States)成立最后,而人数最多、势力最大。实为各学生会中之养素,化合以上所述各会,而成绝大规模绝大影响之留美中国学生会者也。成立之初,梁振东、周子贻两先生有力焉。千九零五年,梁周二君避暑于麻是朱色省之奄麻士埠(Amherst, Mass)。八月二十八日,有中国学生三十六人假该埠之农业学校博物院开会。梁周二君鼓舞一切,并协助讨论事宜,组织此会,实为东美第一流学会……即日会成。翌年八月二十日复在奄麻士开第二次大会。预先布散传单,招请东方各校学生赴会。是年各职员最注意之事,则为咨请绮色佳诸君,附合东美中国留学生会。开会日接到绮色佳中国留美留学生书记覆函,大意谓接到贵会咨文,敝会即开特别会议,各会员意见均以为东美留学生会统一理所当然,贵会提议,敝会赞同。此后敝会取消独立名义,乐于附属东美中国留学生会。自斯以往,愿合力协办会务。从此两会联合统一东方,而东美中国留学生会之势力乃倍增矣。
>
> 东美中国留学生会自并合绮色佳后,日渐进步。所办各事,如派员于各埠演说,争回粤汉铁路,如赈济三藩市,施谷地震受灾之华侨,

① Chinese Students' Alliance of Eastern States, *Who is Who of the Chinese Students in America* (Berkeley, California: Lederer, Street&Zeus Company Press, 1921), p.21.

及争江浙铁路借款等事，均收善果。加以刊印汉文年报、英文月报、留学同名录及每年之月份牌等件，均由东美操权。而中美西美各会力薄未能分任。东美不无引以为缺憾。是以又欲吸引中美中国留学生会为附属会。故其章程云东美者以落机山(Rocky Mountains)为界，山之东为东美，西为西美。实欲以此为收合中美之准备也。东美屡请中东联合，然经营数载，尚未达其目的，殆至千九零九年，接中美书记函云。自中美中国留学生会成立以来，六年之间，会员人数未见增多。除芝加谷一埠之学生而外，邻近各省各校之学生多以得作东美会员为幸事。①

表2-1 留美学生社团的联合过程②

时间	重要历史事件
1902年	美国西海岸旧金山美洲中国留学生会(The Chinese Students' Alliance of America)成立。
1903年夏	美国芝加哥大学中美中国学生会(Chinese Students' Alliance of the Mid-West of America)成立。
1904年夏	美国康奈尔大学绮色佳中国学生会(The Ithaca Chinese Students' Alliance of America)成立。
1905年8月初	美国太平洋西岸中国学生会(Pacific Coast Chinese Students' Association)成立。
1905年8月末	美国东美中国学生会(Chinese Students' Alliance of the Eastern States)成立。
1906年	绮色佳中国学生会与东美中国留学生会联合。
1909年2月	中美中国学生会与东美中国留学生会联合。
1909年10月	中美中国学生会、东美中国留学生会、太平洋中国学生会三会联合，随之组成了全美中国学生会，同时选举了第一届联合会会务成员。
1911年	东美中国留学生会发起组织，统一北美各地的中国留学生会社，留美中国学生联合会正式成立。

随着“联合会”相关学生社团社务的进展，这些社团所吸纳的社员人数也显著提升。1910年之后，自从游美学务处设立以来，教育部为适应时代需要，对于

① 区克明:《留美中国学生会小史》,《留美学生季报》1917年第4卷第3期，第67-68页。

② The Executive Council of the Chinese Students' Alliance, *Pamphlet Aims to Tell You for the Year of 1919-1920* (Wisconsin: University of Wisconsin Press, 1920), p.18.

有志出国深造青年,“不论所习何科,均酌量放宽,并予鼓励”[①],因此官费留学生日益增多,东美人数因而大大增加,东部的哥伦比亚大学、哈佛大学的学生联合会人数也增加了近百人,中部的威斯康星、密歇根等大学学生联合会分会的人数也增加到近五十人之多,[②]加之自费留学学生的逐渐增多,各大学的学生会人数也随之而增加。由于“联合会”的人数增长逐步稳定,于是确定联合会的会务目标也即刻提上日程。按照“联合会”的规定,初期的社团目标基本确定为:

(1)为中国的复兴而努力;

(2)促进中国在美留学生之间的联系;

(3)维护留美学生的共同利益。[③]

学生会设立三部:一为行政部,由留学生会之会长、副会长、中文书记、英文书记以及会计5人组成;二为立法部,由会员选举之代表组成;三为发报部(联合会会刊发行部),由中文和英文书记分管相关事宜,定期出版学生会会报。随着“联合会”的逐渐发展,会员人数渐渐增多,留美中国学生联合会的影响力也逐渐增强。从“联合会”的学生名单来看,这些留学生有一部分成了日后十分有影响的人物,他们中的一些人回国之后或是担任部门要职,或是从事外交工作,对国家的现代化走向具有极其重大的影响。1912年的《世界青年》(*The World's Chinese Students' Journal*)刊登了一篇由宾夕法尼亚大学留学生杨锦森(Chin-Son Young)所作的《归国学生与共和国》(“The Return Students and the Republic”)一文。在这篇文章中,作者对曾经担任过留美学生联合会会长的几位留美学生归国情况进行了详细报道。杨锦森指出留美学生联合会对于留美学生集体精神的培养功不可没,可以说凡是参加过联合会的留学生均成为杰出人才。留学生杨锦森主要就三位联合会会长做了详细说明,表明留美中国学生联合会对于杰出人才培养的重要性。他谈到的三位留学生,第一位是毕业于耶鲁大学、曾于1908年担任中美学生联合会会长的王正廷(Wang Chen-Ting),在1911年武昌起义爆发之时“冒着枪林弹雨、战火纷飞的危险回到国内(Returned in

① 林子勋:《中国留学教育史(1847—1975)》,华冈出版社,1976,第496页。

② 《美洲留学界状况之种种》,《申报》1912年7月25日,第6版。

③ 顾维钧:《顾维钧回忆录》(第一分册),中国社会科学院近代史研究所译,中华书局,1983,第25页。

the midst of bullets and smoke)”，被指定担任上海Y.M.C.A驻上海秘书长。唐绍仪赴上海与伍廷芳商讨和议事宜，王正廷又被黎元洪指任为伍廷芳谈判的助理秘书，这足能体现留学生王正廷杰出的谈判及事务管理能力。第二位是毕业于伊利诺伊大学的学生联合会会长王景春(Wang Chin-Chun)，由于他在“联合会”中表现出了出色的领导能力，回国之后得以在南京政府的外交部门任职，同时代表中国参加波士顿召开的“世界财政大会”(The World's Chambers of Commerce Convention)，随后又组建了南京中央交通部，并任交通部部长一职。此后王景春在国内还担任一定的要职，例如致力于将全国不同部门归属的铁路进行系统整合。以上足见留美学生王景春的杰出才能。第三位归国的联合会会长为毕业于哈佛大学的朱庭祺(Mr. Chu Tin-Chiu)，回国之后担任了国家经济与财政部的议员。这篇文章明确地指出这三位作为留美学生的杰出代表，为国家的建设贡献出了自己的力量。①

留美学生在“联合会”这一社团中实践理想、施展抱负，从而锻炼着自身的才干。1945年，同为留美学生的蒋梦麟在抗战救国委员会的招待会上回忆道：“我国归来的留美学生不但对学术方面研究的探讨，已经得到很优良的成绩，同时，归国后也发生了很有效的结果，这无疑归功于留美学生社团的巨大作用。”②并透露出对“联合会”作为留美学生自治能力养成“试验场”的极大肯定。由于在“联合会”中留学生的各项能力得以充分训练，因此可以说“联合会”对留学生归国之后做出的贡献有着不可磨灭的影响。对于此，郭秉文也曾感激“联合会”对他的培养：“秉文在美，尝任全美中国学生联合会主席，主编中国学生月刊；供职后，复数度东行访问，各校杰出人才，了如指掌……故所物色教授，俊彦云集，极一时之盛。”③根据详细的史料，是对留美中国学生联合会部分主要成员进行梳理，见表2-2、2-3。从中可见近代时期这部分优秀的人才回国之后主要投身于教育、科技等事业，极大地推动了近代中国的发展。

---

① Chin-son Young, “The Returned Students and the Republic”, *in The World's Chinese Students' Journal* (Shanghai: World's Chinese Students' Federation, 1912), pp.347-352.

②《美洲留学界状况之种种》，《学建通讯》1945年第22期，第2页。

③ 陈学恂：《中国近代教育史教学参考资料》(中册)，人民教育出版社，1987，第373页。

表2-2 留美中国学生联合会主要成员

成员姓名	简介
王仁辅（Wang Chen-Fuh）	字士枢，生于江苏昆山。毕业于上海复旦公学，官费留美，求学于哈佛大学，修习数学及政治学，1913年获学士学位，为哈佛数学会会员，留美中国学生会书记及副会长。1913年回国，任北京盐务署翻译。1914年，任北京大学数学教员。
王正黼（Wang Cheng-Fu）	字子文，生于浙江宁波，兄王正廷，毕业于天津新学书院，及天津北洋大学。官费留美，求学于哥伦比亚大学，修习采矿冶金科，1911年获硕士学位，曾任留美学生会会计、副会长及会长，《留美中国学生月报》总经理，中国基督教学生会会长，纽约世界会评议员，美国矿业会会员，著有《汉冶萍公司记》，该文载于哥伦比亚大学矿学季报，1915年回国。
王正廷（Wang Cheng-Ting）	字儒堂，生于浙江宁波，毕业于天津北洋大学。自费留美，留学于密歇根大学及耶鲁大学，曾任留美中国学生联合会会长及留美中国学生基督教协会总干事。1911年回国任上海青年会书记，次年任南京临时政府参议员，后至北京任工商次长，并代理总长。1913年至1917年，任参议院议员及副议长。1936年至1938年担任中华民国驻美大使。曾居住在北京林清宫二十三号。
王建祖（Wang Chien-Tsu）	字长信，生于福建厦门。毕业于香港皇仁书院、北洋大学，留学日本，回国任南洋公学教员，译有《欧洲文明史》。自费留美，入加利福尼亚大学，修习经济科，获学士学位，曾任西美中国学生会会长、《留美学生季报》第一期编辑，译《银行史论》。1915年任教于北京大学法律学系。
王景春（Wang Ching-Chun）	字兆熙，毕业于北京汇文大学，继而担任美国使馆书记及翻译。自费留美，入威斯康星大学，修习理科。后入耶鲁大学习土木工程，获博士学位。再后入伊利诺伊大学，修习铁路管理科及政治及经济学，获博士学位，著有《英国铁路财政法》。获得“伍廷芳学行兼优”奖，曾任留美学生联合会会长、世界会会长、世界会协会会长，担任《留美中国学生月报》总编辑。曾在伊利诺伊省铁路局、美国商业委员会、英京铁路局及英国商务部等处考察，后于1909年归国，供职于北京邮传部。1911年担任南京临时政府外交部参事，后任京奉铁路会办。1913年任京汉铁路会办。1914年至1916年担任铁路会计会副会长，以及交通部铁路会计司司长。曾住北京崇文门铁匠营十六号。
朱复（Chu Chimin Fuh）	字启明，生于江苏，毕业于苏州东吴大学及江苏省铁路学堂，任湖南沅州中学及德山学堂教员。官费留美，入理海大学习土木工程。1913年获学士学位，为理海大学中国学生联合会会长、留美学生政治学会书记、留美学生会英文书记。1914年回国，任北京全国煤油矿督办处事、河南福成公司会计、南京留美同学会英文书记。

续表

成员姓名	简介
朱进 (Chu Chin)	字达善,生于江苏无锡。毕业于苏州东吴大学,就学期间获国文论说第一名。官费留美,入威斯康星大学,修习经济及社会学。1913年获学士学位。后入哥伦比亚大学,1914年获硕士学位。获博士学位著有《中国税制》一书。为美国经济学会会员、美国社会学会会员、美国统计学会会员、政治社会学会会员、纽约《民意日报》编辑。1916年回国,任南京高等师范学校社会学教员。
朱彭寿 (Chu Peng-Shou)	字杰夫,生于江苏松江,兄彭龄,任松江中学校教员,初学于苏州英文专修馆及上海南洋公学。1913年,官费留美。1914年,入佑凝大学(Union College)修习电气工程。1915年,获硕士学位,入选某名誉学会会员。为中国学生会会员、南洋校友会副会计,曾在通用电气公司实习,又任西方电气公司(Western Electric Co.)工程师。1915年回国,任上海慎昌洋行(Anderson Meyer and Co., Shanghai)电气工程师,为青年会会员、《中华实业界》编辑。
朱斯芾 (Chu Ponson C.))	字榜生,生于上海,毕业于圣约翰大学,自费留美,入中央高等学校、耶鲁大学,修习政治法律,获学士学位,任耶鲁大学中国学生会会长、世界会书记、耶鲁大学会会员、《留美中国学生月报》经理。
朱庭祺 (Chu Ting Chi)	字体仁,生于江苏川沙,毕业于南洋公学即北洋大学。官费留美,入哈佛大学,修习政治经济学,获学士学位,后改习商业管理法,获硕士学位。任留美学生会会长。1911年回国,任工商部参事。1914年任巴拿马赛会委员。
朱神惠 (Jee S.Pond M.)	字季柳,生于美国旧金山,自费入加利福尼亚大学,先习理科后改习医学,转入哈佛大学医科,获医学博士学位,为《西部留美学生会报》经理及编辑。
朱文鑫 (Tsu Wen-Shion)	字贡三,生于江苏苏州陈慕镇。初学于南洋中学及苏州高等学堂。官费留美,入威斯康星大学,修习数学,获学士学位。曾任中国学生会会长,曾在数学学会演说弦、切、圆。1912年回国,任南洋路矿学校及南洋公学教员。
朱友渔 (Tsu Yu-Yue)	生于上海,毕业于圣约翰大学,获学士学位,任圣约翰大学教员。自费留美,入哥伦比亚大学,修习政治学,获硕士学位。1912年著《中国慈善事业论》,获博士学位,后入纽约大学修神学专修科,获神学学士学位。曾任中国基督教学生会会长。1912年回国,任圣约翰大学牧师及教员。
何锦棠 (Ho Kim-Tong)	祖籍广东,生于美国檀香山。毕业于檀香山鄂湖学校。入威斯康星大学,修习经济学,获学士学位,为威斯康星万国学生会书记、中国学生会书记及会长、中部留美学生联合会分会书记。1912年返回檀香山,任美檀银行收支员。1916年,任檀香山比孝银行保险部干事员。

续表

成员姓名	简介
何焱森 (Ho Yen-Sun)	字伯述，生于广州。初学于广东时敏学堂，后毕业于京师大学堂，授举人，内阁中书。官费留美，入屋雷冈大学，修习法律，后入西北大学，修习教育及经济。1913年获硕士学位，为留美学生会会员及世界学生会会员、中国留美学生会分会书记、华侨学堂教员。1913年回国，任中美油矿处勘矿主任。1916年任北京广东学校校长。著有《中西教育概论》。
何炳松 (Ho.P.S.)	字柏臣，生于浙江金华，毕业于金华中学堂及浙江高等学堂肄业，1912年官费留美，入加利福尼亚大学、威斯康星大学，修习政治学，获学士学位。入普林斯顿大学，获硕士学位，为留美学生会会员及中国学生会副会长、《留美学生季报》编辑，曾为威斯康星大学政治学助教，1916年回国。
贺楙庆 (Hou Moo-Ching)	字勉吾，生于江苏，毕业于顺天高等学堂，官费留美，入麻省理工大学，习造船科，1914年获学士学位，后入哈佛大学，习商业管理法，为麻省工业学校(麻省理工大学)中国学生会会长、留美学生会中文书记、《留美学生季报》总编辑。1915年回国，任南京河海工程专门学校及高等师范学校教员。
王宠惠 (Wang,Chung-Hui)	字亮畴，生于广东，毕业于天津北洋大学，自费留美，入耶鲁大学，获法学博士学位，曾翻译《德国民法》为英文，担任美国法律学会杂志编辑，继而留学英德两国，修习法律。在英国担任律师一职。1909年回国，后担任南京临时政府外交总长、司法总长，1914年担任上海复旦公学副校长，1917年担任司法部法律调查会会长，同时任中华书局编辑。
邢契莘 (Hsin,Chee-Sing)	生于浙江，毕业于杭州中学堂、上海南洋中学，官费留美，入麻省理工大学，修习造船科，1914年获学士学位，1916年获硕士学位，曾以演说辩论得奖，为麻省理工大学造船学会会员、中国学生会会长、留美学生会评议员、《留美学生季报》经理。
辛耀庠 (Hsin,H.Henry)	字兴黎，生于上海。初学于上海圣约翰大学，后任圣约翰大学助教，为《圣约翰年报》编辑。官费留美，入耶鲁大学，修习土木工程，获学士学位。后入本薛文尼大学(University of Pennsylvania)，修习铁路运输科及数学地质学，获硕士学位，入麻省工业学校(麻省理工大学)，修习土木工程，为耶鲁会会员、本薛文尼大学会英文书记、留美学生会会员，任耶鲁大学数学助教。1912年回国，任交通部部员。1913年任川汉铁路副工程师，1916年任直隶山东电报局稽核官，及北京交通传习所教员。中国工程学会会员。
李植榆 (Lee,Hunfy D.)	字鸿飞，生于上海，初学于上海中西书院、圣芳济书院、万国公学，任上海基督学校教员。官费留美，入芝加哥大学，修习经济科。1914年获学士学位。芝加哥大学中国学生会会长、世界学生会会长、国立银行改良会会员。1915年回国，任松江盐税稽核分所文案。
李照松 (Lee,J.T.)	字月泉，生于广东台山，自费留美，入纽约大学，修习哲学及教育，获学士学位，屡次得演说第一名奖，中国留美学生会会员、《留美中国学生月报》编辑。

续表

成员姓名	简介
李植藩 （Lee,Z.V.）	字星垣，生于浙江宁波，毕业于上海中西书院、圣约翰书院，获学士学位，任松江府中学堂、上海复旦中学、南洋公学、中国公学等处英文教员，1913年自费留美，入芝加哥大学，修习教育，1914年获硕士学位。世界会会员，中国留美学生联合会书记，得芝加哥大学教育科学金奖，1914年回国。
李松涛 （Lee,Soong-Dau）	生于江苏嘉定，初学于上海圣约翰大学，屡以演说作文得奖。任圣约翰大学助教，《约翰声》编辑，官费留美，入威斯康星大学，修习教育，1913年获学士学位。后入哥伦比亚大学，修习教育管理法，1914年获硕士学位。为中国基督教学生会职员、留美学生会总书记、《中国基督教学生会月报》编辑。1914年回国，任清华学校教务员。
李谦若 （Li,Kien-Yo）	字叔和，生于河南开封。初学于河南高等学堂、上海震旦学院及复旦公学。后官费留美，入康奈尔大学，修习土木工科，获土木工程师学位。曾为该校中国学生会会员及书记，又为留美学生会会员。1912年回国，任南京北伐军工程队长、汉口建筑办事处工程师等职。1914年，任徐州陇海铁路副工程师。1915年，任南京宁湘铁路副工程师，中华工程师学会会员。
李鸣龢 （Li,Ming-Ho）	字竹书，生于江苏，毕业于上海中西书院、南洋公学，官费留美，入威斯康星大学，修习化学工程及冶金科，1913年获化学工程师学位。《留美中国学生月报》《北美洲中国工程学生会会报》编辑，1914年回国，任巴拿马赛会中国委员会英文文案。
李锡之 （Li,S.D.）	字仲荣，生于安徽合肥。初学于安徽高等学堂及京师大学堂。官费留美，入麻省工业学校（麻省理工大学）修习机器工程，1915年获学士学位。为留美学生会会员、《留美中国学生月报》编辑。1915年回国，任湖南工业专门学校教员。
李松泉 （Li,Sung-Chuan）	生于上海，初学于上海南洋中学及天津北洋大学。官费留美，入哈佛大学，修习电器工程，获学士学位，后获机器工程师学位。《留美中国学生月报》经理。在通用电器公司实习两年，1913年回国。1914年任上海工业专门学校教员，兼复旦公学物理教员及启秀女学理科教员。
沈溯明 （Shen,Sumin Ells-worth）	字夏英，生于浙江湖州，毕业于湖州中学、浙江高等学堂、南洋公学，官费留美，入密歇根大学，修习化学，1913年入康奈尔大学，1915年获学士学位，为美国化学会及世界会会员，为《留美中国学生月报》经理。1915年回国，任湖北高等师范学校化学教员。
吴祖耀 （Woo,Koksan J.）	字觉生，生于天津，官费留美，入威斯康星大学，修习化学，1913年获学士学位，1914年获硕士学位，为美国化学会会员、中国学生会副会长。1914年回国，任湖南高等师范学校化学教员。1915年，任中央农事试验场化学师。1916年任交通传习所化学教员。

续表

成员姓名	简介
吴家高 （Wu，C.K.）	字忆琴，生于江苏苏州。初肄业于上海爱国学社及南洋中学，为《童子世界报》编辑，又为南京钟英中学教员。自费留美，入加利福尼亚大学，修习机器工程。后入伊利诺伊大学，修习铁路工程，1913年获学士学位。后入哥伦比亚大学，修习物理数学，为中国留美学生会会长及会计、世界会及青年会职员、铁路会会员。曾演讲"中国铁路史"及"中国数学史"。《留美学生年报》经理。1914年回国，任吴淞水产学校数学物理教员、上海青年会日报及南洋公学英文教员。1915年，任南京高等师范学校数学教员，兼江苏省教育会理科教授研究会会计及庶务，又为南洋中学校友会评议员。
余日章 （Yui，David Z.T.）	生于湖北武昌，圣公会会长，弟日宣。初学于武昌文华书院，毕业于上海圣约翰大学。自费游美，入哈佛大学，研习教育，获硕士学位，撰写《中国旧日之学校》一文得奖。为留美学生联合会会员、北美洲中国基督教学生会会员及职员、哈佛世界会会员。屡次演说，又作文投载于各报。归国后任文华大学堂堂长、武昌红十字会英文书记。1913年，任中国基督教青年会演讲部书记，赴美国充任世界基督教学生会代表。1915年任游美商业团名誉书记。1916年任中国基督教青年会总书记。
金泰 （Chin Tai）	字鲁詹，生于天津。初学于天津中学校及北洋大学。官费留美，入哈佛大学，修习政治经济学，获学士学位。为留美学生会会员、哈佛联合会会员、哈佛世界会会员。回国后任北洋大学英文文案、农工商部主事，内阁法制院科员。
卓镛诗 （Chuck，Y.S.）	生于广东香山。初学于南京金陵大学及上海圣约翰大学。自费留美，后得半官费，入斯坦福大学，修习经济科，1915年，获学士学位。为世界学生会副会长、西美留学生会会长、西美基督教留学生会副会长。1915年回国，任上海青年会教育科书记。
胡昌鹤 （Hu，Chang-Ho）	字九皋，生于江西九江。初学于九江同文大学，获学士学位，任该大学教员，又任九江高等小学教员及九江民立第一学校校长。自费留美，入中央威斯林（Central Wesleyan College）学校、修习化学及哲学。1914年获学士学位，入德保（De Pauw University）大学，修习化学及教育。1915年获硕士学位。著有《中国教育新制度》一书，获博士学位。为青年会、北美洲中国基督教学生会、留美学生会等社团的会员。1916年回国，任九江同文大学理科主任教员。
胡先骕 （Hu，H.H.）	字步曾，生于南昌，兄先骐。毕业于南昌洪都中学、北京大学，1913年官费留美，入加利福尼亚大学，修习植物学及农学，1916年获学士学位，曾为西美留学生会中文书记，又为《留美学生季报》、《科学》杂志通信员及经理，1916年回国。
姚观顺 （Bow，George Y.S.）	生于广东香山，自费留美，入加利福尼亚大学，修习土木工程，1914年获学士学位，为西部留美学生会会长，1914年回国。

续表

成员姓名	简介
胡润德 （Woo,John Y.T.）	生于美国檀香山，自费在美留学，获医学学士学位。留美学生会会员，1915年归国，为留美回国同学会会员。任南京高等师范学校及金陵大学校医。
徐可陞 （Zee,Ko-Seng）	字可陞，生于浙江南浔。初学于苏州博习书院，及上海中西书院。后由上海基督教青年会资送留美，修习哲学及神道学。1914年，获学士学位。曾为中国学生会书记、世界会副会长，及学生志愿传道团团员。1914年回国，任上海青年会书记。
徐志诚 （Zee,T.Z.）	字振麟，生于上海，毕业于上海圣约翰大学，官费留美，入威斯康星大学，修习教育，1911年获学士学位，入哈佛大学，习商业管理法，1913年入芝加哥大学，习社会学，获硕士学位。为万国学生会会员、中美留学生分会书记、《留美中国学生月报》编辑。1914年归国，任清华学校教员，1916年任上海中华书局编辑。
徐善祥 （Zee,Zai-Ziang）	字凤石，生于上海，毕业于圣约翰大学，任上海南洋高等学堂教员，官费留美，入耶鲁大学，修习化学，获学士学位，后入密歇根大学。为美国化学学会会员、耶鲁理科学校试验室助教、《留美中国学生月报》经理。回国任上海商务印书馆编辑，1914年任职财政部，1916年任长沙湘雅医学院化学教员。
高崙瑾 （Kao,L.K.）	字季瑜，生于江苏南京。初毕业于南京金陵大学，获学士学位，得第一名学绩奖，任南京美国领事馆翻译，及南京陆军学校教员。官费留美，入密歇根大学。1912年获学士学位。1914年，入本薛文尼大学，修习商业财政科。1915年，获硕士学位，选入商学会。为密歇根中国学生会会长、中国基督教学生会书记、留美赔款官费学生会会长、《留美中国学生月报》编辑。1916年回国，任交通部主事。
桂铸西 （Kuei，C.H.）	原名汝劼，字末辛。生于湖北蕲州。初毕业于京师大学堂，授举人。任北京银行学堂教员。官费留美，入哈佛大学，修习商业管理法。为哈佛学生会、东美留学生会会员。1913年至1914年，任湖北夏口厅知事。
梁福初 （Liang,Foo Tso）	字君履，生于广州。本籍住址，广州十六甫八号。初学于香港拔萃书室及广州岭南学校。充驻德中国使馆随习学生。自费留美，入威里斯顿学校，后入安姆斯学校。1912年，入薛雷克斯大学，修习历史政治学。1915年得学士学位。1915年回国。1916年，任北京清华学校教员，兼留美回国学生通信处书记。为中国社会政治学校襄理、美国大学会会员。
孙恒 （Sun,Hyne）	字慕潮，生于杭州。初毕业于浙江高等学堂，肄业于北京大学。官费留美，入耶鲁大学，习经济及政治学。1913年，获学士学位，入哈佛大学，修习商业管理法。1915年，获硕士学位。为耶鲁中国学生会书记，撰《苦工问题》一文，载《寰球中国学生报》；又撰《中国丝业考》，载《中国实业杂志》；又撰《战时财政篇》，载《国防报》，为留美学生月报通信员。1915年，任中国银行稽核员、北京中华大学商业教员，为通惠实业公司顾问及国防报编辑。

续表

成员姓名	简介
凌道扬 （Lin，D.Y.）	生于广东，毕业于上海圣约翰大学，获学士学位，为《约翰声》编辑，官费留美，入麻省理工大学，1911年获学士学位，后入耶鲁大学，习森林科，1914年获林科硕士学位，以演说得金牌奖，入校网球队，1914年回国，为上海青年会演讲部员，著有《中国林业论》，由上海商务印书馆出版。
倪兆春 （Nyi，Zau-Tsung）	字新初，生于浙江杭州，自费留美，1911年入哥伦比亚大学师范科，习教育行政，1913年获学士学位，1915年获硕士学位，获得留美中国学生联合会演讲的金牌奖，又获得美国外交著述的最优奖，东美中国学生会主席、《留美中国学生月报》编辑，1916年回国。
唐悦良 （Tong，Yoeh-Liang）	字公度，生于上海，毕业于圣约翰大学，官费留美，入耶鲁大学，习教育及心理学，1913年获耶鲁大学学士学位。后入普林斯顿大学，习市政、政治学科，1915年获硕士学位。曾得耶鲁大学演说第二名，为圣约翰同门会东美分会会长、世界会联合会副会长、东美中国学生会会长、留美学生联合会会长、普林斯顿大学中国学生会会长、《留美中国学生月报》编辑。1915年回国，任清华学校教员。1916年任北京青年会留学生通讯部书记。
唐恩良 （Tong，En-Liang）	字蜀眉，生于山东青州，初学于山东高等学堂，毕业后任该校助教。1912年，官费留美，入科罗拉多矿业学校。1913年入卜渡大学，习土木工程。1916年获学士学位。为卜渡中国学生会及世界会会员、《留美学生季报》编辑。1916年回国。
唐荣祚 （Tong，Yung-Tso）	生于广东，自费游美。宣统二年（1910年），入比次堡大学及伊里诺爱大学。习卫生及土木工程。为美国土木工程师会会员，中国学生会书记及会长。入校中游泳及网球队，得有游泳及网球奖品。1915年回国，任北京市政公所卫生工程师。
殷源之 （Ying.Y.T）	字伯泉，生于安徽合肥，官费留美，入麻省理工大学，1914年获学士学位，为留美学生会会员及会计。1915年回国，任北京中华大学教员。
陈庆尧 （Chen，King-Yoan）	字慕君，生于上海，毕业于南洋公学，官费留美，入伊利诺伊大学，修习化学，1913年获学士学位，后入麻省理工大学，1914年，入哥伦比亚大学，1915年获硕士学位。为《留美学生季报》编辑、中国科学社社员。1915年回国，任湖南高等师范学校教员。
陈伯浩 （Chen，P.H.）	生于广东，自费留美，入密歇根大学，修习政治经济教育。1911年获学士学位，1913年获硕士学位。为美国经济学会会员、《留美中国学生月报》编辑。1914年回国，任广东岭南学校教员。1915年任南京金陵大学教员。

续表

成员姓名	简介
郭秉文 (Kuo,Ping-Wen)	字鸿声,生于上海,自费留美,入哥伦比亚大学,修习教育,1914年获博士学位,著有《中国教育制度沿革史》一书,为该校中青年会及文学会职员、留美中国学生联合会会长、中国基督教学生会总书记,获哥伦比亚大学师范科学金奖,为《留美中国学生月报》编辑。1914年回国,任上海商务印书馆编辑。1915年任南京高等师范学校教务长。1916年任浙江高等学院院长。为中国东部教育会副会长及南京青年会会长、英文学生杂志及《英语周刊》编辑。
易鼎新 (Yeh,Ting-Shien)	字修吟,官费留美,入理海大学,修习电机工程,1915年获硕士学位,为理海大学中国学生会会长、留美学生联合会会员。常在《留美中国学生月报》《留美学生季报》上撰文。任《留美学生季报》编辑。1915年回国任湖南工业专门学校教员。1916年,任汉口西门子公司工程师,又任湖南高等师范学校教员。
林鉴诚 (Lin,Kyan-Zung)	生于天津,毕业于上海圣约翰大学,任该校英文教员,自费留美,入弗吉尼亚大学,习土木工程科,1911年入康奈尔大学,1913年复入弗吉尼亚大学,1915年获土木工程师学位。为东部留美学生分会英文书记。1915年回国。
梁赉奎 (Liang,L.K)	字惠吾,生于广东佛山,毕业于天津北洋大学及新学书院,自费留美,入麻省农业大学修习农业学,获学士学位,后入康奈尔大学农业学系,获硕士学位。回国后任北京大学农科试验场场长及农林部参事、农林部次长。
陈锦涛 (Chen,Chin-Tao)	字澜生,生于广东南海。毕业于香港皇仁书院,留校担任该校教员,又任北洋大学教员,官费留美,入哥伦比亚大学,修习数学及社会学,获硕士学位。后入耶鲁大学,修习经济学,获博士学位。1906年回国,授翰林。历任广州及京兆视学、大清银行监理官、度支部财政统计科科长、印铸局副总裁、币制改良会会长、大清银行副监督、资政院议员、袁内阁度支部副大臣。入民国后,历任南京临时政府财政总长,充赴美国波士顿万国商会代表,又充赴美国巴拿马赛会选择中国馆地址委员。担任中央审计处处长,驻欧洲财政委员、大总统府顾问。1916至1917年任财政部总长,兼任外交部总长。
陈天骥 (Chun,T.C.)	字公亮,生于上海。初学于上海南洋中学、民立中学,及圣约翰大学。以官费留美,入密歇根大学,习土木工程。1912年,入理海大学。1914年,得土木工程师学位。1915年,入哥伦比亚大学。为理海工程师会会员、《留美中国学生月报》副经理。1915年回国。1916年任唐山路矿学校教员。
陈英梅女士 (Chun,Ying-Mi Miss)	生于香港,叔任中国招商轮船局事,兄任汉冶萍铁矿事。初学于上海中西女塾、香港公立学校及上海某私立学校。自费留美,入林园大学(Forest Park Universiy),习普通文科。入威尔斯利(Wellesley College)学校,习体育。1913年得学士学位,被选入某名誉学会,为留美学生会会员。1913年任上海青年会书记。1916年任上海青年会学校校长。

续表

成员姓名	简介
陈宗良 (Tsen, Archie Tsung-Liang)	字中檠,生于湖北汉口,弟宗贤,留学美国。初毕业于武昌文华书院,任文华书院教员,为《文华杂志》编辑,文华教育界经理。自费留美,入哥伦比亚大学,习教育。1912年,得学士学位及哥伦比亚大学师范科毕业文凭,被选为本级毕业日筹备职员。为留美学生会、留美基督教学生会、纽约世界会、美洲中国会会员。1912年回国,任武昌文华大学预科教务长。为中国中部基督教教育会会员及职员,美国大学同学会会员、中国中部留学生会会员、中国武汉武昌各青年会职员。著有《文华大学四十五年史》,为文华杂志编辑。
梅贻琦 (Mei, Y.C.)	字月涵,生于天津,初学于天津南开学校及直隶高等学堂。官费留美,1914年获学士学位。留美中国学生会书记、瓦斯特(Worcester)世界会会长、瓦斯特青年会会计、中国学生基督教会会计、《留美中国学生月报》经理。1914年回国,任天津青年会学生部书记。1915年任清华学校教员。
曹云祥 (Tsao, Yun-Siang)	字庆五,浙江嘉兴人,毕业于上海圣约翰大学,任圣约翰大学助教,官费留美,入耶鲁大学,修习普通文科学,获学士学位,屡次获演说竞赛第一名。为耶鲁辩论团团员、耶鲁世界会会长、中国学生会会长、《留美中国学生月报》编辑及总编辑。
章宗元 (Chang, Tsung-Yuen)	字伯初,生于上海,驻日公使。毕业于上海南洋公学,后官费留美,入加利福尼亚大学,修习经济商业科,获学士学位。1912年任财务部次长,1913年担任驻英财政委员,1914年至1916年间,担任审计院院长。
庄俊 (Chuang, Tsin)	字达卿,生于上海。初学于上海敬业学堂、南洋中学,及唐山路矿学堂。后官费留美,入伊里诺伊大学,修习建筑工程。1914年,得学士学位。被选入建筑学会,为伊里诺伊中国学生会副会长、留美学生会职员、校中足球队队员、《留美中国学生月报》《留美学生年报》经理,在某建筑公司实习。1914年回国,任北京清华学校驻校建筑工程师,兼外交部工程顾问。
章元善 (Djang, Yuan-Shan)	字彦驯,生于江苏苏州,毕业于江南高等学堂、北京清华学校。第三届庚款留美学生,1911年官费留美,入康奈尔大学,修习普通文科,1915年获学士学位。留美学生会会员、1913年任《留美中国学生月报》总经理、《留美学生季报》编辑。1915年回国。为中国北方康奈尔大学校友会书记、留美同学会中文书记、上海《妇女杂志》编辑。
梁启勋 (Liang, Chi-Hsun)	字仲策,生于广东新会,兄长梁启超。官费留美,入摩尔根园学校,后入西北大学。1909年入哥伦比亚大学,同年冬回国,任中国银行驻京监理官。
裘昌运 (Chiu, Chang-Yueng)	字昌运,生于江苏无锡,毕业于苏州东吴大学,获学士学位,官费留美,入威斯康星大学、普渡大学,1913年获学士学位,后入哥伦比亚大学习商业。中部留美学生分会会长,留美学生会会长。1914年回国。

续表

成员姓名	简介
过探先 (Kuo, Tuar-Shin)	字探先，生于江苏无锡，1910年官费留美，第二届庚款留美学生。入威斯康星大学，修习农业，1912年入芝加哥大学，习理科，后入康奈尔大学，习农业，1914年获学士学位，1915年获硕士学位。为康奈尔大学中国学生会会计、《留美学生季报》总经理，1915年回国。任江苏省立第一农业学校校长，为江苏省教育会、中国科学社、博物研究会及美国生产会会员。
杨孝述 (Yang, Shu-Zek)	字允中，生于江苏，官费留美，入康奈尔大学，修习机器工程。1915年获机器工程师学位。为康奈尔中国学生会会长、世界会及中国科学会会员、美国电气工程师学会会员、《留美中国学生月报》经理。1915年回国。任上海美孚煤油公司副工程师。1916年，任南京河海工程专门学校教员，中国科学会职员、寰球中国学生会会员、《科学》杂志通讯员。
廖奉献 (Liu, Fun Hin/Miss)	生于广州，曾就读于香港伦敦教会女学、澳门女学、岭南中学。自费留美，1914年获学士学位。后入哥伦比亚大学，修习教育，1915年获硕士学位。1916年回国，任岭南女子中学代理校长。
潘文焕 (Pan, Wen-Huan)	字光宇，生于北京，毕业于上海圣约翰大学，获学士学位。1912年自费留美，入密歇根大学，修习土木工程，1914年入明尼苏达大学，1916年获土木工程学士学位，获得网球最优奖及运动奖金牌，1916年回国。
邝熙堃(坤) (Kwong, Hsu-Kun)	字伯和，生于广东广州，毕业于上海圣约翰大学，官费留美，入普林斯顿大学，修习经济学，1914年获文学学士学位。后入哥伦比亚大学，修习经济学及新闻学，1916年获硕士学位。任《普林斯顿日报》编辑、《留美中国学生月报》编辑、留美学生会会长。1916年回国。
魏文彬 (Wei, Wen-Pin)	字雅庭，毕业于北京汇文大学，获学士学位，官费留美，获学士、硕士学位。后入哥伦比亚大学，修习经济及国际法，1914年，获博士学位。曾任东美留学生会会长、世界会会长、北美洲中国基督教学生会会长、《留美中国学生月报》编辑。1915年回国。
严家驹 (Yen, Chia-Cheow)	字伯鋆，生于福建福州，官费留美，1913年获学士学位，后入哈佛大学，修习数学，1914年获硕士学位。曾任世界会会长、中美中国学生会会长及副会长、美国数学会会员。1914年回国。
郭泰祺 (Guo, Tai-Chi)	字复初，生于湖北武昌。官费留美，获政治学学士学位，为文学会、世界会会员。1911年回国，任黎副总统秘书，1916年至1917年，任黎元洪大总统秘书，兼署外交部参事。
杨荫杭 (Yang, Yin-Hang)	字补塘，生于江苏无锡。毕业于日本早稻田大学，后留美获法学硕士学位，1908年回国，任北京高等监察厅厅长。
颜德庆 (Yen, Te-Ching)	字季余，生于上海。毕业于上海英华书馆，自费留美，入弗吉尼亚大学，修习工程学，获土木工程师学位。1911年，任粤汉铁路湘鄂局局长及交通部参事。美国土木工程师会会员、中国工程师学会副会长。

续表

成员姓名	简介
颜惠庆 （Yen，W.W.）	字骏人，生于上海，毕业于上海圣约翰大学、中西书院、同文书院，自费留美，获学士学位，得英文辩论金牌奖，回国任上海圣约翰大学教员、《南方报》编辑、上海商务印书馆英文编辑、外务部参议、驻德国公使。
施肇基 （Sze，San-Ke）	字植之，生于江苏震泽。毕业于上海圣约翰大学，《约翰声》编辑。自费留美，入华盛顿高等学校，后入康奈尔大学，获学士学位及硕士学位。为《康乃尔学报》编辑。后回国任外交部总长。
顾维钧 （Koo，Vi Kyuin Wellington）	字绍川，生于上海，毕业于上海中西书院、圣约翰大学，自费留美，获学士学位、硕士学位、博士学位。曾获哥伦比亚、康奈尔辩论优胜奖，校辩论团团员、《留美中国学生月报》《留美学生季报》编辑。1912年回国，任外交部参事及秘书。1915年任驻墨西哥公使后任驻美公使。
顾惟精 （Koo，V.Tsing）	字惟精，生于江苏无锡，毕业于上海南洋中学、圣约翰大学、南洋公学。官费留美，入伊利诺伊大学，习电气工程，1914年获学士学位。后入麻省理工大学，1915年获硕士学位。后入哈佛大学，1916年获硕士学位。曾任中美留学生会会计、南洋公学同学会会长。曾在麻省理工大学演讲《十九世纪后半期科学之进步》。
章祖纯 （Chang，T.Z.）	字子山，生于浙江湖州，毕业于南洋公学，任湖州中学堂教员。官费留美，入加利福尼亚大学，修习农业，获学士学位，回国任农林部佥事及统计科科长职务。1913年任农商部技正及农林司第三科科长，兼中央农事试验场病虫害科科长，1915年任农商部派赴巴拿马博览会委员。著有《巴拿马博览会调查报告》《治蝗辑要》等书。
张彭春 （Chang，Peng-Chun）	字仲述，生于天津，长兄张伯苓。官费留美，入美国克拉克大学，修习心理学及社会学，获学士学位，后入哥伦比亚大学，修习哲学教育，获硕士学位。曾任北美中国基督教学生会书记、《留美中国学生月报》编辑。1916年回国任天津南开学校教务长。
张准 （Chang，Tsun）	字子高，生于湖北枝江，叔承良。初毕业于武昌文普通中学堂，任湖北枝江县高等小学堂教员。以官费留美，入麻省工业学校，习化学。1915年，得学士学位，以物理化学成绩得优奖。留美学生会中文书记、麻省工业学校世界会会长、留美学生会评议员、麻省工业学校物理化学助教。发明中文字书编部新法。为《留美学生季报》《国防报》编辑。1916年回国，任南京高等师范学校教员。
张煜全 （Chang，Yu-Chuan）	字昶云，生于广东广州，毕业于福州英华书院、香港皇仁书院、北洋大学堂、日本东京帝国大学，后官费留美，入加利福尼亚大学，修习法律，获法学学士学位。后入耶鲁大学法科，获法律硕士学位。1911年任总统府秘书及外交部参事。1913年至1915年，任江苏安徽二省交涉使，1916年任外交部秘书。为美国大学同学会职员，中国政治社会学会职员。

续表

成员姓名	简介
周诒春 (Tsur, Ye-Tsung)	字寄梅，生于湖北汉口。毕业于上海圣约翰大学，获学士学位，任该大学数学理科助教及英文教员。自费留美，入耶鲁大学，修习普通文科，获学士学位。后入威斯康星大学，修习教育，获硕士学位，以演说辩论最优得金牌奖。1908年回国，任上海中国公学英文历史教员。1909年廷试，授进士，担任上海复旦公学心理学哲学教员。1911年，担任南京临时政府外交部秘书，又任清华学校副校长，兼任教务长。1913年，担任清华学校校长。1915年由上海圣约翰大学赠授文学博士学位。
周厚坤 (Chow, H.K.)	字朋西，江苏无锡人，1900年入南洋公学附小、附中及电机科学习，1910年考取第二批庚款留美，入伊利诺伊大学，修习土木工程，后赴美国麻省理工学院修习飞艇专业，获博士学位。其博士论文题为《飞行机稳度测定》，曾得美国航空学会奖。为留美中国学生会书记。发明汉文打字机，在美国、中国、日本注册专利。曾任美国卡梯斯航空公司工程师。1916年回国，任上海商务印书馆及其工程师，兼南京高等师范学校顾问。为美国大学同学会及中国科学会等会员。
张履鳌 (Chang, Lv-Ao)	生于南京，毕业于上海圣约翰大学，任《约翰声》及《寰球中国学生报》编辑。自费留美，入弗吉尼亚大学，修习经济及哲学，获学士学位。后入耶鲁大学修习法律，获法学硕士学位。担任《留美中国学生月报》总编辑，1909年回国，授进士。任上海尚贤堂副堂长，1911年任《汉口日报》英文编辑，署湖北外交司长，任黎元洪副总统兼领湖北都督的法律顾问。为汉口中国青年会会长。
张履鳌夫人 (Chang, L.N. Mrs.)	字秀贞，生于江苏苏州。初毕业于上海中西女塾。留美入兰道女子高等学校，获学士学位。为留美中国学生会副会长，《留美中国学生月报》编辑。
李登辉 (Lee, T.H)	字腾飞，生于厦门，自费留美，入威斯林大学及耶鲁大学，回国任上海复旦公学教务长，及复旦公学校长。曾为《共和西报》编辑、中华书局总编辑、寰球中国学生会会长。
黄国恩 (Huang, K.U)	字觉因，生于湖北，原籍广东，自费留美，入康奈尔大学，修习普通文科，后入威斯康星大学修习法律，获法律学士学位。1909年回国，任上海复旦公学教员，1911年，任山东高等学校校长，1913年供职税务处，1915年供职农商部。
黄宪昭 (Huang, Hsien-Chao)	生于广东，初学于广州某校。自费留美，入檀香山鄂湖学校，习商业。后入密苏里新闻学院，习新闻业，1912年得学士学位。《檀香山少年声报》编辑、《檀香山新中国报》访员、哥伦比亚大学《旁观报》编辑、《留美学生月报》编辑、纽约《公理报》访员。1912年回国，充美国各报通信员、路透社通信员、广东某报编辑、《大陆报》通信员。1915年任广东高等学校校长。为广东留学生会会长。

续表

成员姓名	简介
陆鸿棠 (Low,Hung Tang)	字傅元,生于上海,父梅亭,业木商。初学于上海圣约翰大学,任上海益智学校教员。以官费留美,入密歇根大学,习建筑工程,1915年得学士学位,习构造工程。为中国学生会会员。在某建筑公司,充工程襄理。1916年回国。
赵天麟 (Chao,Tien-Lin)	字君达,生于天津,本籍住址为天津河北梁家嘴。兄贡珍,任天津中国银行事。初学于天津普通学堂,官立中学堂及北洋大学堂。以官费留美,入哈佛大学,习政治,得学士学位。被选入某名誉学会,为世界会及留美学生会职员。1912年任北洋大学政治经济学教员。1914年,任北洋大学校长。
赵恩赐 (Chiu,Yan-Tsz)	生于广州,初学于香港,毕业于拔萃书馆。自费留美,入文华大学预科,入加利佛尼大学,习化学。1913年,得学士学位。1914年,入哥伦比亚大学,习化学及教育。1915年,得硕士学位。为西部留美学生分会会长、中国基督教学生会及纽约留学生会书记、留美青年报经理。1915年回国,任广州岭南学校教员。为美国化学会会员。
刘大钧 (Lieu,Dakuin K.)	字季陶,原籍江苏丹徒,生于淮安,兄大猷。初学于上海青年会学校,及北京五城中学、京师大学堂。自费留美,后得半官费,入密歇根大学,习经济科,1915年,得学士学位。被选入某名誉学会,为留美学生会职员。1915年回国,任江苏省教育会英文书记。1916年任北京清华学校教员。
罗惠侨 (Loo,Wai-Gyiao)	字东里,生于浙江宁波,父松林,初学于宁波第四中学,任该校教员。后又毕业于上海高等工业学校。以官费留美,入麻省工业学校,习造船科,1913年,得学士学位。1915年,得硕士学位。为世界会会员、中国学生会会长、留美学生会会计。在纽约造船公司充绘图员,又在船坞实习。1915年回国,任海军部差遣。1916年任上海江南造船局造船工程师。
任鸿隽 (Zen.H.C.)	字叔永,生于四川巴县。1909年赴日留学,在东京高等工业学校学习,1911年回国。1913年以稽勋生身份赴美留学,在康奈尔大学文理学院主修化学和物理学专业,并任《留美学生季报》总编辑。1914年发起成立“中国科学社”,创办《科学》月刊等。1916年入哥伦比亚大学学习,获化学硕士学位,1918年回国。
王国均(钧) (1894—?)	字伯衡,上海人,1894年(清光绪二十年)生,毕业于清华大学,后赴美国留学,先后于美国普林斯顿大学、哥伦比亚大学毕业。1919年归国后,在上海《商报》社工作,后任《申报》社副社长、北京《每日新闻》副编辑长,兼《申报》北京通信员。1921年赴美国,参加“万国新闻”会议。1922年归国,任北京政府交通部编译局局长。

续表

成员姓名	简介
王琎 （1888—1966）	字季梁，浙江黄岩人，1888年生，1908年被录取为第一届庚款留学生。1909年赴美国留学，先在科思学院学习中学课程，后入理海大学，1915年获化学工程学士学位。同年回国，先后执教于湖南高等职业学校、东南大学化学系、浙江工专等校，任教授、系主任、教务主任等职。后任中央大学理学院院长兼化学系副教授。1928年起，改任中央研究院化学研究所专任研究员兼所长。1934年，应著名化学家L.M·科尔索夫教授之邀，在美国明尼苏达大学任访问研究员，并攻读硕士学位。1936年获硕士学位回国后，任浙江大学师范学院理化系主任、国民政府编译馆化学名词和化学仪器名词审查委员会委员。1949年后，任浙江师院教授等职。
韦悫 （1896—1976）	原名韦乃坤，别号捧丹，笔名普天，广东香山（今中山）人。1914年1月赴英国格拉斯哥大学留学。1915年转入美国俄亥俄州奥柏林学院，1918年毕业，获文学学士学位。曾任留美中国学生会中部分会会长、芝加哥中国学生会会长。后进芝加哥大学研究院深造，1920年毕业，获哲学博士学位。1921年回国，历任广州高等师范学校、岭南大学、复旦大学、大夏大学、光华大学等校教授。1921年任孙中山护法政府外交部秘书兼孙中山秘书。1922年兼任广东省教育委员会委员长。1928年任上海市教育局局长。1949年后，历任上海市副市长，教育部副部长，中国文字改革委员会副主任，华侨大学副校长、代理校长，《上海周报》杂志社社长等。任第一届全国政协代表，第一至三届全国人大代表。
邝翠娥女士 （1897—1968）	广东番禺人，1897年（清光绪二十三年）生。1926年，获美国康奈尔大学医学博士学位。曾任上海女子医学院院长。1924年，美国女公会、护理会、圣约翰浸洗会三会在上海合创上海女子医学院，抗日战争期间停办。中华人民共和国成立之后，任上海市第二医学院附属瑞金医院内科副主任，上海第二医学院内科学教授。
朱兆莘 （1879—1932）	广东花县人，京师大学堂优级师范馆毕业，授举人。1907年，由清廷学部选派赴美国留学兼办华侨事务，先入纽约大学商务财政科学习，获商科学士学位，毕业后又入哥伦比亚大学法政科，获法科硕士学位，后又入通儒博士研究科。1912年冬，作为美洲华侨选举代表回国。1913年加入国民党，当选为国会参议院议员，任北京大学商科主任、总统府秘书、议员等职。后历任北京政府驻英公使馆一等秘书，出席国际联盟、万国禁烟会议之中国代表，驻意大利全权公使等职。1927年宣布脱离北京政府回国，任广东国民政府外交部政务次长、广东省政府委员等职。“九一八”事变后，任特种外交委员会委员。1932年被聘为国难会议会员。

续表

成员姓名	简介
刘廷芳 （1891—1947）	字亶生，浙江永嘉人，早年于上海圣约翰大学毕业。后赴美国留学，先后入佐治亚大学、耶鲁大学和哥伦比亚大学，学习教育和儿童心理学，获哥伦比亚大学哲学博士学位。再入耶鲁大学神学院，师从富司迪学习神学，授牧师称号。1920年回国，任北京高等师范学校、北京大学教授。1922年任燕京大学神学院院长。1925年为孙中山追悼会主持宗教仪礼。后任《新教育》杂志副主编、《生命》杂志主编。抗日战争胜利后，被选为立法院立法委员。后赴美国就医，旅居英国，在剑桥大学、牛津大学讲学。因旧病复发，再回美国治疗。
汤用彤 （1893—1964）	字锡予，原籍湖北黄梅，生于甘肃渭源。1912年考入清华学堂，1917年毕业，留校任教，兼任《清华周刊》总编辑。翌年赴美国留学，先入汉姆林大学，1920年转入哈佛大学研究院学习哲学及梵文、巴利文。1922年获哲学硕士学位后归国。先后任南京东南大学、天津南开大学、南京中央大学教授。1930年任北京大学教授。1937年后，随校迁昆明，任西南联大哲学系教授、系主任、文学院院长。抗战胜利后，随北大回北平，任哲学系教授、系主任、文学院院长。1947年夏，应邀去美国加利福尼亚大学讲学，次年9月回到北平。1949年任北京大学校务委员会主席，1951年后任副校长，1953年后兼任中国科学院历史考古所学术委员，1956年当选为中国科学院哲学社会科学部委员。为第一至三届全国人大代表，第一届全国政协委员、第三届常务委员。
孙科 （1891—l973）	字哲生，广东香山（今中山）人，孙中山之子。1910年毕业于圣路易斯学院（相当于中学），次年去美国入加利福尼亚大学，1916年毕业后去纽约。1917年获哥伦比亚大学经济学硕士学位。同年归国，任广州大元帅府外交秘书。1919年任英文《广州时报》副主编。1921年任广州市长。1923年被孙中山指定为国民党临时中央执行委员，参与筹备改组国民党。1925年任广州国民政府委员。1926年当选国民党中央执行委员，再任广州市长兼广东省建设厅长，并代理广东省省长，又任国民党中央政治委员会委员，旋任广州国民政府交通部长。1927年任武汉国民政府常委、国民党中央青年部长、国民党中央执行委员会常委、中央政治会议主席团成员、军事委员会委员等职，后任南京政府财政部长、建设部长。1928年任国民政府委员、铁道部长、考试院副院长。1945年任国民政府副主席，政治协商会议首席代表。
李迪俊 （1900—?）	字涤镜，湖北黄梅人，1900年（清光绪二十六年）生，毕业于公立北平清华学校。后赴美国留学，入威斯康星大学，获政治学博士学位。旋为芝加哥大学、哈佛大学研究院研究员。回国后任国立中央政治学校、国立中央大学兼任教授。1903年任国民政府外交部科长。1932年任外交部秘书。1933年任外交部情报司司长。

续表

成员姓名	简介
杨永清 (1891—1956)	字惠庆,浙江镇海(今属宁波)人,1891年(清光绪十七年)生。1909年毕业于私立东吴大学,获文学士学位,后考入公立清华学校,毕业后留学美国,入华盛顿大学,获法学士及文学硕士学位。1916年任驻美公使馆秘书。1919年,任驻英使署随员、国联中国代表团秘书、华盛顿会议中国代表团秘书,1922年回国。1923年任北京政府外交佥事署秘书。1930年应邀赴美讲学,并由佛罗里达南方学院授予荣誉博士学位;同年回国。1952年任上海市高等教育司顾问。
杨宽麟 (1891—1971)	上海人,1891年(清光绪十七年)生。1909年上海圣约翰大学毕业,获学士学位。后去美国留学,入密歇根大学,获土木系学士学位,1918年获硕士学位。1919年回国。曾任上海圣约翰大学土木工程学院主任。1949年后,任北京建筑设计院、北京市城市规划局总工程师、北京市第四届政协副主席等。
吴承洛 (1892—1955)	字涧东,福建浦城人,1892年(清光绪十八年)生。1916年毕业于公立清华学校。1917年,赴美国,入美国理海大学及哥伦比亚大学学习,1920年获硕士学位;同年回国,在私立上海复旦大学任教。留美期间,是中国工程学会创始人之一。1922年任国立北京师范大学教授,后任公立北京工业大学化学系主任、代理校长。1946年任中国化学会理事长。1947年2月,任经济部商标局局长。中华人民共和国成立后,任中央人民政府财经委员会中央技术管理局发明处处长。
应尚德 (1887—?)	字润之,浙江奉化人,1887年(清光绪十三年)生,毕业于上海中西书院。后赴美国留学,入胡思托大学理科,获学士学位,又入哥伦比亚大学,获文科硕士学位。回国后,历任私立南京金陵大学教授、私立天津南开大学教授、纽约裕黔公司经理、京奉铁路山海关铁工厂协理,津浦铁路管理局秘书,国民政府外交部秘书兼总务司电报科科长、典职科科长、总务司帮办、条约委员会顾问。1931年和1932年的3月至12月,任外交部总务司长。1936年任驻美国大使馆参事。1938年9月,任驻马拉瓜总领事,后加公使衔。
宋子文 (1894—1971)	广东文昌(今属海南)人,1894年(清光绪二十年)生于上海,宋庆龄之弟,早年就读于上海圣约翰大学。1912年赴美国哈佛大学攻读经济学,1915年毕业,获硕士学位,又入哥伦比亚大学,获经济学博士学位,1917年回国。1923年后,历任两广盐务稽核所所长、中央银行行长、广东省财政厅厅长、国民政府财政部部长等。1927年后,历任国民党中央执行委员、商业部部长、武汉国民政府财政部部长、全国经济委员会主席、行政院副院长、中国银行总裁、外交部部长、驻美特使等。1949年去法国休养,后长期旅居美国。

续表

成员姓名	简介
张子高 （1886—1976）	原名准、芷皋，湖北枝江人。1907年武昌文普通学堂毕业。1909年被选派为第一届庚款留美学生，留学美国库兴学院，1911年入麻省理学院化学系，师承著名化学家诺伊斯教授专攻化学，毕业后留校作研究助理员，成果载于诺伊斯和勃莱伊著作《稀有元素定量分析》中。留学期间参与组织了中国科学社，后又参与创办《科学》杂志。1916年回国，历任南京高等师范学校理化部、金陵大学、浙江大学、清华大学等校教授，清华大学教务长、化学系主任。抗日战争期间任私立中国大学化学系教授、系主任、理学院院长。中华人民共和国成立后任清华大学化工系主任、副校长。
张耀翔 （1893—1964）	湖北汉口人。1915年清华学校毕业，后赴美国留学，先在麻省安度斯大学学习一年，后转入哥伦比亚大学，获心理学硕士学位。1920年回国，任北京高等师范学校教授兼教育研究科主任，并创办中国较早的心理实验室。1921年夏，任中华心理学会第一届会长兼编辑股主任。1922年主持创办中国最早的心理专业杂志《心理》。1949年后，任复旦大学教授。后任华东师范大学教授、教育系主任，兼中国科学院心理研究所特约研究员。
陈达 （1892—1975）	字通夫，浙江余杭人，1892年（清光绪十八年）生。1911年考入公立清华学校留美预备班，次年赴北京，在该班学习四年，1916年毕业，被保送赴美国留学。先在立德学院学习二年，获学士学位后，转入哥伦比亚大学社会学系，1919年毕业，获硕士学位，续在该校研究院攻读。1923年夏，获博士学位，同年归国，任教于公立清华学校。1938年执教于国立西南联合大学社会学系，兼清华大学国情普查研究所所长；此后，任国立中央研究院院士。
陈裕光 （1893—1989）	字景唐，原籍浙江鄞县，1893年（清光绪十九年）生于江苏南京。1915年毕业于私立南京金陵大学化学系。1916年，留学美国，入哥伦比亚大学读研究生，攻读有机化学。1922年获博士学位。留学期间曾被选为该校留美中国学生会会长，主办《留美中国学生月报》（英文）、《中国留学生季刊》。1922年回国后，任北京师范大学代理校长及理化系主任。1925年任私立金陵大学化学系有机化学教授，后任校长。1932年任中国化学学会第一任会长。1945年4月，任第四届国民参政会参政员，同年美国南加州大学曾授予名誉教育博士学位。
陈衡哲 （1890—1976）	原名燕，字乙睇，号莎菲，祖籍湖南衡山，1890年（清光绪十六年）生于江苏武进。1914年，考入公立清华学校，留学美国，入纽约瓦沙女子大学历史系，1918年夏获文学学士学位。继入芝加哥大学，研究历史、文学，1920年夏获芝加哥大学英文文学硕士学位。归国后，任北京大学西洋史兼英语系教授，后兼国立北京师范大学教授。1927年赴美国檀香山，任中国出席太平洋国际学会会议代表。抗日战争胜利后，应美国国会图书馆之聘，任指导研究员一年。

续表

成员姓名	简介
金邦正 （1886—1946）	字仲藩，安徽黟县人，1886年（清光绪十二年）生，毕业于公立清华学校。后赴美国留学，入美国康乃尔大学习森林学，获林科硕士学位。1914年毕业后归国，任安徽省立第一农业学校校长，同时任安徽省森林局局长。1920年任公立清华学校校长。1922年辞职，转入商业界。
周淑安 （1894—1974）	福建厦门人，1894年（清光绪二十年）生。1911年毕业于厦门女子高等师范学校。1914年赴美国留学，入哈佛大学攻读音乐艺术理论，在新英格兰音乐学院学习钢琴，后取得哈佛大学艺术学学士学位。1927年入纽约音乐学院习声乐。1928年回国，从事中学音乐教育，后任上海国立音乐专科学校教授及声乐组主任。中华人民共和国成立后，任教于沈阳音乐学院。
胡适 （1891—1962）	原名胡洪骍，后改名胡适，字适之，安徽绩溪人。1910年考取庚款留学生，同年赴美国康奈尔大学农学院攻读农学。1912年又转入该校文学院主修哲学，辅修文学和经济，曾获该校英语一等奖和哲学奖学金，并被选入美国大学生联谊会。1913年，当选为康奈尔大学世界学生联合会会长，曾两次代表康奈尔大学出席世界学生联合会有关会议。1913年9月，受到威尔逊总统和布赖恩国务卿的接见。1914年，在康奈尔大学文学院毕业，获文学士学位，同年秋入该校研究生院攻读哲学。1915年转入哥伦比亚大学哲学系，师从杜威，1917年完成博士论文并参加答辩，同年7月回国。1927年在美国正式获得哥伦比亚大学博士学位。1938年出任国民政府驻美大使。
胡博渊 （1888—1964）	字铁先，江苏武进人，1888年（清光绪十四年）生。1911年考入上海留学预备班。1912年赴美国留学，入麻省理工学院专习矿冶。1917年毕业，获博士学位，继入匹兹堡大学学习，获石油工程师执照，并留美，任冶金技师。1920年回国，任北京龙烟铁矿产工程师。1934年入国立中央党校任教授兼实业部工程师。1951年再度赴美，在哥伦比亚大学研究院任研究员。
侯德榜 （1890—1974）	字致本，福建闽侯人，1911年入清华学堂。1913年留学美国，入麻省理工学院学习化工，其后在哥伦比亚大学研究院学习，获硕士、博士学位。1921年回国，筹建塘沽永利碱厂。1934至1936年赴美国考察，后筹建南京硫酸铵厂，任工程师兼厂长。1938年赴德、英、美等国考察制碱工业。1940年任总工程师，设计株洲、五通桥两厂。1941至1943年进行联合制碱法并试验成功，被命名为“侯氏制碱法”，使其在中外享有盛名。1948年为国立中央研究院第一届院士。

续表

成员姓名	简介
桂质廷（1895—1961）	湖北江夏（今武昌）人，1895年（清光绪二十一年）生。1914年和1923年，两次赴美国攻读物理学。1924年获普林斯顿大学博士学位。回国后，曾先后在私立北京协和医学院、私立长沙雅礼大学、省立沈阳东北大学、私立上海沪江大学任教。1930年赴私立武昌华中大学，任理学院院长兼物理系主任。1939年转国立武汉大学任教，并先后任理学院院长和物理系主任、教授。
徐名材（1889—1951）	字伯隽，浙江鄞县人，1889年（清光绪十五年）生。1909年赴美国留学，入麻省理工大学，获硕士学位。1917年回国，在汉冶萍煤矿公司任化验室主任。1922年任国立上海交通大学化学教授。1931年任国立上海交通大学自然科学院院长兼化学教授。1933年创立交大油漆研究所，1934年建化工馆。
凌冰（1892—1993）	字冀东，河南固始人，1892年（清光绪十八年）生，毕业于私立天津南开大学。留学美国，先入斯坦福大学、哥伦比亚大学，后入克拉克大学，获教育心理科博士学位。1919年回国，任私立天津南开大学教务主任。1928年6月，任河南省政府委员、教育厅厅长；同年，任国民政府外交部条约委员会委员。1929年11月，任驻古巴国公使。1936年12月，任立法院第四届立法委员。
凌其峻（1897—1968）	字幼华，上海人，祖籍安徽，1897年（清光绪二十三年）生。1913年考入清华学校。1916年赴美国留学，入依阿华州立大学窑业工程科。翌年，转入俄亥俄州立大学，1919年毕业，获学士学位。1921年回国后，创办中国制瓷公司。1924年任仁立公司副经理。
席德炯（1894—1950）	字鸣九，江苏吴县人，1894年（清光绪二十年）生。早岁赴美国留学，入麻省理工大学及哥伦比亚大学，获学士学位、硕士学位。曾任美国托麦斯钢铁公司技师。回国后，历任安徽当涂铁矿矿师，汉冶萍公司材料科科长，江苏财政厅秘书，江苏财务处干事等职。
唐庆诒（1898—1986）	字谋伯，祖籍江苏太仓，定居无锡，1898年3月（清光绪二十四年）生，唐文治长子。1918年7月，毕业于美国比洛伊大学。1920年在美国哥伦比亚大学获硕士学位。留美期间，参加比洛伊大学及威斯康星州各大学校际英语比赛，均获得第一名；后又参加美国12个州之英语比赛，获第二名。归国后，从1924年起，在上海交通大学任外语系教授、系主任。其间自1927年至1942年，先后兼任私立光华大学、私立大夏大学、私立震旦大学、江苏省立教育学院、私立无锡国学专修学校等校教授。

续表

成员姓名	简介
黄士衡 （1889—1978）	字体楷，号剑平，湖南郴县人，1889年（清光绪十五年）生。毕业于美国依阿华大学，获文科学士学位；后又入哥伦比亚大学，毕业时获政治科硕士学位。归国后，于1925年任长沙商业专门学校校长。1926年任湖南实业厅厅长兼省立湖南大学校长。1927年6月，任湖南省政府委员兼教育厅厅长，1928年辞任；同年任湖南省政府委员兼教育厅厅长。1931年12月，任省立湖南大学校长。1939年3月，派为湖南省临时参议会秘书长。1946年11月，当选为制宪国民大会代表。
梁朝威 （1900—1975）	字苍公，广东开平人，1900年（清光绪二十六年）生。毕业于公立北京清华学堂。早岁赴美国留学，先入斯坦福大学，获博士学位，后又入约翰斯霍普金斯大学，获政治学博士学位。1929年任国民政府考试院考选委员会编撰室主任，并在国立中央大学、国立中山大学、国立中正大学政治学教授。1932年2月，任广东省高明县县长。1932年8月，任广东燕塘军校政治深造班上校教官。1938年任中央军校第四分校政治特别班教授。1939年任第九战区干训团政治部主任，兼特别部书记长。1948年，当选为立法院立法委员。
蒋廷黻 （1895—1965）	字绶章，湖南邵阳人，1895年（清光绪二十一年）生。1912年赴美国入密苏里州派克学堂，毕业后，转入俄亥俄州奥伯林学院，获文学学士学位。1918年应基督教青年会征选到法国，在军队中为华工服务。1919年重返美国入哥伦比亚大学研究院，专攻历史，1923年获博士学位后回国。先后在南开大学历史系、清华大学历史系任教授。1942年后，多次代表中国出席国际善后救济总署会议。
韩安 （1883—1961）	字竹坪，安徽巢县人。南京金陵大学毕业后，赴美国康奈尔大学文科学习。毕业后又入密执安大学农科，获林科硕士学位，之后进入威斯康星大学农科院从事研究。1912年毕业回国，历任北京政府农林部佥事，东三省林务总局局长，农商部佥事，京汉铁路造林事务所所长，北京农科大学教务主任。1927年任安徽省政府委员兼安庆市长，安徽省教育厅长。政府参事兼山东省政府顾问；1930年去职。1942年任国民政府农林部中央林业实验所所长等。
雷沛鸿 （1888—1967）	字宾南，乳名寿增，广西宣化（今邕宁）人，1888年（清光绪十四年）生。1913年2月，赴美国留学。1914年入俄亥俄州欧柏林学院，习政治学和教育学，1918年获学士学位。1919年入哈佛大学研究院，研究政治学、经济学，获硕士学位。1921年秋回国；同年11月，任广西省公署教育科科长。1922年，任上海法政大学经济系主任。1927年5月，任广西省政府委员兼教育厅厅长；同年11月辞职，赴英、法、德等国考察大学教育。1936年5月，接受哈佛大学授予的博士学位。1941年任广西教育研究所所长。中华人民共和国成立后，1950年任广西省监察委员会副主任，广西省政协副主席，全国政协委员等职。

续表

成员姓名	简介
薛学海 （1897—1965）	字汇东，江苏无锡人，1897年（清光绪二十三年）生，袁世凯女婿。毕业于公立清华学校，后赴美国留学，入威斯康星大学并获学位。回国后，任无锡豫康纱厂整理委员会长、董事，庆丰纱厂董事。1922年任驻英国使馆一等秘书、参赞。1925年，随徐树铮赴欧美考察实业，后任直隶省长公署顾问。1927年任北京政府外交部特派直隶交涉员；1928年去职，寓居天津。
许先甲 （1886—1960）	字肇南，号石枬，贵州贵阳人，早年入四川高等学堂，加入同盟会。1906年赴日本留学。1908年赴美国，入伊利诺斯大学。1910年回国，考取第二届清华学校公费留学生，再次赴美国，在威斯康星大学专攻电机工程，获物理学学士及电气工程师学位。在美国留学期间，被选为中国留学生会会长，并在康奈尔大学与其他留学生一同创办成立中国科学社及中国工程师学会；威斯康星大学毕业后，又入哈佛大学学习工业经济与管理学科。1915年1月毕业回国，任南京河海工程专门学校校长，培养了中国最早的一批水利工程专家。
吴贻芳 （1893—1985）	号冬生，江苏泰兴人。1904年先后就读于公立杭州女子学校、上海启明女校、苏州景海女子学校。1914年到北京女子师范学校任教。1916年入南京金陵女子大学学习，1919年毕业，应聘到北京女子高等师范学校任英文教员兼英语部主任。1922年8月，赴美国密歇根大学研究生院生物系学习，同年被推荐为北美中国基督教学生会会长。1925年又当选为留美中国学生会副会长。1928年毕业，获博士学位，回国任金陵女子大学校长，直至1951年。抗战时期为团结各方面力量支援抗日战争做了许多有益工作。1938年至1945年4月，当选为第一至四届国民参政会参议员。1945年3月，作为中国代表出席联合国制宪大会。在美期间被旧金山米尔斯学院授予哲学博士学位。1949年9月，参加中国人民政治协商会议第一届全体会议。中华人民共和国成立后，历任金陵大学校务委员会副主任委员、南京师范学院副院长、江苏省教育厅厅长、江苏省副省长、江苏省政协副主席等，兼少年儿童福利基金会会长、全国妇联副主席、中国基督教三自爱国运动委员会名誉主席、全国人大第一至五届代表、民进中央副主席。1979年被母校美国密歇根大学授予“智慧女神奖”，是中国现代具有世界影响力的女教育家。
余上沅 （1897—1970）	湖北沙市人，1912年起入武昌文华书院中学部及大学部，五四运动时为学生会主席。1920年入北平大学英文系学习，毕业后到清华学校任教。1923年赴美国卡内基大学戏剧系和哥伦比亚大学读研究生，专攻戏剧文学和剧场艺术。曾在留美学生中组织中华戏剧改进社，从事戏剧演出活动。1925年回国，历任北京艺专、东南大学、暨南大学、北平大学、清华大学、北京大学专职或兼职教授。1926年参与创办《晨报》副刊，是中国戏剧社成员。1927年任新月书店经理兼编辑。1935年曾陪同梅兰芳赴苏联和西欧演出，回国后任南京戏剧专科学校校长兼教授。1948年赴英国、捷克斯洛伐克参加国际戏剧家协会会议。

续表

成员姓名	简介
俞庆棠 （1897—1949）	原籍江苏太仓，1897年（清光绪二十三年）生于上海。1914年于上海务本女塾毕业。1919年，入中西女塾，其后又入圣玛利亚女校学习；同年赴美国留学，先后在台来佛亚女子大学、哈佛大学、芝加哥大学及哥伦比亚大学研读。在哥伦比亚大学时，当选为中国留学生会主席；1922年毕业于哥伦比亚大学教育学院。回国后任上海大夏大学教授。1928年在苏州创办民众教育学校并任校长。1929年该校迁无锡，并为江苏省立教育学院。1930年辞行政职务，专任该院教授兼研究实验部主任，主办《教育与民众》月刊。1932年倡议成立中国社会教育社，任常务理事和总干事。1933年赴丹麦、荷兰、英国、法国，考察成人教育与合作事业。1949年出席全国政协第一次全体会议，后任中央人民政府教育部社会教育司司长。
程天固 （1889—1974）	幼名天顾，广东香山（今中山）人。1907年冬赴美国，入旧金山公立学校学习，后转读私立中学。1911年考入加州大学政治经济学院，毕业后入研究院，1912年获硕士学位并继续留校深造。在校期间，曾任中国学生会、万国学生会、宪法研究会会长及同盟会旅美支部交际部部长，与冯自由等创办《民呼》报，并独办《诚报》报刊。1915年回国，任南洋兄弟烟草公司顾问，后又创办钨产公司、大生铜厂、大星皮革公司等企业。1921年任广州市工务局局长。1924年被聘为广东大学法科教授，1925年任该校法学院院长。1931年任广州市市长。1932年赴香港，返回后任广东省建设厅厅长。
曾养甫 （1898—1969）	原名曾宪浩，字养甫，广东平远人。1923年于天津北洋大学矿冶系毕业，不久赴美国匹兹堡大学研究院学习。留美期间，曾当选为国际学生会会长。1925年毕业，获工学学士学位。同年回国后赴广州参加北伐革命。曾先后任中央兵工厂试验厂筹备处主任、国民革命军总司令部后方总政治部主任。1927年任南京国民政府建设委员会副委员长。1929年任国民党第三届中央执行委员，不久任浙江省建设厅长并兴建钱塘江大桥，后又兼军事委员会公路处处长。1935年任铁道部政务次长兼新路建设委员会委员长，参与兴建浙赣铁路。1935年至1936年代表国民党与共产党秘密谈判。1936年任广东省政府委员兼广州特别市市长、黄埔开埠督办。1937年兼广东省财政厅长及军事委员会西南运输处主任。全面抗战期间，督修滇缅国际公路。1942年任交通部长兼军事工程委员会主任。1945年初因病辞去交通部长职，赴美国治疗。1948年当选为立法委员。1949年后寓居香港。

续表

成员姓名	简介
朱君毅 （1892—1963）	浙江江山人，1892年（清光绪十八年）生，毕业于公立北京清华学校。后赴美国留学，先入霍布金斯大学，后入哥伦比亚大学，毕业后获哥伦比亚大学哲学博士学位。在美国时，曾任清华留美同学会会长，纽约大学讲师，哥伦比亚大学研究员，美国全美教育荣誉学会会员。曾加入中国科学社。毕业归国，历任公立东南大学教务主任，教育科副主任兼教授，江苏省立第一女子师范学校教务长，清华大学教育心理系主任兼教授，北京大学及北平师范大学教授，厦门大学教育心理系主任兼教授。
朱经农 （1887—1951）	字经农，1887年（清光绪十三年）生于浙江浦江。1916年春赴美国，任留美学生监督处书记，并就读于华盛顿大学，1918年获学士学位，1919年获硕士学位。1920年，辞去书记职位并转到纽约哥伦比亚师范学院研究院，1921年回国，任北京大学教育系教授，并在国立女子高等师范学校任课。1930年3月，兼任教育部常务次长。
何瑶 （1894—1968）	字元良，云南石屏人，1894年（清光绪二十年）生，清末考入云南高等学堂。1917年赴美国留学，入普渡大学，获机械工程学士学位后，在工厂实习。在美期间，曾先后被选为普渡大学中国学生会会长，万国学生会会计，美国汽车工程学会会员。1925年回国，任私立云南东陆大学的工科教授，会计长工学院院长，云南全省模范工厂厂长。1931年5月当选为国民会议代表。1933年任云南大学校长。
沈克非 （1898—1972）	原名贤亚，后改名克非，浙江嵊县人，1898年（清光绪二十四年）生。1919年赴美国留学，入俄亥俄州克利文大学医学院，1924年毕业获医学博士学位，留校任教，任医院外科实习医师及助理住院医师各一年，同时担任美国中国学生分会会长，美国基督教中国学生会会长。1926年回国。
唐国安 （1858—1913）	字介臣，广东中山人，1858年（清咸丰八年）生。早年留学美国，入耶鲁大学，毕业后于1885年归国，在梵王渡圣约翰书院任主讲，并任寰球中国学生会会董，后继颜惠庆任上海《南方报》编辑。该报停刊后，乃于1907年赴北京，任外务部司员，兼任京奉铁路干事。1909年，被委任为“上海万国禁烟会”中国代表。1912年任公立清华学校校长。1913年逝世。
李应林 （1892—1954）	号笑庵，广东南海人，1892年（清光绪十八年）生。1917年赴美国留学，1921年获奥柏林大学文学士学位。毕业归国任广州基督教青年会学生部主任干事。1922年任社会调查局局长。1924年任广州基督教青年会总干事兼私立岭南大学附中校长。1927年夏，任私立岭南大学副校长，兼文学院院长。1930年再赴美国哥伦比亚大学进修。1931年夏返国。1939年冬，第三次赴美国，接受奥柏林大学名誉法学博士学位。1951年在香港创办崇基学院并任院长。

续表

成员姓名	简介
马寅初 （1882—1982）	浙江嵊县人。1906年北洋大学毕业后，留学美国，先后入耶鲁大学、哥伦比亚大学，主攻经济学。1914年获经济学博士学位。1915年回国，任北京大学教授。1919年任该校经济系主任、教务处长，次年，辞此二职，专任教授。后去上海，任浙江兴业银行顾问，并在东南大学创办商科，任教授。1922年任北京中国银行总司，中国经济学社社长，北京大学教授。1927年起，先后任杭州财务学校、上海交通大学、南京中央大学教授，浙江省政府委员兼财政委员会主席，国民政府全国禁烟委员会委员，立法院第一、二、四届立法委员，财政委员会委员，重庆大学商学院院长。1945年后，历任重庆大学教授，上海中华职业学校教授，上海工商专科学校教授，教育部学术审议委员会第三届委员。1948年当选为中央研究院院士，后去中共东北解放区。1949年任北京大学校长，中央人民政府委员，政务院经济委员会副主任，华东军政委员会副主席。1951年再任北京大学校长，1955年当选为中国科学院哲学社会科学部委员，中国银行常务董事。
时昭瀛 （1901—1956）	湖北枝江人。1914年夏，考入北京清华学校，曾任学生会主席。1922年毕业后，赴美国明尼苏达大学留学，1924年毕业，获学士学位。后入哈佛大学研究院攻读政治学与国际法学；1927年夏毕业，获硕士学位；同年秋回国，任武汉大学法学院教授。曾讲述《国际法纲要》，后成为职业外交家。1936年起，历任中国驻苏联大使馆一等秘书、外交部参事、驻加拿大渥太华总领事、驻温哥华总领事、驻南非约翰内斯堡总领事、外交部情报司司长等。中华人民共和国成立前去台湾。
邱昌渭 （1897—1956）	字毅吾，湖南芷江人。1921年留学美国，在巴玛拿大学获学士学位，又入哥伦比亚大学，先后获政治学硕士和哲学博士学位。回国后历任北京大学政治系主任，东北大学、清华大学、中山大学教授，南京国民政府外交部兼任秘书等职。
邹秉文 （1893—1985）	原名应崧，江苏吴县人。1908年入北京汇文书院学习英文。1910年赴美国留学，先后入纽约柯克中学、威里斯顿中学、康奈尔大学等校学习。1915年获学士学位后，又在康奈尔大学研究院攻读植物病理学，并与任鸿隽等组织中国科学社，出版《科学》月刊。1916年回国，先后任金陵大学教授，南京高等师范学校教授。
张耀翔 （1893—1964）	湖北汉口人。1915年清华学校毕业后，赴美国留学，先在麻省安度斯大学学习一年，后转入哥伦比亚大学，获心理学硕士学位。1920年回国，任北京高等师范学校教授兼教育研究科主任，并创办中国较早的心理实验室。1921年夏，任中华心理学会第一届会长兼编辑股主任。1922年主持创办中国最早的心理学专业杂志《心理》，由上海中华书局出版。后到上海大夏大学、暨南大学等校任教。

续表

成员姓名	简介
陆志韦 （1894—1970）	原名陆保琦，浙江吴兴（今湖州）人。1907年考取东吴中学，1910年升入东吴大学，1911年夏考入清华学校留美预备班，并学习一段时间，1913年东吴大学毕业。1919年冬赴美国留学，先在范德比尔特大学学习宗教心理学，后在芝加哥大学学习生理心理学，1919年毕业，获哲学博士学位。同年归国，先后在南京高等师范学校、东南大学任心理学教授。1927年任燕京大学心理学教授兼心理学系主任。1933年至1934年再度去美国芝加哥大学研究心理学一年。
赵以炳 （1909—1987）	江西南昌人。1929年清华大学毕业后留学美国。1931年于芝加哥大学生物学系毕业，获理学士学位。1934年获博士学位，并荣获Sigrma Xi会员称号。1935年回国后，在清华大学生物系任教。全面抗战时期，在昆明西南联大任教。1946年随校回迁至清华大学。1952年调北京大学任教授兼生理学教研室主任。曾兼任中国科学院专门委员会委员，中国生物学会主席、理事长、主任委员等职。
胡刚复 （1892—1966）	曾用名文生、光复，江苏无锡人，早年就读于上海震旦大学。1909年赴美国留学，入哈佛大学学习，初未定专业，两年后专攻物理，1913年获理学士学位。后又入哈佛研究院，与杜安（W.Duane）教授一起研究提取放射性镭，并在亨丁顿癌症医院工作，1914年获硕士学位。他与杜安教授合作研究X射线，对早期X射线光谱学和物质波概念的建立有重要贡献。曾在《物理评论》上发表多篇重要论文。1918年获哲学博士学位并回国，任南京高等师范学校物理学教授，大同大学教授、理学院及工学院院长、校长。1925年任南京东南大学物理系教授兼系主任。1926年创办厦门大学理学院，任理学院院长。1927年任第四中山大学高等教育处处长、理学院院长，创办中央大学并任教授。1928年协助创立中央研究院物理研究所，任研究员，并任北平研究院镭学研究所特约研究员。1936年任浙江大学文理学院、理学院院长。1949年任北洋大学教授。1951年任天津大学教授。1952年任南开大学物理系教授。
胡明复 （1891—1927）	名达，又名达生，幼名孔孙，字明复，江苏泗阳人。1907年于上海中等商业学堂毕业，后考入南京高等商业学堂继续学习。1910年考取庚款留美生名额，进入康奈尔大学文理学院学习数学，1913年被选为Phi Be ta Kappa会员，1914年为Slgma Xi会员，同年大学毕业并获学士学位。1916年进哈佛大学攻读博士学位，在著名导师博歇尔和霍尔维茨指导下研究“积分—微分方程”理论，1917年获博士学位，是哈佛大学第一个获得博士学位的中国留学生，也是中国第一个在数学方面取得博士学位者。同年9月回国，任上海大同大学、上海交通大学、东南大学等校教授。

续表

成员姓名	简介
潘光旦 (1899—1967)	字仲昂，江苏宝山(今属上海)人，1922年清华学校留美预备班毕业。后于达特茅斯学院学习生物学，1924年毕业，获学士学位。后在纽约哥伦比亚大学研究生院学习动物学、古生物学、遗传学，1926年毕业，获硕士学位。在美国期间，多次利用暑期参加优生学、人类学、细胞生物学等学科的训练和研究工作。1926年回国，历任吴淞政治大学教务长、光华大学文学院院长、吴淞中国公学大学部社会科学院院长等职，讲授心理学、优生学、家庭问题、进化论、遗传学等课程。1934年起，先后任清华大学教授、教务长、社会学系系主任。1937年后，任西南联大社会学系教授、系主任等职。1952年至1967年任中央民族学院教授。中华人民共和国成立后，担任政务院文教委员会委员，第二至四届全国政协委员。

表2-3　留美中国学生联合会其他成员名单

任嗣达	胡彬夏	梁煦光	李藻鑑	沈慕曾	林志煌
庄泽宣	钟可成	程康恩	李耀邦	张天才	林步基
刘树杞	钟桂丹	鲍明钤	杨光弼	张玉珍	林亮功
刘慎德	俞希稷	蔡正	杨荫樾	张贻志	林振彬
汤稽	施济元	蔡远泽	杨铨	张壽绵	林惠贞
许传音	施赞元	蔡秀珠	杨锡仁	陈兰生	周开基
孙煜方	莫介恩	蔡雄	杨锦森	陈承栻	周启邦
麦佐衡	钱方轼	谭沃心	吴祥骏	陈菊生	周明衡
李S.L.Lee	徐尚	谭葆廉	何恩明	陈慕贞	郑来(郑莱)
李华章	徐佩璜	李翰淦	何墨林	招观海	赵泉林
李约西	徐承宗	李肇安	何德奎	林志煌	赵景简
李昂女士	高宝寿	萧练理	余祖荫	黄美玉	梁平
李美步女士	李锦魁	黄著勳	区萃仑	毛文钟	龙益
王金吾	王恭宽	王臻善	司徒如坤	司徒栋	朱汝铨
朱祖海	朱神广	伍平			

表2-2、2-3资料来源：TsingHua College: Who Is Who of American Students, Peking: Tsinghua College, 1917；周棉主编《中国留学生大辞典》，南京大学出版社，1999；徐友春主编《民国人物大辞典》，河北人民出版社，1991。

关于联合会所管辖的留学生，就地域来看，这些社团所管辖的留学生大致分布在中、东、西这三方海岸。具体来讲，大西洋沿岸的西海岸主要以旧金山及其周边院校为主；东海岸主要以纽约及其周边地区为主；美中地区主要以威斯康星及密歇根大学为主，具体来看则是“自千九〇九年千九一〇年之后，中美之密尔根（Michigan）、芝加谷（Chicago）、威士干臣（Wisconsin）、衣里内（Illinois）等大学，中国学生渐多”。[①]其实如前所述，在1911年之前，留美学生就出现了零散的团体，虽然仅限于美国某一隅，但其各个零散的团体人数也逐渐增多，学生会发展的势头也呈现出百花齐放式的多元发展。1911年之后，全美范围的留美学生联合会得以组建，由于资源的相互统筹及联合会总会的规划设计，学生社团发展的势头更为迅猛，社团所笼络的人数也呈现出快速增长态势。

为了更好地管理全美的留学生，使留学生有一较强归属感的留学生联合社团。作为留学生会社之一的东美中国留学生会（Chinese Students' Alliance of Eastern States），于1911年即发起组织总会的行动，统一了北美各地的中国留学生会社，统称为“全美中国学生联合会”，也即东美中国学生联合会统筹下的美国各地学生联合会。全美中国学生联合会是一个中学生与大学生的组织，包含了二百个大学及一百个中学的学生。除此之外还有同在一所大学留学的学生组成的学生会，例如哥伦比亚大学学生会、康奈尔大学学生会、哈佛大学学生会等等。[②]按照会议章程，联合会即行选出委员，征求中美、西美各会意见；选举出了会长三人，之后全美中国学生联合会规模继续扩大。此后，“分美国为三部，落机山之西各省为西部，中央二十一省为中部，大西洋沿岸十八省为东部，此后中美、东美均改名为东部、中部，同隶于总会焉”，[③]具体来说则是东美主要囊括哥伦比亚大学、哈佛大学、耶鲁大学、安姆斯特大学、麻省理工大学、普林斯顿大学、安杜佛大学；中美则主要囊括密歇根大学、芝加哥大学、威斯康星大学、伊利诺伊大学、康奈尔大学；西美则以加利福尼亚大学、斯坦佛大学、华盛顿州立大学为主。有关全体留美学生的事宜，由总会负责办理，有关各地方的事宜，则由东、中、西三分部各自办理。

---

① 区克明：《留美中国学生会小史》，《留美学生季报》1917年第4卷第3期，第69页。

②《留美中国学生之调查》，《教育杂志》1925年第17卷第3期，第13页。

③ 区克明：《留美中国学生会小史》，《留美学生季报》1917年第4卷第3期，第69–70页。

总的来讲，中国留美学生联合会从成立、联合到运作初期，会务大致呈现出一种迅速发展壮大的势头，会员也无不感受到一种归属感，也都全身心投入这一个建立于异国他乡却充满着熟悉气息的社团活动中。留学生群体之中所蔓延的这种热忱与振奋之情，首先最为直接地体现在会员人数的增长之上。正如前所述，隶属于留美学生联合会麾下的成员数量持续增加。这种成员数量的扩展很大原因是得益于"庚款兴学"的政策，自从1908年5月起，美国国会通过将"庚款退回"中国的议案，退款的用途指定于办理留学教育，之后清华学堂得以开设并拟定了具体的派遣计划，至民国时期，该计划得以付诸实施，此后留美学生人数激增。清华历年派美人数具体的数据为：第一期、第二期共派13名留学生，第三期为30人，第四期为19人，第五期为72人（第五期幼年生为11人、女生为9人），第六期为36人，第七期为34人（第七期专科生为10人、女生为10人），以上七期人数共计244人。[①]受这股官派留美潮的影响，同一时期自费留学的学生数量也呈现上升趋势。

留美中国学生联合会成立之后，留学生数量持续上涨，据《留美中国学生会小史》所载，自1911年留美中国学生联合会成立之后，"各埠之中国学生多隶会籍，当时会员约八百余名。翌年，清华派百人来，而自备资斧者亦日多。民国成立后，中央政府及各省选派者亦日来日众"。[②]根据相关的史料记载，在1911年的这段时间当中，联合会会员达到将近800名，至国民政府成立之后的1914年夏季，学生会员数更是曾经一度达到了1300名之多，在这之后的三年期间中，留美学生联合会会员人数更是增长了近200名。为了更加清楚地说明留美学生联合会会员人数逐渐壮大这一客观事实，《留美中国学生会小史》对留美学生联合会"会员人数骤增"的这一现实情况进行了详细描述：

> 至千九十四年夏间，会员数将达千三百名，今则千五百以外。在学生会一方面言之，可云发达极一时之盛矣。惟就国家财力一方面着想，则未免不以此为失策也。按留学生数已达千五百余名，若照官费生经费每人每年九百六十元美金为例，共计则我国每年输出美金一百四十四万元。合华币将及三百万元。倘能以此款在国内兴办大中小

① 《清华历年派美人数》，《留美学生季报》1917年第4卷第4期，第161页。

② 区克明：《留美中国学生会小史》，《留美学生季报》1917年第4卷第3期，第70页。

学，事半而工倍，况造就人材为数十倍於千五百名耶。[1]

就地域上来看，该年度留美学生在美国地区的分布以在美东的留美学生数量为最多。以1911年留美中国学生会会员分布来看，留学生主要集中在纽约地区、马萨诸塞州、宾夕法尼亚州的各大学中，其人数分别达到151人、95人、35人；其次为中美，留学生主要集中在伊利诺伊州、密歇根州、威斯康星州的各大学中，其人数分别达到90人、32人、31人；最后以西美留学生数量最少，这部分留学生则主要集中在加利福尼亚州的各大学中，其人数为24人。1911年度具体的留美中国学生会会员人数按照东部、中部、西部分部的数量，如表2-4所示。

表2-4　1911年留美中国学生会会员人数东、中、西分布统计表

东美部		中美部		西美部	
牛约省 New York	151人	伊利奴省 Illiinois	90人	加利福尼亚省 California	24人
马塞初省 Massachusett	95人	密杰根省 Michigan	32人	莱共 Gregon	3人
宾锡威宜省 Pennsylvania	35人	威斯康星省 Wisconsin	31人	华盛顿省 Washington	3人
开乃的格省 Conneticut	22人	瓦海瓦省 Ohio	16人		
牛海题省 New Hampshie	8人	考劳度省 Colado	14人		
桥俭耶省 Georgia	6人	阿省 Iowa	3人		
华盛顿京城 District of Columbia	5人	退乃西省 Tennessee	1人		
罗岛省 Rhode Island	3人	密西西比省 Mississipi	1人		
牛旧在省 New Jersey	3人	密苏里省 Missonri	1人		
梅恒省 Maine	2人	印地阿那省 Indiana	13人		
浮梦省 Vermont	1人				
威及宜亚省 Virginia	1人				
东美部共有留学生人数:338人		中美部共有留学生人数:202人		西美部共有留学生人数:30人	

资料来源：朱庭祺:《美国留学界》,《留美学生年报》1911年第1期，第6-8页。

面对此时留美学生联合会日益壮大的这一事实，海内外相关报纸杂志纷纷

[1] 区克明:《留美中国学生会小史》,《留美学生季报》1917年第4卷第3期，第70页。

发表评论，充分肯定留美学生联合会的积极作用，认为恰恰是有了留学生共同的组织，才得以更好地服务这些留学生，而越来越多的留学生组成群体，也足以说明中国“国民进步”这一事实，这些评论大多认为“近年来吾华结社之风，大盛于海内外，诚国民进步之特征也。惟所结之社，多为行事计者，其为学术设计者，则绝无仅有……及中国学会留美支会，相继成立，留学界中始增此最切要最文明之事业，至足乐也”。[①]

值得注意的是，此后十年，随着留学生学成归国，留美学生联合会的人数并未出现继续增长的态势，而是大致维持不变，甚至在1932年至1933年间，留学生人数还出现了锐减的现象。在1925年之后，全美中国学生联合会对留美学生数量进行了相关统计并发布了《留美学生录》的统计：在全美境内，时至1925年间一共有留美中国学生共1637人，其中自费生1075人，占65%以上；其余近500余名为公派留学生。[②]由于政府对留学事业的重视，公派留学生的数量每年均得到增长，直到1930年，留美各大学公派中国学生人数就曾一度超过1000名，其中该年度中国留学生数量最多的前十所美国大学依次为哥伦比亚大学、密歇根大学、加利福尼亚大学、芝加哥大学、哈佛大学、康奈尔大学、华盛顿大学、纽约大学、斯坦福大学、麻省理工大学，这十所大学的留美学生数量几乎占了该年度在美留学生数量的2/3。具体留美学生各大学、美国各主要州的中国学生人数统计分别如表2-5、表2-6、表2-7所示。

表2-5　1930年留美各大学中国学生人数统计

哥伦比亚大学	加利福尼亚大学	哈佛大学	华盛顿大学	斯丹福大学	麻省理工大学	伊利诺伊大学	威斯康星大学	约翰斯霍普金斯大学	俄亥俄州立大学	明尼苏达大学	波士顿大学	匹芝堡大学	新英伦音乐院	罗威尔纺织学校
144人	58人	47人	39人	36人	34人	31人	27人	23人	20人	16人	8人	3人	3人	3人

① 《留美学界近事》，《教育杂志》1911年第3卷第5期，第42页。

② 卫道治主编《中外教育交流史》，湖南教育出版社，1998，第169页。

续表

密歇根大学	芝加哥大学	康奈尔大学	纽约大学	南加省大学	普渡大学	鲁意斯大学	西北大学	欧柏林大学	耶鲁大学	华盛顿省立大学	康萨斯大学	协和神学院	密歇根省立大学	史密斯女子大学
84人	54人	36人	35人	32人	30人	27人	22人	20人	15人	8人	4人	3人	3人	1人

资料来源:《留美各大学中国学生人数统计表》,《寰球中国学生会周刊》第363期,1930年3月11日第1版,因篇幅所限,仅选取了部分学校的数据。

表2-6　1930—1931年留美中国学生及主要各国学生人数统计

在美留学生人数最多的三大联邦州			在美留学三大来源国		
纽约州	加利福尼亚州	伊利诺伊州	人数首位国家/人数	第二/人数	第三/人数
242	224	155	加拿大:1410人	中国:1336人	日本:1004人
留美中国学生总数:1336人			各国留美学生人数总计:约10478人		

资料来源:《各国留美学生统计》,《中华基督教教育季刊》1931年第7卷第3期,第85页。

表2-7　1921—1934年留美中国学生及主要各国学生人数统计

年度	1921年—1922年	1922年—1923年	1923年—1924年	1924年—1925年	1925年—1926年	1926年—1927年	1927年—1928年	1928年—1929年	1929年—1930年	1930年—1931年	1931年—1932年	1932年—1933	1933年—1934年
留美中国学生人数	1255	1507	1467	1561	1317	1298	1250	1287	1263	1306	1105	820	1101

资料来源:《我国留美学生近年锐减》,《海外月刊》1934年第21期,第56页。

留美学生会使得全美中国留学生得以通过各种方式与途径“充分联合”。得指出的是,留美学生联合会也首开招收女留学生之风,招募了不少在美国当地的女留学生。在联合会成立后,女留学生数量逐渐增加,从1902年间的1名在女留学生增加到了1931年的33名女留学生,具体的留美女学生数量,如表2-8所示。

表2-8　1902年至1931年在美女留学生人数统计

年份	1902	1903	1904	1905	1906	1907	1908	1909	1910	1911	1912	1913	1914	1915	1916	1917	1918
数量	1	1	2	0	4	1	6	3	6	7	4	14	16	17	19	21	26
年份	1919	1920	1921	1922	1923	1924	1925	1926	1927	1928	1929	1930	1931	1932	1933	1934	1935
数量	20	26	40	49	32	32	37	42	50	43	34	40	33	22	17	29	35

资料来源：《1854年至1953年留学美国学生人数统计表》，载陈学恂、田正平编《中国近代教育史资料汇编（留学教育）》，上海：上海教育出版社，1991，第686-688页。

这部分女留学生积极参加留美中国学生联合会的相关活动，成为留美中国学生联合会的一道独特的风景线。以下通过《留美中国学生会小史》对学生会女会员的描述，可见其在学生会中所占的重要地位：

> 女会员　吾国旧社会风俗，男女界限森严。上中下流社舍均墨守旧俗，不敢逾越。粤东广州为开通最早之区。而欧美教会设立之讲道堂。仍分男女座位。洪秀全藉天主余绪，旁衍侧出，教义窃取欧风，男女平等，老少女子均以姊妹相称，其成帝业，天妹宣娇大有力焉。惟自入金陵后，则设立女馆，分处男女。观此可见我国人中毒已深，非一朝一夕可能除却也。前清晚季，风气渐开。远识之士，谓女子为国民之母，非教之育之，不能使尽其要重责任。于是提倡女学，以期造就贤母良妻。当时各省所有之公私女学，多聘用男教员。盖女子能师教席者甚鲜故也。然女学校用男教员，殊多不便之处。权为之则无不可，特非长久之策也。因此我国女子渡东洋求学者盛极一时，但来美者尚无其人。吾国女子留学美国毕业于大学者，殆自江西康女士及湖北石女士二人始，然继两女士而来者，实繁有徒。查去年留美学生同名录中，已有一百五十九人。今数将及二百矣。①

早前，自联合会创办之初，就不断有女留学生先后加入。随着留学浪潮的涌进，加入联合会的留美女学生就达到了一定的数量。根据1916年的留美学生名录来看，加入留美学生联合会成为固定会员的留美女学生的人数就已经达到了159人，到1917年加入联合会的留美中国女学生人数就达到了200余名。

① 区克明：《留美中国学生会小史》，《留美学生季报》1917年第4卷第3期，第70-71页。

其中不乏杰出的女留学生或是积极参与联合会活动的留美中国女学生，如留美女学生李美步女士，1911年到纽约，参加留纽中国学生会，1914年获得广东官费在美留学，入哥伦比亚大学就读，后因成绩优异，取得当时清华津贴奖学金，于1921年获得哥伦比亚大学农业经济博士学位。李美步女士在留美学生联合会的各类活动中表现也十分出色，曾参加1914年8月28日至9月4日的东美学生会夏季年会，在该会于8月29日晚主办的演讲比赛中，以英文演讲《支那之爱国》(Chinese Patriotism)超越群雄获得英文演说比赛第一名，这也是自联合会开展英文演讲比赛以来第一位得奖的女留学生，演讲文辞优美、中节感人，极具感染力，可见其才华横溢，英文造诣极深。次年在1915年的东美留学生夏季年会中，留美学生李美步女士又以《中国女子之去来》的演讲获得二等奖，对于留美女学生李美步的优秀表现，联合会曾这样评价这位留美女学生："其善于辞令，亦可想见，谁谓巾帼奇才，弗逮须眉耶。"[①]除了积极参与联合会活动之外，在美国的中国女留学生也纷纷投身于学生社团的发展建设之中，或是承担社团发展的一系列任务，其中还有不少杰出的女留学生在联合会中担任要职，例如李美步曾在1915年被推选为东美学生会的英文书记，1916年被推举为留美学生联合会书记。与李美步同年获联合会推举的女留学生还有廖奉献女士、林惠贞女士及萧练理女士，她们曾分别担任1915年东美学生会副会长、中美学生会副会长以及西美学生会英文书记，有的女留学生甚至还在联合会会刊《留美学生季报》上发表一系列文章。从女留学生国内毕业的院校来看，她们大多毕业于清华或教会大学，如毕业于燕京大学的谢婉莹(冰心)女士及毕业于清华学堂的陈衡哲女士，这些学校所培养的学生英语能力大多良好，且有较广的视野，能更好地适应西式文化以及更快地融入美国的教育体制当中。

回望产生于清末"西学东渐"的历史潮流下的女子教育的进程，可以说呈现出了"从无至有，再到涓涓细流"的面貌。随着东西方文化交流的进一步融合，越来越多的女留学生沐浴着欧风美雨，感受着异邦所洋溢着的自由、平等风气，尤其是部分留美女留学生在认同西方先进的社团理念以及在认同留美中国学生联合会的宗旨之上，从实践中积极演绎联合会"交助""合群""自治"之道，也

① 胡博渊：《东美中国学生年会记事》，《留美学生季报》1916年第3卷第1期，第124页。

在实践中积极行使着自身作为学生联合会负责人的权力及承担职责。因此可以说恰是由于留美中国学生联合会的创立,给予近代留美女学生一个极其重要的舞台,以供她们在社团自治的实践中开风气之先的作用,这也是留美学生联合会的重要作用之所在。当然,除了留美学生联合会对于推进留美学生在群体之中的作用之外,究其缘由,可以说美国对于女性优待的风尚也起到了相当大的作用。留美中国女学生王一之就曾在旅美回国后撰写了一本留美回忆录,在回忆录中她回顾自己在美时深切体会到了“美国为妇女之乐土”的感受,她认为女性在美邦往往能受之以公平对待,在某些事务上甚至有所优待。可以说,女性权力与身份地位在美国得以保障,在公众活动参与中自然也能发出属于女性的声音。[①]

① 徐正铿:《留美采风录》,商务印书馆,1926,第95-96页。

第三章

留美中国学生联合会的运行

早前联合会的创立宗旨即是仿照美国的联邦体制，从而将全美当地的留美中国学生“进行联合”，联合会成立的宗旨在于摒弃一切有形或无形的隔阂，力图跨越地域与国界的“深墙”，遵照“人能群”的大同理念，从而创造一个属于留学生或是属于全体在美中国人的公众领域，以利相互沟通。在这一背景下，“留美中国学生联合会”一方面开始拟定一系列的宗旨并积极开展一系列的会务活动，另一方面也对联合会的成员组成及经费的来源做出了规定，前者作为留美中国学生联合会会务发展的动力保证，后者作为联合会得以长期稳定其结构的必要制度保证及经费保障。

第一节　联合会的职员构成及宗旨

美国学者罗伯特·M麦基佛（Robert M. Maclver）认为一个联合社团的创立不仅仅是实体层面的建设，还需要提出一系列精神层面的共同目标以增强全体会员的凝聚力，群体的运行不仅仅需要实体结构，也需要一系列规范，一个社群倘若没有属于自身的一套行为规范及目标宗旨，也就难以构成社团成员之间的行为期待，因为没有规范的行为是无法预期的，也是不利于社团发展及壮大的，基于此，联合会自创办之初，即拟定了一整套“留美中国学生联合会”的会议宗旨。在早期，也即1914年至1915年间，“中国留美学生联合会”成立的最初宗旨定位为以下四个方面：

(1)以联络感情为宗旨

(2)以交换智识为宗旨

(3)以增进在美中国留学生的公益①

(4)以消异地客居之愁感、策文学技艺之进行，而于祖国学术之发达、政俗之改良尤悉心研究。②

基于此社团宗旨以落实留美学生联合会的具体职能，联合会在1917年即开始致力于实体部门的组建。联合会选举的模式，充分借鉴了美国盛行的民主选举制度，从而推举出联合会的重要负责人员。联合会的实体部门相对全美的留学生数量来看，并不算是十分庞杂的组织——联合会设常务人员共五人，这五个人分别为会长(即“总理”)一人，副会长(即“副总理”)一人，中文书记、英文书记各一人，会计(即“支应员”)一人。所有联合会重要负责人员任职期限为一年，一年后再由全体留学生会员选举产生相关负责人。在常务人员的带领之下，联合会得以开展相关事业，其会务事业主要包括联络联合会会员、举办每一年度的联合会年会、组织相关的得以增进会员活动的事务，以及相互沟通制定相关会务准则(To elect active members; to hold annual conferences; and to make laws governing their individual activities and interests)。③在联合会运作了一段时间之后，随着联合会下属会刊英文版《留美中国学生月报》以及中文版《留美学生季报》的创办，又增选了英文版(《留美中国学生月报》)及中文版(《留美学生季报》)的主笔与办事员各两名。为更清楚地说明联合会事务部门的情况，以下分别以表3-1至表3-10、图3-1至3-10为例对1910—1911年度、1912—1913年度、1913—1914年度、1914—1915年度、1915—1916年度、1916—1917年度、1918—1919年度、1919—1920年度、1920—1921年度、1928年度的职员名单进行说明。

①《麻省理工学校中国学生会通信》，《留美学生季报》1915年第2卷第3期，第113页。

② 刘树杞：《中美中国学生年会五度纪事》，《留美学生季报》1914年第1卷第4期，第79页。

③ Chinese Students'Alliance, *The Chinese Students Directory of 1918*, (New York: Columbia University Press, 1918), pp.58-61.

表3-1　留学界各团体职员一览表(1910—1911年度)

东西美学生联合会	会长:王正廷 副会长:程康恩 英文书记:杨锦森 中文书记:胡彬夏(女士) 会计:李肇安
东美学生会	会长:顾维钧 副会长:何恩明 英文书记:曹云镶(祥) 中文书记:朱兆辛(疑误:应作“莘”) 会计:蔡远泽
西美学生会	会长:李肇安 副会长:梁煦光 英文书记:李华章 中文书记:伍平
英文月报部	总编辑:张履鳌 干事:李松泉
中文年报部	总编辑:胡彬夏(女士) 干事:周开基

资料来源:《留学界各团体职员一览表》,《留美学生年报》1911年第1期,第1–2页。

朱兆辛 中文书记　曹云镶 英文书记　顾维钧 会长　蔡远泽 会计　何恩明 副会长

图3-1　1910—1911年东美中国留学生会职员肖像

资料来源:《留美学生会职员肖像》,《留美学生年报》1911年第1期,第1页。

表3-2 全美中国学生联合会选举名单(1912—1913年度)

职务	职员
会长	郑来
英文书记	梅贻琦
中文书记	张子高
会计	周厚坤
英文报主笔	张彭春、倪兆春
中文报主笔	胡适、王琎
英文报办事员	王正黼、邝熙堃(坤)
中文报办事员	陈承栻、施赞元

资料来源:王天骏:《文明梦:记第一批庚款留美生》,北京:清华大学出版社,2012,第39-41页。

图3-2 《留美学生年报》总编辑胡彬夏女士肖像

资料来源:《本报总编辑胡彬夏女士肖像》,《留美学生年报》1911年第1期,第1页。

表3-3　留美中国学生会职员一览表（1913—1914年度）

留美学生联合会	会长:郭秉(炳)文 副会长:李耀邦 副会长:程康恩 中文书记:林亮功 英文书记:韩安 会计:徐佩璜 查账:应尚德
东美部	会长:魏文彬 副会长:沈慕曾 中文书记:贺楙庆 英文书记:朱复 会计:钟桂丹
中美部	会长:裘昌运 副会长:严家驹 中文书记:徐承宗 英文书记:何锦棠 会计:毛文钟
西美部	会长:姚观顺 英文书记:朱神广
中文年报部	总编辑:徐名材 编辑员:陈庆尧、王臻善、朱汝铨、朱文鑫 总经理:邢契莘 经理员:席德炯、李松涛、吴家高、李S.L.Lee
西文月刊部	总编辑:曹云祥 编辑员:凌道扬、杨荫樾、陈伯好、黄宪昭 总经理:钱方轼 经理员:金邦正、徐志诚、赵景简

资料来源:《学生会职员一览表》,《留美学生年报》1913年第2期,第15-16页。

东美学生分会会长

魏文彬

留美学生联合会会长

郭秉文

西美学生分会会长

姚观顺

中美学生分会会长

裘昌运

图3-3 1913—1914年留美中国学生会职员肖像

资料来源:《留美中国学生会职员摄影》,《留美学生年报》1913年第2期,第1页。

表3-4　留美中国学生会职员表(1914—1915年度)

留美学生联合会	会长:唐悦良 副会长:王正黼 书记:周厚坤 会计:罗惠侨
东美学生会	会长:倪兆春 副会长:廖奉献 英文书记:李美步 中文书记:杨铨 会计:殷源之
中美学生会	会长:杨宽麟 副会长:林惠贞 英文书记:司徒栋 中文书记:刘树杞 会计:王恭宽
西美学生会	会长:凌冰 副会长:司徒如坤 英文书记:萧练理 中文书记:胡先骕 会计:孙科
英文月报	总主笔:邝煕堃(坤) 总干事:章元善
中文季报	总主笔:任鸿隽 总干事:过探先

资料来源:《留美中国学生会职员表》,《留美学生季报》1915年第2卷第2期,第3页。

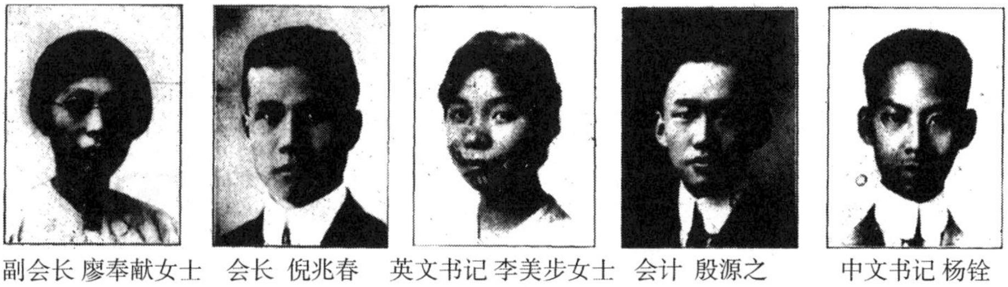

图3-4　1914—1915年度东美学生会职员摄肖像

资料来源:《东美学生会职员摄影》,《留美学生季报》1915年第2卷第2期,第1页。

图3-5　1914—1915年度中美学生会职员肖像

资料来源:《中美学生会职员摄影》,《留美学生季报》1915年第2卷第2期,第2页。

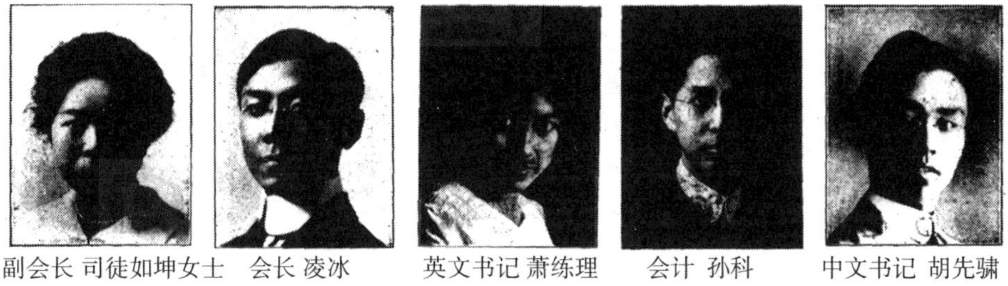

图3-6　1914—1915年度西美学生会职员肖像

资料来源:《西美学生会职员摄影》,《留美学生季报》1915年第2卷第2期,第3页。

表3-5　留美中国学生会职员表(1915—1916年度)

留美学生联合会	会长:邝熙堃(坤) 副会长:杨宽麟 书记:李美步 会计:席德炯
东美学生会	会长:莫介恩 副会长:杨锡仁 中文书记:胡博渊 英文书记:徐尚 会计:王恭宽
中美学生会	会长:许传音 副会长:杨光弼 中文书记:张天才 英文书记:杨(名未详) 会计:陈菊生
西美学生会	会长:孙科 副会长:龙益 中文书记:招观海 英文书记:司徒如坤 会计:陈慕贞
中文季报	总编辑:张贻志 总干事:侯德榜
英文月报	总编辑:宋子文 总干事:孙煜方

资料来源:《留美中国学生会职员表》,《留美学生季报》1916年第3卷第1期,第179-180页。

图3-7　1915—1916年度留美中国学生会职员肖像

资料来源:《留美中国学生会职员》,《留美学生季报》1916年第3卷第2期,第2页。

表3-6　中美、西美留美中国学生会职员表(1916—1917年度)

中美学生会	会长:李锦魁 副会长:陈兰生 中文书记:雷沛鸿 英文书记:蒋廷黻 会计:俞希稷
西美学生会	会长:谭沃心 副会长:钟可成 中文书记:区萃仑 英文书记:司徒(如坤)女士

资料来源:雷沛鸿:《中美中国学生会年会纪事》,《留美学生季报》1917年第4卷第1期,第114页。

区萃仑:《西美中国学生会第十五次年会纪事》,《留美学生季报》1916年第3卷第4期,第193-197页。

表3-7　留美中国学生会职员表(1918—1919年度)

东美学生会	会长:刘廷芳 副会长:陈衡哲女士 中文书记:王国钧 英文书记:林振彬 会计:蔡雄
中美学生会	会长:周明衡 副会长:薛学海 中文书记:李昂女士 英文书记:韦悫 会计:梁平
西美学生会	会长:李翰淦 副会长:黄著勋 中文书记:区萃仑 英文书记:黄美玉女士 会计:谭葆廉
中文季报	总编辑:蔡正 总经理:任嗣达
英文月报	总编辑:杨永清 总经理:周启邦

资料来源:李昂:《中部中国留学生第九次夏令年会记事》,《留美学生季报》1919年第6卷第1期,第227页。

蔡正:《留美中国学生联会民国八年选举结果并评》,《留美学生季报》1919年第6卷第1期,第212–213页。

表3-8　留美中国学生会职员表(1919—1920年度)

学生会总会	会长:周明衡
东美学生会	会长:周启邦 副会长:周淑安女士 中文书记:唐庆诒 英文书记:林步基 会计:林志煌
中美学生会	会长:韦悫 副会长:麦佐衡 中文书记:高宝寿 英文书记:李应林 会计:李藻鉴

续表

学生会总会	会长:周明衡
西美学生会	会长:张寿绵 副会长:李约西 中文书记:刘慎德 英文书记:张玉珍 会计:余祖荫
中文季报	总编辑:陈达 总经理:林志煌 编辑员:张耀翔、何德奎、 唐庆诒、王金吾、汤用彤、 黄士衡、吴承洛、庄泽宣等
英文月刊	总编辑:鲍明钤 总经理:陈裕光 编辑员:赵泉林、施济元、 唐庆诒、桂质廷、蒋廷黻、 蔡秀珠(女士)、韦慤、周明衡等

资料来源:高宝寿:《中部中国学生夏令年会记事》,《留美学生季报》1920年第7卷第1期,第201-202页。

《民国九年留美中国学生总会之职员》,《留美学生季报》1920年第7卷第1期,第197-198页。

图3-8　1919—1920年度留美中国学生联合会职员肖像

资料来源:《中国留美学生会职员摄影》,《留美学生季报》1920年第7卷第2期,第1页。

表3-9　东美留美中国学生会职员表(1920—1921年度)

东美学生会	会长:凌其峻 副会长:邝翠娥 中文书记:李昂 英文书记:蔡秀珠 会计:何墨林

资料来源:刘树墉:《东美学生会第十六次年会记》,《留美学生季报》1920年第7卷第4期,第153页。

图3-9　1920—1921年度留美学生总会会长周明衡

资料来源:《留美学生季报》1920年7卷第2期,第1页。

图3-10　1920—1921年度留美学生总会会计何墨林

资料来源:Chinese Students' Alliance of the United States of America: *Who Is Who of the Chinese Students in America*, (Berkeley, California: Lederer, Street&Zeus Company Press,1921).p.2.

表3-10　留美中国学生总会职员表(1928年度)

留美学生总会	会长:吴祥骏 副会长:李迪俊 中文书记:梁朝威 英文书记:汤稽 会计:朱祖诲

资料来源:《本届留美学生总会职员表》,《留美学生季报》1928年第13卷第2期,第117页。

由于史料的限制,现阶段尚缺1911—1912年度、1917—1918年度以及1921—1927年度留美中国学生会职员表,这对留美中国学生联合会的研究无疑是一种遗憾,但对研究者却也是一种鞭策,希望在不远的将来随着更多的史料被发掘,得以补充联合会相关的职员名单,以便更好地掌握联合会职员的相关信息,从而全方位地还原联合会的历史细节。纵观以上各年份联合会职员表可见,几乎每年的职员名单都不尽相同,充分体现了联合会这一学生社团的动态变化,也体现出联合会内部人员的活跃度;同时,由于每一届联合会职员是在该年度夏季年会中由全体到会联合会会员所选举而产生,由此也可看出会员对选举等一系列会务参与的热情。另外,从名单中也可看出,当职员由于升学的原因,在美就读院校也有了相应的变更,其隶属的联合会分部也随之产生了变化,在这种情况之下,在各分部中担任的职务也有了变化,例如李昂女士,曾于1918年至1919年担任中美分部的中文书记,后于1920年至1921年间担任东美分部的中文书记。另外,还有一部分留美学生长期在联合会中任职,虽然职位由于年度变化不尽相同,但都长期为联合会的建设贡献着力量,例如留美学生邝熙堃(坤)曾于1912年至1913年间担任联合会英文刊办事员,此后一年则担任了英文月刊总主笔,之后又于1915年至1916年担任了联合会会长;再如留美女学生李美步女士,曾于1914年至1915年间担任了东美分部英文书记,之后在1915年至1916年间则担任了联合会书记。

随着社团的逐步发展,留美中国学生联合会逐渐成了当时中国留美学生团体当中人数最多和建设最为完善的机构,这很大程度上归功于联合会明晰又具有号召力的精神主旨。从建立之初的1912年,联合会即依照联合会成立的相关宗旨，拟定联合会的目标及理念——具体来说则为两项：“学生自治”与“政治参与”，前者旨在于实现留学生对于自身社团的内在参与使命，后者旨在于实现留学生开展外部联络的使命。

首先，联合会拟定社团存在的前提是学生“实现自治”，在该点之下，联合会认为应该积极倡导“学生的自治”与“大众的政治参与”相结合，学生自治与大众的政治参与也是20世纪初期，中国人所热衷的两大政治主张，联合会的这两项目标，在联合会存续的时期始终作为中心主轴理念，得以大力实践。很显然，“大众的政治参与”受“学生的自治”这一理念影响，同为留美学生的陶行知在回国之后的1919年即在《新教育》上发表了《学生自治问题之研究》一文，文中指出：

> 中国既号称共和国当然要有能够共同自治的公民；想要有能够共同自治的公民，必先有能够共同自治的学生……学生自治如果办得妥当，有这几种好处：
>
> 第一，学生自治可为修身伦理的实验；
>
> 第二，学生自治能适应学生之需要；
>
> 第三，学生自治能辅助风纪之进步；
>
> 第四，学生自治能促进学生经验之发展。
>
> 我们可以下一个定义：“学生自治是学生结起团体来，大家学习自己管理自己的手续。”从学校这方面说就是“为学生预备种种机会，使学生能够大家组织起来，养成他们自己管理自己的能力”。依这个定义说来，学生自治，不是自由行动，乃是共同治理；不是打消规则，乃是大家立法守法；不是放任……乃是练习自治的道理。①

其次，除了在美当地学生实施小范围内的自治理念之外，自联合会创立之初，就开始酝酿了第二项联合会会务宗旨。这项会务宗旨即是推动留学生的“政治参与”功能，该功能主要是指鼓励留学生积极投入国内的建设当中。在这一理念的倡导之下，联合会的学生曾经以“新政”为名义开展了学生范围内的立宪运动，并开展了相应的民主政治尝试，这些政治尝试包括主要以留美学生为代表的学生社团活动及参与美国的校园生活，一些中国留学生还学习如何参加

① 陶行知：《学生自治问题之研究》，《新教育》1919年第2卷第2期，第194-197页。

辩论、组织选举和主持会议等英美民主体制当中的重要技能。[①]留美学生联合会创立的一个重要作用在于为在美的中国留学生提供一个机构和组织上类似于“一个迷你型的共和国”的学生团体，[②]对于留学生而言，这一联合会也是“一个方便的实验室，在这里未来的国家建设者（主要以留美学生为主体的留学生）得以对他们奉行的政治进行实践”，联合会即为留美学生提供了学习“实践中的民主”的重要机会。[③]“实践中的民主”机会对于生活在世纪之交的中国留学生是一个极其重要的机会，因为留美学生通过参与联合会所组织的一系列活动，并从中经历留学期间一个个重大的观念变化，这些学生逐渐将自己视为了中国国民，也对于他们“现代身份的认同”（Modern Identity）具有重要的推动作用，反之，一些留学生对于联合会存在的作用也做了极为深刻的肯定。从相关的资料来看，留美学生联合会从一开始所设立的会务宗旨，即是得到大部分留学生的深切理解以及深刻认同。

按照联合会的章程可见，就“大众的政治参与”一言以概之，其联合会的设立目的在于“联络友谊、交换智识，桥渡美国之文明学术技艺于宗邦。且可以代表留学界全体与国人互通闻问”[④]。因此，联合会的成立宗旨中鼓励留学生实现“大众的政治参与”的功能含有两层关系，一是个人与群体之间的关系，这体现在学生联合会与学生个人的相互影响以及作用之上；二是群体与群体之间的关系，这体现在学生联合会与国家之间的互动链接之上。具体就第一点而言，联合会有助于以一种最直接方便的方法交换留美生之间的学识，通过联合会定期举办的会议，鼓励留美生发表自身观点及论断，使得个体的学生在联合会这一群体之中获得相互之间深入的了解，例如联合会使得“今之理想家略知科学；科学家略知理想；教育家略知治国之要领；政治家略知教育之功能”成为可能，正所谓“最易得道义之友，此道义之友则固在乎于精神”，因此联合会在存续期间一度办得有声有色，会员们参与会务活动的热情也尤为高涨，对于联合会其他成员的了解也随之加深。

---

① 叶维丽：《为中国寻找现代之路——中国留学生在美国（1900—1927）》，周子平译，北京大学出版社，2012，第18页。

② “Editorial”，载于《留美中国学生月报》，1908：269。

③ “InLightVein”，Chinese Student Monthly，February1920，p.50.

④ 区克明：《留美中国学生会小史》，《留美学生季报》1917年第4卷第3期，第58页。

另外，就“政治参与”这方面而言，联合会认为这一项新的主张有助于留学生之间在学问方面“互通有无”，联合会提出假若今日中国的科学家、实业家、政治家、法律家等留学生要在国内大有作为，无疑需要依赖国家的助力，及社团强有力的支持。学问为立国之基础，当今欧美各国已有的新知识日新月异，已大有一进千里之势，若吾国不自今日及早讲求学问，恐优胜劣败终不免天演文化。今日的中国尤其需要有学问的新知识输入，非全国之趋向皆注于此不能有大效。欲全国之趋向皆注重讲求学问之道，非有一学会为合全国为一体，不能有甚大之影响。[①]因此“中国留美学生联合会”则担任起“以研究学问传布知识为宗旨……择中外古今名家之学说，保存而光明”的任务，[②]并同时担当起“提升我们国家的实力、启迪和正义”的重要责任。[③]对于这一点，1912年间联合会则举例了哥伦布事例，以说明联合会与国家之间的互动链接。联合会指出倘若哥伦布没有西班牙政府的辅助，则无法远渡重洋探访美洲。从此出发，联合会进一步指明留美学生的责任之所在——担当起国家的重要责任，以“小我”撬动“大我”，实现改革国家的使命，这也被几乎在美留学生所意识。1925年，全美中国留学生举行大会，冀朝鼎被选为中国留美学生联合会会长，第二年，会长由虞芝佩出任，在当年的年会上，担任过全美中国留学生指导的张彭春在该次年会的讲演中回顾自己往事的时候，充满深情地阐明留学生对国家复兴所承担的责任，张彭春说：“我个人三十多年来，有时致力于教育，有时从事外交，有时也研究戏剧，表面上看起来，似乎所务太广。其实一切活动，都有一个中心的兴趣，这就是国家改革的现代化。”[④]

但此处值得注意的是，尽管联合会的一切活动宗旨都与国家的建设及相关讨论息息相关，体现出了留美学生心怀祖国的赤子之心，但或许也正是由于留学生身上深深烙刻上的“国家色彩”，联合会与国家不可避免地产生千丝万缕的联系，联合会也在之后此起彼伏的国家主义的政治浪潮中未能挺过一波波的现实考验，时局也很难再给予留美生一片宁静的天空，于是全美中国学生联合会

---

① 胡彬夏：《中国学会留美支会之缘起》，《留美学生年报》1911年第1卷第1期，第48-52页。

② 同上。

③ Chu, V.K.Wellington Koo: “Short History of the President Students' Alliance in the United States.” The Chinese Students ' Monthly, Mar, 1912, pp.420-431.

④《张彭春博士来校演讲》，《金陵女子文理学院校刊》1937年第65期，第6页。

在1930年决定停办每年一届的全美学生会议；翌年，相关的会员会刊，例如联合会所创办的会刊——《留美中国学生月报》《留美学生季报》《留美学生通讯录》等附属刊物也因经费筹措困难而正式停刊，[①]虽然之后《留美学生季报》在个别留学生的奔走呼吁之下得以复刊，但毕竟其继续创办的处境艰难，有的留学生曾以戏谑的口气调侃道："……三千多留学生的团体，出不起一个中文的季刊，真是令人有点难以为情啊！"[②]留美中国学生随即失去了一个全美范围内学生之间互通声气的重要平台，加之其他方面的因素，全美中国学生联合会在1931年不得不正式宣布解散。当然，相关研究也指出留美学生联合会淹没在历史的尘埃中后，留学生也尝试组建其他学生团体来实现其强烈的爱国理想。如此后在1936年留美中国学生又组织了"北美洲中国学生会"（Chinese Students Asscociation of North America），但也因为在美的中国留学生在美就学时间甚短，存续时间不到三年，会务便无形中停顿了，更无暇顾及学生组织活动，加之留美学生分散美国各州各地，联络不易，于是留美学生共同组织的延续运作也成为泡影。[③]

第二节　联合会的会员及其经费

联合会作为在美留学生最大的学生组织，必然需要配置一系列规范的章程以吸纳在美中国学生会员。1920年留美学生联合会专为在美留学生编纂了一本联合会会员的使用手册，从中可见联合会对所属会员的性质进行了详细说明。大致说来，联合会的会员类型共分为三类，这三类会员根据入会会员的国籍身份、会员身份、对联合会的贡献程度进行类别的划分，这三类会员分别是Active Membership（活跃会员）、Associate Membership（合作会员）及Honorary

① 侯德榜：《留美中国学生季报创办历史及其历来办理情形》，《留美学生季报》1918年第5卷第4期，第145-151页。

② 居寒：《旅美杂感》，《留美学生季报》1928年第12卷第4期，第38页。

③ N.S.Cheng, "Tohold first Chinese competition Ithaca, N.Y.", *The Chinese Christian Students, October* 1930, p.3.

Membership(荣誉会员)。具体来看,针对在美的中国留学生准会员则一律划分为Active Membership(活跃会员);在美的非中国籍人士、对加入联合会深感兴趣的人士则为Associate Membership(合作会员);此外,还有Honorary Membership(荣誉会员)一般不开放会员申请,而采用推荐制度,由联合会理事会推荐对联合会有特殊贡献的人士入会。为了规范入会流程,联合会针对前两类会员制定了相应的入会表格,而对于第三类会员,其理事会对于名誉会员的提议则须同时递交联合会秘书处。以下则是联合会对这三类会员的具体规定细则:

(1)Active Membership

Any Chinese student in the United States of America, who possesses a sound mind and a good character may be elected to active membership by the proper sectional authorities. Only those members who have duly to active membership and who have paid their annual dues shall be active members and only such members shall have the right to vote and be eligible for alliance or sectional offices.

(1)活跃会员

任何在美国的中国留学生,只要具备健全的头脑和良好的品格,都可以被推选为活跃会员。只有那些已正式选举成为积极会员并缴纳会费的会员,才具有积极会员资格。具备了积极会员资格的留学生会员因此具有投票权,并有资格参加留学生联合会或各部门举办的留学生相关活动。

(2)Associate Membership

Any person, except a Chinese student in the United States who manifests any interest in the Alliance and who possesses a sound mind and a good character, may be elected to associate membership by the General Council. Applications for associate membership shall be sent to the Alliance secretary.

(2)合作会员

除了留美中国学生之外,任何对留美学生联合会具有相当兴趣的人士,只要具备健全的头脑和良好的品格,都可以被推选为理事会联合会员。成为理事会员的申请应递交至留美学生联合会秘书处。

(3)Honorary Membership

Arry person who has readered distingwshed senice. to China or the Alliance and whom the Alliance wishes to honor. may be electol to honorary membership. Recommendations of persons for honorary membership shall be sent to the Alliance secretary.[①]

(3)荣誉会员

任何对中国或留美学生联合会做出巨大贡献或服务的人士，可由联合会理事推举成为联合会荣誉会员。联合会荣誉会员的申请应递交至留美学生联合会秘书处。

对于留美学生联合会的日常管理所需要的经费，则完全采用美式联邦式的"自筹、自理、自行支配"的模式，所有意欲成为联合会会员的留学生，每年必须定期向联合会缴纳会费。根据联合会所拟定的会务政策，每名会员每年需要缴纳3美元。[②]在这笔费用当中，每名留学生所缴纳的会费当中的0.5美元归属各分部留学生会支配，其余的2.5美元归属联合会总会进行支配。这笔归属联合会总会所支配的经费，自1912年后，其会员年费由2.5美元减少为1美元，此后又根据联合会的相关规定，在一年之后又更改为每名会员所缴纳会费中的1.75美元归联合会总会支配，其余的每名会员所缴纳的1.25美元归属联合会分会所分配，此后这笔会费又在1920年度修改为3美元。[③]联合会各分会所获得的这笔费用，主要用于购买分会所管辖之下的个人会员所需的各类会刊，如《留美学生季报》《留美中国学生月报》《留美学生手册》等留美学生联合会总会所创办的会员刊物。另外，缴纳了年费的会员除了可以免费获得会刊之外还可以获得一系列额外的会员专享服务，例如可以免费参加每年度的联合会会议或是各分会的地区年会，同时成了联合会会员的留学生们还能够得到年会参会旅费的补贴，并具备参加各届分部联合会的职员选举的正式资格。如表3-11、表3-12，

① Chinese Students' Alliance, Pamphlet aims to tell you, Published by the Executive Council of the Chinese Students' Alliance in the United States of America, for the year of 1919—1920.(Wisconsin—Madison, 1920), p.19.

② H.Tsai: Loyalty to the Alliance (*The Chinese Students' Monthly*, Jan, 1919), p.245.

③ 刘树墉:《东美学生会第十六次年会记》,《留美学生季报》1920年第7卷第4期,第153页。

可以说明联合会会员缴费情况以及会员与非联合会会员所享受到的权利区别的具体情况。从表3-11中可以清楚看出1911—1914年度，留美学生东、中、西部所吸纳的留学生数量稳步增加，隶属于这三部的会员所缴纳的会费总额也均有较大增加，其中以中美学生联合会的会费总额增长最大，从1911年度的34美元增加到了1913年度的253美元。另外在“留美学生联合会会员与非会员权力一览表”中可见，缴纳了会费的留学生除了可以免费参加联合会地区年会以及获得旅费补贴之外，还可以免费获取联合会的一系列会刊，如《留美中国学生月报》《留美学生季报》《留美学生手册》《留美同学录》《留美学生通讯录》以及联合会其他出版物。此外，对于联合会经费，留美学生联合会还积极联络相关机构请求对联合会进行补助。1914年6月，时任留美学生联合会编辑干事的曹云祥向外交部去函，称“留美学生联合会”之创设在于敦促留美中国学生之友谊、砥砺留学生学识品行亦有联络美国人士之便利，但由于相关会务筹款艰难特向外交部请求补助，以增进学术研究、感情联络之便利。[①]同年9月，外交部致留美学生联合会称“贵会成立于兹已有十载，兹以联络邦交，尤当竭力赞助美金五百元以成美举”[②]。

表3-11　1911年度至1914年度留学生联合会缴费情况一览[③]（单位：美元）

	1911年—1912年		1912年—1913年		1913年—1914年	
	支付会费人数	所纳会员费	支付会费人数	所纳会员费	总支付会员人数（会员占比%）	所纳会员费
东美联合会（Eastern Section）	231	$115.50	146	$285.00	225（81.8%）	$393.75
中美联合会（Mid-West Section）	68	$34.00	133	$265.00	146（63.0%）	$ 253.50

①《据留美学生联合会开会请予赞助事希就近钧办由》（1914年6月4日），台北“中研院”近代史研究所档案馆，北洋政府外交部驻美使馆保存档案，使美档留美学生学务杂卷，档案号：03-12-015-02-015。

②《准外交函贵会声称赞助事转备美金500元请照指定人签名具领由》（1914年9月10日），台北“中研院”近代史研究所档案馆，北洋政府外交部驻美使馆保存档案，使美档留美学生学务杂卷，档案号：03-12-015-02040。

③ 1914年是留美学生联合会会员人数明显增长的一年，例如在该年度中，西美留学生分会新加入了159名会员，其中东美联合会新加入了98名留学生会员；中美联合会加入了45名留学生会员。引自：Student World, *The Chinese Students' Monthly*, Nov, 1914, pp.239-244.

续表

	1911年—1912年		1912年—1913年		1913年—1914年	
	支付会费人数	所纳会员费	支付会费人数	所纳会员费	总支付会员人数（会员占比%）	所纳会员费
西美联合会（Western Section）	21	$10.50	21	$21.00	68(55.7%)	$117.75
总计(Total)	320	$160.00	300	$571.00	439 (69.8%)	$767.00
会员费（Membership Fee）	$ 3.00		$ 3.00		$ 3.00	
联合会总会所获会员费(Alliance Fee)	$ 2.50		$ 1.00		$ 1.75	
联合会各分会所获会员费（Section Fee）	$ 0.50		$ 2.00		$ 1.25	

资料来源：C.F.Wang: Report of Alliance Treasurer for Year 1913—1914, *The Chinese Students' Monthly*, Nov, 1914, pp.175-177.

表3-12　留美学生联合会会员与非会员权利一览表

联合会附属项目	会员权利	非会员权利
一、联合会出版物		
《留美中国学生月报》(*Chinese Students' Monthly*)（每年从当年度11月至次年6月，共出版8期）	会员免费获取	须支付订阅费，共计2美元/共8期
《留美学生季报》(*Chinese Students' Quarterly*)（每个季度1期，一年共出版4期）	会员免费获取	须支付订阅费，共计1美元/共4期
《留美学生手册》（*Handbook of the Chinese Students in U.S.A*）	会员免费获取	须支付订阅费，共计50美分/1份
《留美同学录》（*Who is Who of the Chinese Students in the United States of America*）	会员免费获取	须支付订阅费，共计1美元/一份
《留美学生通讯录》（*The Chinese Students' Directory*）	会员免费获取	须支付订阅费，共计30美分/一份
其他联合会出版的月报、公报、手册、系列册子以及其他出版物	会员免费获取	/

续表

联合会附属项目	会员权利	非会员权利
二、联合会年会		
联合会地区年会及全区年会	会员免费参会	参会须支付1美元
参会旅费补贴	会员优先获得	不能获得旅费补贴资助
三、会员选举		
联合会职员选举权	会员具有选举与被选举资格	/

资料来源：Chinese Students' Alliance, *The Chinese Students Directory of* 1918 (New York: Columbia University Press, 1918), p.63.

第三节 联合会的活动

一、年会的定期召开

对美国高等院校就读的学生而言，夏季生活最重要的组成部分即是暑期休闲与聚会生活；对于中国留美学生而言，盛行于美国学生群体之中的暑期学校、暑期聚会、暑期会议等活动形式也逐渐被其所接受，并成为留美学生联合会活动的一项重要活动。由于彼时全美中国学生的日益增多，利用暑期以求得联合会全体成员了解之增进与促进全体留美中国学生之团体教育成了留学生群体的价值选择，留学生的这种聚会也作为留学生群体的一种"游离式"的学校活动，是属于全体中国留学生的异邦学校活动。陶亢德就曾经在《美国生活》一书中回忆道："暑期学校在美国，已经成为一种普遍全国的事业了。暑期生活是一种夏天假期式的生活，暑期教育也是一种松弛的教育，在优美的环境之中以闲散的态度出之，暑期教育是工作与假期之混合，是与美国式的夏季生活俱来的情绪之松弛的一个例子。"以上则说明了暑期生活与暑期教育的重要关联。此后，为了进一步指出暑期教育生活对于“全人”的重要性，他随之解释道“幸而我们有夏季生活，所以我们一年做工的时候仅有九个月，我们的神经经过了一个漫长的闲散之后，一待枫叶红时，我们的精神又甚饱满了——如果来游历美国的外国人能等着看看我们的暑期生活，他们就会知道为什么我们还生存着，没有瘦弱，却更丰满了些，他们也会知道我们正在发展着一种新的实验人生哲学。”①“留美学生联合会”组建之后即开始积极举办一系列活动。对于彼时的留美学界学生认为“世界竞争既愈烈，团体固结亦愈亟，留美学生择美地举行大会可谓联群之要义”，于是，联合会逐渐以定期召开留学生全体会议的方式，将留学生团体凝聚起来。②从社团组织的结构来看，定期举行会议是一个有助于完善留学生共同体存在的主要途径。在“留美学生联合会”会刊《留美学生季报》中就明确指出了留学生每年夏季年会对于学生社团建设的重要功能：

进而始有利用夏假作一年一聚之举，是为年会。因大陆辽阔、横贯维艰，乃分三区，各聚一所。此东中西美年会之名称之所由来也……兹会之兴，既由应人心之要求……则必其能为有价值之贡献于吾留美学界也，无待言，顾以年年赴会之人既非尽同。年会既以使各同学由俱乐而相识、相知为目标，年会与彼等以会逢旧识之机会，又使诸同学与不相识者，由相聚而相识，由相识而相知，由相知而相合作，能合作而后可同心协力，服务祖国。③

“留美中国学生联合会”作为由在美留学生所成立的一个全体性的留学生社团，除了确立相应的会务及宗旨之外，还需要履行社团存在的实践意义，及时开展一系列的团体活动，将所拟定的目标理念得以在一系列的活动中具体化、实践化、现实化，才能够真正意义上完成联合会的本质使命。其实，全美中国学生联合会从创办之初，就自觉地作为一个广泛的群体而存在，相关会务的推进全靠留美生会员的理想热忱以及自治精神，但凡一个规模和目标都非常宏大的社团团体，如果只有一些浪漫的理想和催人奋进的精神，是不足以将社团凝聚在一起的，要使得分散在美国这样大范围内的学生凝聚在一起，势必需要一些

① 陶亢德：《美国生活》，亢德书房，1941，第247-248页。

②《中国留美学生大会之问题》，《华商联合会报》1910年第11期，第5页。

③ 李昂：《中部中国留学生第九次夏令年会记事》，《留美学生季报》1919年第6卷第1期，第220-227页。

有价值的、具体的、具有实践性的、有利于社团建设的活动来使社团理念得以落实。

之所以采取定期召开年会这样的具有规律性的社团活动来作为联合会的主要活动方式，正是因为这种方式在现实当中具有较强的可行性，同时由于参会人数的众多，又能够形成较大的宣传效应，从而提升留美中国学生联合会在美国的影响力及树立留美学生的正面形象。之后，随着东部学生会在内的中国留学生团体在1911年合并成了一个统一的"留美学生联合会"之后，开始于每年夏季定期召开各部留美学生联合会年会(Annual Conference)，所设的"留美学生联合会"大约持续一周时间，最长不超过十天。会址通常选在风景秀丽的大学城举行，从各处而来的中国留学生在大学城中举行聚会。[①]以便于"各校学生得此机会，相叙一堂，讨论会务、选择职员，或讲学演说，或比赛技术，新旧学生联络感情，交输智识，客地愁思，尽为濯去，诚乐事也"[②]。联合会对于培养留学生各方面的能力具有相当重要的作用，例如通过各类体育运动、演讲辩论、音乐表演及歌唱等活动方式，锻炼了留学生的组织能力、自治的方法和表达能力(讲演口才或写作能力)，以及应对艰巨任务所需要的大胆探索精神和身体的耐力，[③]也正是由于联合会所举办的这一类常规的、高效率的一系列社团活动的存在，联合会得以稳定发展也随之具有最根本的根基，并进而通过这一系列常规的活动体现出了留美中国学生联合会的"公共价值"之所在。[④]为了更加清楚地呈现留美学生年会召开的过程与具体实行情况，可参见《留美中国学生会小史》中详细描述的留美中国学生会夏季年会：

> 我国留学生在此虽千数百之多，惟散布全美，东西相隔万里之遥。交通虽极利便，然往来车费颇巨，故不能常相会集。自留美中国学生总会成立后。分东美中美西美三部。仍用东美中国留学生旧例，每年于暑假期内各部自择相宜地点，举行大会。会期凡七日，各部各校学生得此机会，相叙一堂，讨论会务，选举职员，或时讲学演说或比赛技

① 李昂:《中部中国留学生第九次夏令年会记事》,《留美学生季报》1919年第6卷第1期,第220-227页。

② 区克明:《留美中国学生会小史》,《留美学生季报》1917年第4卷第3期,第71页。

③ C.Y.Chin, "The Proper Meaning of the Chinese Students' Alliance", 载于《留美中国学生月报》, 1913年第6期,第52页。

④ 胡敏中:《论公共价值》,《北京师范大学学报(社会科学版)》2008年第1期,第99-104页。

术。新旧学生聊络感情，交输智识。客地愁思，尽为濯去。诚乐事也。[①]

正如前所述，由于在美的中国留学生大多集中在西部太平洋沿岸一带、东部以及中部地区，联合会自然也分为东、中、西三个部分，东部（Eastern Section）主要以纽约为留学生年会主要召开地，著名的高等院校主要有哥伦比亚大学、普林斯顿大学、安姆斯特农科大学、耶鲁大学、康奈尔大学、哈佛大学、麻省理工学院等；中部（Mid-Western Section）则以密歇根大学、芝加哥大学、伊利诺伊大学、威斯康星大学、路易斯安娜大学为主；西部（Western Section）以旧金山市为留学生主要聚集区，著名的高校主要以加利福尼亚大学、斯坦福大学、华盛顿州立大学为主；为了节省经费，免去在美中国留学生旅途奔波之劳苦，每年夏季年会即分别在美国的东、中、西部这三个地区举行，相关年会也由各分部统筹开展。[②]这类一年一度例行的学生年会，由于组织得当，以及在留学生当中具有相应的影响力，因此联合年会在学生之间举办得可谓“有声有色矣”。[③]

从相关史料来看，留美中国学生联合会夏季年会除了1907年暂停召开一届之外，其余从1905年起均有召开，具体来看则是第一届东美中国学生年会于1905年召开；第一届中美中国学生年会于1910年召开；截至1920年，东美中国学生年会召开了十六届学生年会，中美中国学生年会共召开了十一届学生年会。1920年联合会编写了一本面向全体会员的会员手册*Pamphlet aims to tell you*，见图3-11，其中详细罗列了联合会自1902年起至1929年会议召开的具体详情，见表3-13。

表3-13　联合会会议召开一览表

时间	各部各届联合会召开情况
1902年	加州旧金山西部年会
1903年	加州旧金山西部年会
1904年	加州旧金山西部年会

① 区克明：《留美中国学生会小史》，《留美学生季报》1917年第4卷第3期，第71页。

②《留美学生联合会近事》，《教育杂志》1912年第4卷第7期，第47-48页。

③《留学生之近况》，《教育杂志》1910年第2卷第7期，第8页。

续表

时间	各部各届联合会召开情况
1905年	马萨诸塞州(安姆斯特 Amherst)马萨诸塞农业大学(Massachusettes Agricultural College)第一届东美中国学生联合会年会 加州旧金山西部年会
1906年	马萨诸塞州(安姆斯特 Amherst)马萨诸塞农业大学(Massachusettes Agricultural College)第二届东美中国学生联合会年会 加州旧金山西部年会
1907年	马萨诸塞菲利普中学(Phillips Academy at Andover, Mass) 加州旧金山西部年会
1908年	马萨诸塞州(阿什伯纳姆 Ashburnham)库欣高中(Cushing Academy)第四届东美中国学生联合会年会 加州旧金山西部年会
1909年	纽约州(汉密尔顿 Hamilton)科尔盖特大学(Colgate University)第五届东美中国学生联合会年会 加州旧金山西部年会
1910年	康涅狄格州(哈特福德 Hartford)三一学院(Trinity College)第六届东美中国学生联合会年会 伊利诺伊州(埃文斯通 Evanston)西北大学(Northwestern University)第一届中美中国学生联合会年会 加州旧金山西部年会
1911年暑假	新泽西州(普林斯顿 Princeton)普林斯顿大学(Princeton University)第七届东美中国学生联合会年会 威斯康星州(威斯康星-麦迪逊 Madison-Wisconsin)威斯康星大学(Wisconsin University)第二届中美中国学生联合会年会 加利福尼亚州(旧金山 San Francisco)第十届西美中国学生联合会年会
1912年暑假	马萨诸塞州(威廉姆斯 Williamstown)威廉姆斯学院(Williams College)第八届东美中国学生联合会年会 密歇根州(安娜堡 Ann Arbor)密歇根大学(Michigan University)第三届中美中国学生联合会年会 加利福尼亚州(旧金山 San Francisco)第十一届西美中国学生联合会年会
1913年暑假	纽约州(绮色佳 Ithaca)康奈尔大学(Cornell University)第九届东美中国学生联合会年会 伊利诺伊州(厄巴纳 Urbana)伊利诺伊大学(Illinois University)第四届中美中国学生联合会年会 加利福尼亚州(伯克利 Berkeley)第十二届西美中国学生联合会年会

续表

时间	各部各届联合会召开情况
1914年暑假	马萨诸塞州(安姆斯特 Amherst)马萨诸塞农业大学(Massachusettes Agricultural College)第十届东美中国学生联合会年会 俄亥俄州(克利夫兰 Cleveland)凯斯西储大学(Case Western Reserve University)第五届中美中国学生联合会年会 加利福尼亚州(伯克利 Berkeley)第十三届西美中国学生联合会年会
1915年暑假	康涅狄格州(米德尔顿 Middletown)卫斯理安大学(Wesleyan University)第十一届东美中国学生联合会年会 伊利诺伊州(埃文斯通 Evanston)西北大学(Northwestern University)第六届中美中国学生联合会年会 加利福尼亚州(伯克利 Berkeley)第十四届西美中国学生联合会年会
1916年暑假	马萨诸塞州(安杜佛 Andover)马萨诸塞菲利普中学(Phillips Academy at Andover, Mass)第十二届东美中国学生联合会年会 俄亥俄州(欧柏林 Oberlin)奥柏林学院(Oberlin College)第七届中美中国学生联合会年会 俄勒冈州(Portland 波特兰)俄勒冈州里德学院(Reed College)第十五届西美中国学生联合会年会
1917年暑假	罗德岛州(普罗维登斯 Providence)布朗大学(Brown University)第十三届东美中国学生联合会年会 威斯康星州(威斯康星-麦迪逊 Wisconsin-Madison)威斯康星大学(Wisconsin University)第八届中美中国学生联合会年会 加利福尼亚州(伯克利 Berkeley)加州大学伯克利分校(University of California, Berkeley)第十六届西美中国学生联合会年会
1918年暑假	纽约州(雪城 Syracuse)雪城大学(Syracuse University)第十四届东美中国学生联合会年会 伊利诺伊州(厄巴纳 Urbana)伊利诺伊大学(Illinois University)第九届中美中国学生联合会年会 华盛顿州(西雅图 Seattle)华盛顿大学第十七届西美中国学生联合会年会
1919年暑假	纽约州(特洛伊 Troy)伦斯勒理工大学(Rensselaer Polytechnic Institute)第十五届东美中国学生联合会年会 俄亥俄州(哥伦布市 Columbus)俄亥俄州立大学(Ohio State University)第十届中美中国学生联合会年会 加利福尼亚州(伯克利 Berkeley)第十八届西美中国学生联合会年会
1920年暑假	新泽西州(普林斯顿 Princeton)普林斯顿大学(Princeton University)第十六届东美中国学生联合会年会 密歇根州(安娜堡 Ann Arbor)密歇根大学(Michigan University)第十一届中美中国学生联合会年会 加州洛杉矶第十九届西美中国学生联合会年会

续表

时间	各部各届联合会召开情况
1921年暑假	霍奇科斯学校(Hotchkiss School at Lakeville, Conn)第十七届东美中国学生联合会年会 普渡大学(Purdue University)第十二届中美中国学生联合会年会 加州洛杉矶第二十届西美中国学生联合会年会
1922年暑假	纽约州(绮色佳Ithaca)康奈尔大学(Cornell University)第十八届东美中国学生联合会年会 伊利诺伊州(埃文斯通Evanston)西北大学(Northwestern University)第十三届中美中国学生联合会年会 未举办
1923年暑假	罗德岛州(普罗维登斯Providence)布朗大学(Brown University)第十九届东美中国学生联合会年会 威斯康星州(威斯康星-麦迪逊Wisconsin-Madison)威斯康星大学(Wisconsin University)第十四届中美中国学生联合会年会 加利福尼亚州(伯克利Berkeley)第二十一届西美中国学生联合会年会
1924年	哈佛福德学院(Haverford College)第二十届东美中国学生联合会年会 密歇根州(安娜堡Ann Arbor)密歇根大学(Michigan University)第十五届中美中国学生联合会年会 加利福尼亚州(伯克利Berkeley)第二十二届西美中国学生联合会年会
1925年	纽约州(雪城Syracuse)雪城大学(Syracuse University)第二十一届东美中国学生联合会年会 普渡大学(Purdue University)第十六届中美中国学生联合会年会 斯坦福大学(Stanford University)第二十三届西美中国学生联合会年会
1926年	费城大学(University of Pennsylvania)第二十二届东美中国学生联合会年会 伊利诺伊州(厄巴纳Urbana)伊利诺伊大学(Illinois University)第十七届中美中国学生联合会年会 斯坦福大学(Stanford University)第二十四届西美中国学生联合会年会
1927年	未举办 (举办地不详)第十八届中美中国学生联合会年会 加利福尼亚州(伯克利Berkeley)第二十五届西美中国学生联合会年会
1928年	耶鲁大学(Yale University)第二十三届东美中国学生联合会年会 伊利诺伊州(埃文斯通Evanston)西北大学(Northwestern University)第十九届中美中国学生联合会年会 加利福尼亚州(旧金山San Francisco)第二十六届西美中国学生联合会年会

续表

时 间	各部各届联合会召开情况
1929年	约翰斯霍普金斯大学(John's Hopkins University)第二十四届东美中国学生联合会年会 举办情况不详 举办情况不详

资料来源:*Chinese Students' Alliance: Pamphlet aims to tell you*, Published by the Executive Council of the Chinese Students' Alliance in the United States of America, for the year of 1919—1920. Wisconsin—Madison, 1920, p.18.

郭晶萍,杨柳:《20世纪初留美中国学生会研究(1901—1935)》,《河南理工大学学报(社会科学版)》2020年第21卷第2期,第68-75页。

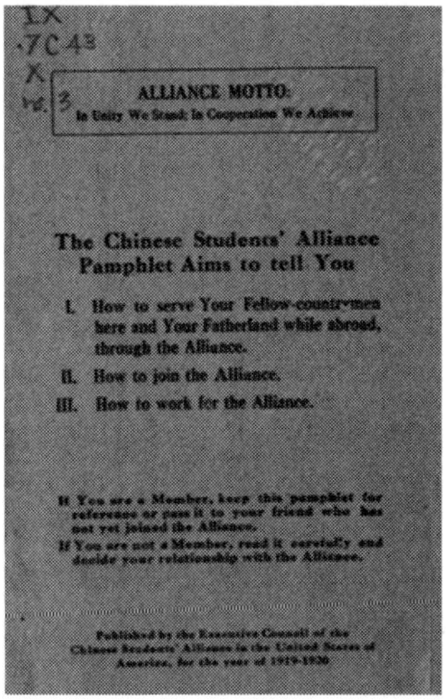

图3-11　1920年联合会编写的会员手册*Pamphlet aims to tell you*

资料来源:*Chinese Students' Alliance: Pamphlet aims to tell you*, Published by the Executive Council of the Chinese Students' Alliance in the United States of America, for the year of 1919—1920. Wisconsin—Madison, 1920, 封面.

联合会会议的日程,则通常仿照美国当时的学生会议形式,将会议日程大致进行如下安排:上午开会,下午开展一系列的体育活动,晚上再举行社交聚会或者娱乐活动。主要的学生活动大致分为八类:第一类活动为开幕式及名人演讲,通常由联合会邀请会议召开所在大学的校长或副校长进行相关主题的演讲，这类演讲通常与如何建设国家等主题有着相当的联系。第二类活动为学生交际活动或是国内外各校校友联合会等相关活动，这也是联合会年会最为重要的一项活动，在于通过活泼轻松的活动使学员之间相互了解。第三类活动为体育运动，例如以各美国大学进行组队参加跳高、足球、跳远、竞走、网球、赛艇等体育竞争活动。[①]第四类活动为各类音乐活动，例如演奏弹琴、钢琴伴奏独唱，或是合唱各校校歌等活动以陶冶学生性情、阐发学生之风雅。第五类活动为与文学相关的活动，例如组织留学生针对中国现有状况发表主题宣讲或进行辩论。第六类活动为各分学会的相关活动，例如经济学会组织讨论经济问题、国防学会组织讨论国防类的问题、工程学会组织学院讨论工程类的问题，或者是艺术学会带领学员去参观美术馆——特别是那些有着古希腊人体雕塑的美术馆[②]。第七类活动则是留学生戏剧表演项目，夏季年会中的这一项目为留美中国学生多样、立体式地表达自我思想及留学生活开辟了一个独特的渠道，并提供了与其他美国观众交流互动的平台。一般来说，夏季年会中的戏剧表演分为三大类：中国风土人情、中国政治变革及对政治社会文化等问题的思考与探索。第八类活动则是对各部学生会会长、秘书、中英文书记及附属刊物的相关职员进行选举及改选，主要选举正副会长、中英文书记及会计。[③]以下是一份《留美学生季报》中所记载每年夏季召开年会的具体日程安排，由此可窥见联合会年会活动形式的丰富多彩、生动活泼：

（一）名人演讲　最足以浚发吾人之新智识，而为团体聚会所不可缺之要素者，名人演讲也；

（二）交际　吾辈居不同里，学不同校，非藉年会之机遇，诚不足以联络彼此之感情，而非尽友朋之至性，尤不足以发抒年会之真义。此交际一端，所以为年会最重要旨之一也；

（三）运动　我国古者极重体育，降及后世，文弱成风。而读书穷

---

① 例如留美学生联合会年会第九次东美学生夏季年会就开展了繁多的体育竞争项目：百码赛跑、一英里赛跑、百二十码跳格赛跑、四百四十码赛跑、二英里赛跑、二十码跳格赛跑、半英里赛跑、三足竞走、一英里竞走、掷铁球、撑竿跳高、跳高、跳远等体育竞技项目。杨铨：《第九次东美学生夏季会记事》，《留美学生季报》1914年第1卷，第103-109页。

② All Work and No Play Makes Jack a Dull Boy, *The Chinese Students ' Monthly*, April, 1913, p.169.

③《中国留美学生之活动》，《陕西教育月刊》1924年第39期，要闻第17-18页。

经之士尤甚,设非及早补救,则民族日渐衰微,终不足以自拔于欧风美雨之中。此体育一端,所以与德育智育,均有密切之关系,而吾人所当竭力提倡,积极进行,以为吾国改良民俗之一助也;

(四)音乐 最足以陶淑性情,涵泳风俗,雍容抑扬以畅发人群之幽兴者,音乐也。我国古者于音乐一道,极重视之,晚近来遗乡几绝。内地各校,思有以提倡之,而力或未逮,此吾辈今日所当极力研究,以补救吾国风尚之失也;

(五)文学 于歌舞游戏之余,藉以助一时之雅兴者,文学也;

(六)学会 关乎我国学术之进步,政俗之研究,最有益于国计民生……①

与国内的学生会议有极大的不同之处在于,留美学生所召开的年会的很大一部分是由学生各类体育活动所组成的,这一点区别也为留学生所深深感受到。例如曾在美有四年留学时光的留美学生金士宣②回忆道:

我在国内从来不进行体格锻炼,从初小、高小、中学、大学到留学美国,像长距离赛跑一样,读了二十年书未曾间断过,但是限于天资平庸,在求学时期的家境困难、营养不良、身体虚弱,经常夜间复习功课到深夜直至头昏脑涨不能继续下去才肯睡觉,长期如此,严重伤害了身体健康。但到了美国后,一方面享受了公费待遇、改善了饮食增强了健康;另一方面到了美国后受着大学生生动活泼的生活的影响,也受到每年度定期举办的学生年会的激励。而且,每到周末我总要去看橄榄球、棒球或网球那种观众数以万计的鼓舞人心的球赛,跟着他们狂呼口号,要鼓动运动员加油赶,精神面貌受到鼓舞。同时,自己也为之受到影响,逐渐开始了参加网球和游泳活动,有时候也参加晚会和

---

① 刘树杞:《中美中国学生年会五度纪事》,《留美学生季报》1914年第1卷第4期,第79-82页。

② 金士宣:字子和,浙江省东阳市人。1923年1月毕业于北京交通大学铁路管理科,先被委派在北洋 政府交通部路政司营业科实习,随后1923年6月派往美国学习铁路运输,为期四年,分别于1924年及1927年获美国宾夕法尼亚大学经济学硕士、博士学位,中国铁路运输教育家,中国铁路运输学科的首创者及奠基人。详见金士宣:《留学美国四年的回忆》,《北方交通大学学报》1983年第2期,第166-170页。

跳舞会,精神愉快活泼,体格受到锻炼,增强了健康。[①]

实际上,通过身体的健康进而推行学生的“全面发展”这一宗旨,早在1908年的联合会会刊中就被明确提出来:“现代的教育,除了发展智力,还要训练性格,除了开化头脑,还要强健身体,以使培养‘个人责任’意识,从而培育学生们‘为社会服务’的精神,这正如美国总统伍德罗·威尔逊(Woodrow Wilson)所说:‘我们来到这个世上不是为了呆坐着和获得书本知识,我们要行动起来。也正如约翰·弥尔顿(John Milton)说,有了强健的身体、坚强的性格、自我牺牲的精神以及为公众献身的远大目标,才能够使自己坐在国民议会的议席上执掌国家命运的时候,得以‘坚如柱石’。我们有理由相信,我们的联合会正在力求实现此目标。”[②]基于这一点,1912年4月,联合会更是提醒各位中国留美的学生们要“睁开眼看看美国的男子汉气概的教育方式,无论是西奥多·罗斯福(Theodore Roosevelt),前总统威廉·塔夫特(William Taft)还是现总统威尔逊(Woodrow Wilson),甚至是我们的总理孙中山先生,无一不是过着有活力的生活”[③]。联合会所提出的这一“智慧与体力齐发展”的理念,也在早期联合会初创时不断得到强调——在联合会初创期间即将“鼓励体育”这一宗旨与“发扬国光”“联络感情”“交换智识”“切磋文艺”提升到了相同的高度。[④]如前所述,蔡元培在1921年间在美考察,于该年度7月中旬在卜技利大学(注:Berkeley University/伯克利大学)访问,蔡氏就观察到美国学生对于体育运功的重视以及参与体育运动的热情,他认为“此次赴美考察结果,至于美留学生,应利用而不可忽者,有数要点:(一)运动的高兴,中国所短。美国人无论男女老少,对于运动,都兴高采烈。不唯自己运动时如此,即看他人运动,如足球、棒球之类,亦觉极有兴趣。此美国人长处,不可不学”[⑤]。

正是由于有了一系列聚会对共同关心的问题进行一系列探讨,使留学生们

---

① 金士宣:《留学美国四年的回忆》,《北方交通大学学报》1983年第2期,第166-170页。

② “An Appealto Chinese Students”, *The Chinese Students ' Monthly*, April, 1908, p.216.

③ “The Wayto Wisdom: All Work and No Play Makes Jacka Dull Boy”, *The Chinese Students' Monthly*, April 1912, pp.68-69.

④ 杨铨:《第九次东美学生夏季会记事》,《留美学生季报》1914年第1卷,第103-108页。

⑤ 蔡元培:《在卜技利中国学生会演说词》,载高平叔编《蔡元培教育论著选》,人民教育出版社,2011,第361页。

彼此联系起来，有了表达对共同关心问题的一系列聚会场所，并给予留学生们充分展示自己的艺术和体育才华的空间，鼓舞了留学生的群体士气，使留学生们产生一种强烈的归属感。因此，这种于每年夏季举行的“年会”给了留美生一个“想象的共同体”（Imagined Community），也给予各位留学生加入学生联合会的一种“实体感”，学生们得以身临其境地于一系列的年会活动中。这些留学生们在每一年的年会中所举行的一系列活动当中上承士风，下观时局，大多在学会中自觉地将个人前途与国家民族的命运联系在一起，乐于担负起艰巨的家国使命，同时，这部分留学生热衷于构想自己归于国家的使命和责任，对自身所承担的拯救者的角色也充满着信心。于是，在每年的年会当中，他们或是提出自己对于国家建设的意见，或是展现自己对于某个问题的独特见解，这种对于国家所承担的舍我其谁的意识、这种联合会的留学生们对国家建设时不我待的情感，在各界联合会的年会中均能得到充分的体现。[①]

根据现有的史料来看，在美留学生对于国家状况关注的热情在1919年则达到了顶峰。该年度，在美的中国留学生就曾接近2000人，[②]在一定程度上创造了新高，也就是说，1919年前后，在美的留学生既有“质量”保证，又有“数量”保证。在这一大背景前提下，留美学生的这种对国家关爱的情愫直接表现在了该年度留美学生联合会年会的活动当中。这部分的留美学生虽然身处大洋彼岸，但是对于国际形势相关信息的了解却不比国内迟缓，他们通过一系列美国的权威报纸或是期刊了解国际信息。[③] 当充满耻辱性质的“二十一

① 叶维丽：《为中国寻找现代之路——中国留学生在美国（1900—1927）》，周子平译，北京大学出版社，2012，第24-25页。

② 根据留美中国学生联合会在1918年间秋季的统计，彼时在美国的中国留学生接近2000名。参见：《留美学生学业统计表》，《留美学生季报》1918年第5卷第3期，第181-182页。

③ Japan Makes Big Demands on China, The New York Times, January27, 1915; Noriko Kawamura, Turnulenceinthe Pacific: Japanese-U. S. Relations during World War I, Westport: Praeger Publishers, 2000, pp.36-40.

条”[①]消息从欧洲传到美国、中国，中美两地的每一位中国人对此无比愤怒。对于协议中日本所提出的无理要求，随即，激起了留美中国学生的义愤，为了更好地探讨巴黎和会以及华盛顿会议的相关问题，联合会于是加大了会务的相关活动频次，联合会活动的这一积极变化也深深被中国学生所感受到。当时担任《留美学生季报》主编的留学生蔡正就评论近期留美中国学生联合会会务活动的频繁：“中国学生近来会务甚发达……各会务皆纠合同志积极进行……对于各会务有厚望焉。”[②]几乎全体联合会的留学生都意识到了山东问题的紧迫性，为了进一步唤醒留美学生自卫的民族士气，联合会随后刊登了一系列关于山东问题的文章，文章中呼吁道：“自甲午庚子之役至青岛事起，青岛吾土，德人乘我之危掠为已有而终不能保，因此国人宜创设一专门保全协会以筹还青岛。”“吾国今日毫无民气矣，吾民之咽声吞气者已垂垂数十年。凡一国民愈爱国则愈谨慎，吾国今日之国民，爱国之国民也，能咽声吞气于今日，此后吾国必能吐气扬声于将来。”[③]在此背景之下，留美同学利用纳客非尔（Lakeville）年会之机，聚绮色佳、波士顿、纽约等地，联合发起了关于华盛顿会议的联合会讨论会议，这次会议也是东美中国学生会第十五次会议，会中全体联合会学生拍摄了集体合影，如图3-12所示。值得注意的是，这种基于民族士气的抗争活动在国内的激烈程度丝毫不弱于海外留学生，根据学者张玉法的研究这种情绪在山东本地也非常强烈，山东人民对巴黎和会中有关山东问题的活动也开展得轰轰烈烈，就

① 1986年由沈云龙主编、张一志编辑，台湾台北文海出版社编纂《近代中国史料丛刊第十六辑——山东问题汇刊》（上、下），该二册史料丛刊汇辑由颜惠庆、范源廉、蔡元培作序，范氏指出“山东问题非独中国之利害问题，乃世界之义利问题也，其关于中国利害者，吾国人熟权之，誓死与日本争”。选辑最初为以应欧美同学会月刊编辑作关于山东问题一文，后并收集关于山东问题的各类报刊书籍著作，该书中关于“山东问题”的相关主题有：《关于山东问题之各项条约》（中德间之条约及换文、中日间之条约及换文、日本及联盟国之密约、巴黎和会以来之外交文件）、《关于山东问题之各项调查》（山东权利丧失始末、巴黎和会中之山东问题、今日之山东）《关于山东问题之各项议论》（政治外交上之总观察、地理经济上之总观察、法律上之观）等，其中不乏转载有《东方杂志》《晨报》《欧美同学月刊》《外交月刊》《华工杂志》等相关文章。此外还有林明德：《中日关系史料，巴黎和会与山东问题：中华民国七年至八年》，台北“中研院”近代史研究所，2000年；李毓澍：《中日关系史料，山东问题：中华民国九年至十五年》，台北：“中研院”近代史研究所，1987年；谭天凯：《山东问题始末》，商务印书馆，1935年；朱心佛：《还我青岛》，大商公司，1919；黄纪莲：《中日“二十一条”交涉史料全编（1915—1923）》，安徽大学出版社，2001。

② 蔡正：《留学界近讯》，《留美学生季报》1919年第6卷第1期，第231页。

③《中国今日之民气》，《留美学生季报》1914年第1卷第4期，第2-3页。

抗争活动分类来看，除了与留美学生活动相类似的网罗群众加入相关组织，如组建了山东学生联合会、山东学生救国联合会、学界联合会、抗日救国会、救国十人团、本地救国团以及开展各类抗争主题的讲演活动以外，更直接运用自身的地缘优势对国家外交活动声援支持，如组建国民外交后援会、学生外交后援会等，除此之外，对日货抵制的情绪也丝毫不弱于海外留学生，如组建了本地国货维持会、国货团、抵制日货劝导团、抵制日货检查团等。

图3-12　1919年第十五届东美中国学生会夏季年会摄影

资料来源：《民国八年东美学生夏令会摄影》，《留美学生季报》1920年第7卷第1期，第1页。

巴黎和会之后，山东问题悬而未决，一直牢牢牵引着留学生的神经，几乎全体留学生都意识到了山东问题的紧迫性。为了进一步在华盛顿会议背景之下唤醒留美学生自卫的民族士气，留学生的各类专属中英文刊物紧急刊登了一系列关于山东问题的文章，在该次联合会会议当中，留学生们一致认为“中国今日之地位，实在是千钧一发，此次华盛顿会议关乎于中国的命运”。为了更好地组织学生讨论华盛顿会议，在留美学生联合会所举行的年会当中，随即筹办了一个“在美留学生华盛顿事务委员会”（The Chinese Students Alliance for the Alliance Work on the Washington Conference），该组委会一共分为六个部分，这六个会务部的组建以便顺利地辅助联合会开展各方面关于华盛顿会议的事务：

（1）中文出版部（The Chinese Publicity Committee）；

（2）英文出版部（The English Publicity Committee）；

（3）财务支持部（The Financial Drive Committee）；

(4)外联部(The Friendly Relation Committee);

(5)新闻报纸部(The Newspaper Committee);

(6)外事发言部(The Speakers' Committee)。[①]

在该次会议当中,联合会当即举出鲍明钤、张铮、张彭春、罗家伦、陈之逵、吴之椿、蒋廷黻、段锡朋、向哲濬、李美步、雷国能等联合会成员成为此华盛顿会议十一人委员会的委员,以及该会议的会长Mingchien Joshua Bau。[②]这个依托于留美学生联合会之下的“在美留学生华盛顿事务委员会”的成立宗旨在该会1922年的会务报告中也得以提出。这个针对华盛顿会议而举行的联合会特别会议宗旨在于:

> 力求在华盛顿会议中获得国家应得的切身利益和中国的主权权利;利用华盛顿会议作为契机以锻炼国人及全体留学生的合作能力;所有需要解决的事物项目的方法及计划都需要概述充分;华盛顿会议倘若需要进一步解决,则应给予联合会的学生一切必要的权力,以便在华盛顿会议中给与国家任何必要的支持措施;将留美学生在会议中所做的任何努力通过媒体,告知国家以及在世界其他地方密切关心中国国家命运的人士。[③]

除了组成华盛顿会议的十一人委员会之外,联合会还配合当时即将爆发的中日战争的需要,同时出版了四本关于华盛顿会议的专业期刊,以方便联合会更好地向留学生介绍华盛顿会议的召开背景、中国所面临的山东问题以及从国际和平层面中国今后所应持有的外交态度。本次出版的专门讨论山东问题期刊的四类主题分别陈列如下:

(1)向全体留学生介绍华盛顿会议;

(2)介绍山东问题;

(3)华盛顿会议的解决过程及最终方案;

---

① Chinese Students' Alliance: *The Handbook of the Chinese Students in the U.S.A.* Chicago: Chinese Students' Alliance Compiled and Published, 1922. pp.29-31.

② 受培:《留美学生与华盛顿会议》,《学生》1922年第9卷第1期,第56-58页。

③ *The Conference Daily for Eighteenth Annual Conference of Eastern Section of Chinese Students Alliance in U.S.A.* Compliments of Conference Committee. Sep, 1922, p.36.

(4)中国与世界和平。[①]

在山东问题上,尽管联合会已经取得了不少的工作成效,但是为了更好地推进委员会的会务工作,也为了更好地、更迅速地推进世界范围内对“中国问题”的关注,留美学生联合会面临的首要问题则是筹集必要的资金,于是留美学生联合会下设的这一“华盛顿事务委员会”随即开始面向全美留学生筹款,联合会的筹款事业受到在美各大学的广泛支持,例如特洛伊大学、康奈尔大学、劳伦斯大学、俄亥俄州大学、辛辛那提大学、密歇根州大学、霍顿大学、芝加哥大学、威斯康星大学、爱荷华州大学、堪萨斯州大学、加利福尼亚州大学、西雅图大学、西北大学等学校。[②]哈佛、麻省理工、宾夕法尼亚、康奈尔、伊利诺伊大学及欧柏林等校的中国学生会甚至还召开了关于“二十一条”的特别会议,可见留学生界对于“二十一条”条款的抵制情绪之高,意志之坚决。[③]

此后,1922年的联合会按照每一次年会的惯例安排,举办了一场留学生演讲会,主题是关于国家建国,五位参与演讲的留学生所做的演讲主题分别是:《中国的未来在何方》(What is the Future about China?);《英勇的中国》(The Valiant China);《在美留学生与他们的职责》(Chinese Students in America and Their Responsibility);《祖国——致命的迷恋》(My Country—The Fatal Infatuation);《留美归国学生在中国的失败与留学生的未来》(The Failure of Most Returned Students in China and the Future of Students Abroad)。[④]为了进一步讨论山东问题,也为了进一步反思在国家危难时刻所应采取的救国方式,在1926年举行的中部留美学生夏季年会上,联合会意识到国家主权危在旦夕,遂以“国家主义与中国”为议题,供留学生讨论。该年年会在哈佛大学举行,根据会议主题共分为四个小组召开讨论会,第一组于1926年9月5日举行,题为《中华民国之国家主义》,主讲人为留美学生代表罗隆基,罗氏认为“中华民国当谓国家主义为抵抗

---

① The Chinese Students' Alliance in the United States of America: *Report of the President of the Chinese Students' Alliance for the Alliance Work on the Washington Conference and the Committee*, April 1922.

② The Chinese Students' Alliance in the United States of America: *Report of the President of the Chinese Students' Alliance for the Alliance Work on the Washington Conference and the Committee*, April 1922.

③ Editorials: Mediaeval Japan (*The Chinese Students' Monthly*, March 1915), p.327.

④ The Chinese Students'Alliance Eastern Sectionin America: Result of English Oratorical (*The Eigh- teen Annual Conference Daily*, Sep, 11, 1922), p.18.

帝国主义唯一而有力之利器,非采取国家主义,不足以图存"。随后的第二组、第三组讨论9月7日及8日分别由留学生代表时昭瀛及何浩若主讲,前一讨论组认为应立即收回中国国权与政治上的损失,例如收回驻屯军队及警察权、北京公使馆区域限制、领事裁判权、西藏蒙古之条约、租界及租借地。后一个讨论组认为帝国主义的经济侵略及订立的不平等条约是侵略中国的基本原动力,即便如此,联合会也同时指出留美生应该对这些主观上的建议保持"审慎的冷静",即所谓是"一纸宣言,于千疮百孔的中国,究何补耶?"[①]三日之后,第四组讨论会由学生代表翟恒主讲《国家主义之实施》议题,该议题认为要使中国顺利完成国家主义化,必须对中国人民进行大规模的宣传;其次国家还必须实行国家主义化的教育。该次会议通过如下决案:

(1)留美学生愿尽力帮助并加入此次(五卅)"爱国运动";

(2)中国应即以国家主义为全国教育政策之方针;

(3)留美学生应各在其职业范围内,谋国家主义之实施。[②]

如前所述,联合会所举行的一年一度的年会作为留学生界的年度盛大聚会,可谓是美留学生最重要的活动之一,在留学生群体中产生了重要的作用。从年会的举办效果来看,也可谓举办得有声有色、令人印象深刻。夏季年会举办的成功或许来源于以下两个方面原因:一方面年会得到几乎所有联合会会员的积极参与,年会氛围自然也愉快而热烈;另一方面由于大会的办事委员精神饱满、任劳任怨,大会的代表竭诚相待、工作无懈,联合会的创立自然也具备了坚实的基础。对于联合会更大的作用,联合会中的学生们则认为:"在一个小团体能如此,广而推之当有最大的团结。我们虽然不敢说这北美洲中国学生联合会的人事足以影响到国家的组织,但是我们当一致团结起来,希望能发生若干力量,去救济这残破不堪的国事,达到最高之理想的境地,也算是我们留美生联合会小小的作用了。"[③]

① 张忠绂:《中部留美学生年会报告》,《留美学生季报》1926年第11卷第1期,第161页。

② 同上。

③ 卢孰竞:《对于北美洲中国学生会之感想及希望》,《留美中国学生月报》1930年第1期,第28页。

二、与留学生的联谊会

除了定期举办年会将分散全美各地的学生凝聚起来，留美学生联合会还举行留学生的访美接待会及欢送会，便于更好地服务与管理联合会成员。联合会与北美中国基督徒留学生协会、基督教青年会、基督教女青年会积极联合，为中国留学生举行为期两到三天大规模的欢迎接待活动。留美中国学生联合会开展联谊会的活动地点主要以西海岸及中部地区为主，前者以旧金山为中心城市，后者以芝加哥为中心城市。1911年联合会为赴美的留学生们举办了一次隆重的新生欢迎会，其活动形式异常丰富，这一欢迎会还曾在各大报纸上得到广泛刊登。值得注意的是这次留美学生欢迎会包括几项非常“新鲜的活动”，这些“新鲜的活动”在留美学生群体当中相当“引人瞩目”。在该年度的欢迎会中有一项欢迎活动是在西部学生联合会倡议及积极推动之下举行的，由旧金山的商人招待留学生坐汽车游览旧金山市区及金门大桥，这可谓是欢迎留学生的“大手笔”“大场面”的体现。对于此类的活动，还有1919年动用了数十部汽车载着留学生开展游览活动，一位留学生对此曾回忆道：“在1919年的汽车游览活动中，联合会所举行的欢迎活动气派更大，联合会总共动用了五十部汽车，来欢迎我们这些刚踏上新大陆的学子。”[①]

芝加哥，则是中东部全美中国学生联合会欢迎首次赴美留学生的另一个重要城市。1911年9月，中国留学生专车抵达芝加哥的时候，中部留美学生联合会就安排了在美的留学生迎接，据相关史料记载“在火车站欢迎他们的有五十人之多”。该年度也为赴美的留学生举行了系列的欢迎节目，除了例行的欢迎演说、午餐以及简短的余兴节目以外，还包括了游览芝加哥市区，以及参观芝加哥大学。这些活动虽然是在新留学生与老留学生群体之间开展的，但是由于留美学生联合会会务开展得丰富有趣、多彩纷呈，活动规模也一度甚为巨大，因而在当地也颇有影响，几乎每一次迎新活动均受到在美当地学生的称赞，本国学生们甚至咸咸称赞联合会“会议的特色”。最终使得参会者“对于中国人，乃至

① “The Student World: Berkeley, California”, *The Chinese Students' Christian Journal*, Nov.1919, Vol.6 (2), p.114.

对于中国都产生了十分良好的印象"(Impression of Chins[①] is very favorable)[②]。

联合会所安排的这些活动无疑是具有重要作用与特殊意义的,一方面便于向刚踏上美国土地的留美学生提供方便,以便他们更好地熟悉这片"新大陆";另一方面,联合会之所以举办留学生的联谊会也在于使留学生们得以相互熟络,这有助于在美留学生们找到一种极为重要的国族"归属感"。在留美生看来,留美学生联合会所组织的这些联谊活动无疑是具有极大价值的,一位留美学生就回忆道:"我们在旧金山的三天,各界代表就给了我们一个盛大的欢迎会,他们为我们安排了非常丰富的节目,这跟在故乡过年一样地令人难以忘怀,这使得我们今后有了成为联合会一分子的冲动。"[③]可见联合会对于这一系列事务的积极准备与投入,对笼络更多的学生入会是有着极大帮助作用的。

此外,为了使留美学生更快地融入美国社会生活环境中,留美学生联合会还与北美基督教学生会协商拟定赴美留学学生须知事宜,在留学生行前对其告知。两个学会所拟定的《留美学生须知》共计十一条,其具体须知细则为:

(1)中国学生在美,以读书为宗旨,但应分一部分时间在社交上;

(2)多与有教育之美国学生结交,最初因种族与个人关系,不易结交,但俾知美国之真相,分别其长处与短处;

(3)未赴美时,先得在华美友之介绍书,则易融入美国家庭;

(4)学生之学问高深者,善运动者,热心校事者,奉教礼拜者,皆可结交之媒介;

(5)学生应知耶教之所以然,始可与美国人接近;

(6)社交上之礼节与习惯当明了;

(7)学生中自行举办之事,必热心助之勿懈;

(8)对于中国事必熟悉,备美国人之叩问;

(9)美国人善结交、好说笑,中国学生不可太拘谨;

(10)宜入大学校,可易接近上流人物;

---

① 这里的"Chins"指代的是在美的中国留学生,近代的华人在海外,曾被称"Chin,或者Chinaman"。

② The Chinese Students' Christian Association in North America: Christian China, New York, Mar, 1920, p.408.

③ Y.Y.Tsu(朱友渔), "Welcoming the Educational Mission of 1911," *Monthly Report of the Chinese Students' Christian Association in North America* ,October, 1911, pp.9–14.

(11)留学之前，必先筹有款项，以免中途受窘，因中国学生在美谋得工作，必先有人接洽稳当始可。[①]

这十一条对赴美留学生提出的建议须知，无疑描摹了在美留学生的学习生活图景，从就学、交际、生活、经济等方面给予了相关指导，不仅使留学生对在美生活与学习的方式有了更加明确清晰的认识，同时也增进了国际的相互沟通了解。

三、对国内援助的赈灾活动

联合会除了举行留学生的访美接待会及欢送会，同时也开展一系列会务活动，譬如积极开展对国内赈灾的援助活动。虽然留学生身居大洋彼岸，但始终有颗“中国的心”，他们对国内的动态时刻保持着关注，他们对中国社会的危机和国家存亡问题也有着比较强烈的感受，由于对祖国这种共同的赤子之情，使得他们在一定程度上形成了较为广泛的共识，因而对祖国的命运及未来往往有着身先士卒、时不我待的使命感。从留美中国学生联合会所开展的一系列事务来看，他们一方面关注到当时国内华北水灾，另一方面也关注到国内收回苏杭甬铁路权案，纷纷“奋起而行”，或是通过赈灾捐款或是通过发表文章，表达自身对国内人民的同情及对国家主权的声援。

首先，留美中国学生对国家水患问题进行积极关注，并踊跃进行赈灾捐款。早在1910年，华北灾害严重，在美的联合会会员们奔波呼走，为国内灾区发起赈灾募捐活动，为华北地区而筹募捐款，该年度留美学生联合会总会前后共计募得美金一万四千余元，并先后接到留美学生会由芝加哥陆续汇来的款项，受在美留学生的嘱托分发至了灾区，如当时受灾的河南、山西、湖南等地。为了进一步推动筹款事业，留美中国联合会决定组建一个临时委员会，专门负责赈灾事宜，于是在1910年至1911年间，由当时任联合会会长的周明衡聘请赵甘霖为主任，筹建了留美中国学生联合会麾下的筹款赈灾委员会，在这一赈灾委员会中分别设主席、书记、会计及会务委员，一共五人，具体担任的人选如下：赵甘霖

①《留美学生须知》，《时报》1921年8月14日，第3版。

担任会务主席，高宝寿为书记，梁福莲为会计，委员为陆麟书、程其保。[①]最终，这笔赈灾所筹得的一切款项也得到了较为妥善的安置与利用，联合会对于在全体会员当中所筹的这笔款项未辜负"留美同学的嘱托，收存发放，余款的动用和发还，惟原捐款人的指定"[②]，秉承了公事公办的准则。

此后留美中国学生也陆陆续续开展筹款赈灾的相关活动，尤其是自1917年起，由于全国北方水灾愈加严重，全美中国学生联合会于是即昭告全美留学生，号召在美各大学的中国留学生进行积极募捐，留学生们几乎无一不踊跃响应号召，一时间筹得较大额度的一笔赈灾款项，据时任留美学生联合会总会计的张伯苓报告，联合会截至1918年1月，全体留美学生一共募捐得到1,429.50美元。由于留美中国学生联合会赈灾活动的宣传与组织得力，截至该年度的五月份，捐款额即增了3,844美元，连上年初筹得共计5273.5美元，这笔款额随后转寄纽约银行后全部转交国内，以供救济所用。[③]

其次，在留学生看来，收回铁路权则是攸关国家主权存亡的大事件，对于国内铁路权的占有与否完全关乎一国的尊严。自1905年之后粤汉铁路权的成功收回，极大地鼓舞了留美中国学生的爱国热情，在留美学生界的各类出版物之上也时常可见有关收回铁路权运动进展的报道，其中不乏《留美中国学生月报》《留美学生季报》对收回铁路权运动的进展的关注。1907年底，国内江浙两省的民众掀起了轰轰烈烈的收回苏杭甬铁路权的社会运动，留美中国学生联合会也针对这一苏杭铁路案，发表相关意见：自外务部令江浙铁路公司，承借英债之事起，民心愤激，举国震骇，联合会建议政府可按照国际公法，坚决拒绝，万不容英国人在中国干涉尺寸路权，或索取分文赔偿。"[④]为了更好地在留美学生群体之中号召留学生对国家声援国内收回铁路权，正在耶鲁大学攻读经济学的马寅初认为留美学生应当对祖国承担起必要的职责，他在1910年4月的《留美中国学生月报》上发表了《致官派学生的呼吁》(An Appeal to the Government Students)号召留美学生发扬民族爱国精神，积极参与捐款筹资活动，他认为为了祖国的

① 程其保：《关于留美学生捐款事之声明》，《醒狮》1925年第23期，第3页。

② 余日章：《关于留美学生捐款事之自白》，《醒狮》1925年第26期，第4页。

③ A Report On The Flood Relief Fund Campaign, The Chinese Students' Monthly, Mar, 1918, pp.285-286.《留美学界要闻：认募水灾之踊跃》，《留美学生季报》1918年第5卷第2期，第169页。

④《苏杭甬铁路案对外之解决》，《东方杂志》1908年第5卷第2期，第39-52页。

尊严而苦口婆心地高声疾呼并非救国的最佳途径，只有充分动员起在美全体联合会学生对国内进行经济捐款，以“自助者天助”的方式来求一国之自立，才是最好的声援国权的方法，他（Yin-Chu Ma）在《致官派学生的呼吁》一文中写道：“为了收回我们失去的主权（Sovereign Rights），我们官派留学生必须紧随其他民众的脚步，唯有如此，我们才能够建设我们自己的工业。”①

整体看来，留美中国学生联合会的全体会员都具有异常强烈的国家建设使命感及社会责任意识，会员们在异邦身体力行、奔走呼号，努力践行着作为国家栋梁应尽的一份心力——“除了在学习上埋头苦干以外，还为祖国积极宣传、募捐”②。每一次国家危难时刻，联合会留学生都心系祖国，通过多种方式与途径表达着对祖国的关切之情，他们虽然身处异国新大陆，担心的港湾却始终倚落在故邦。对于彼时这部分的留美学生来说，他们跨越重洋留学最为重要的目标大多是来自于自身对母体社会的需求，同时辅以自我价值实现的需求，这也说明了这一留学生群体所承担的最本质、最独到的角色特征，只有当留美学生实现了对于国家的价值之后，个人自身的角色特征才能得以完满，这部分留学生也仍然自视为故邦中国的一分子。在各种亟须表达对祖国实际关注的契机下，留美中国学生联合会产生了巨大的作用，恰恰是由于联合会这一学生聚合体有组织、有计划地将留美中国学生聚合起来，才能使这部分异邦留学生对于祖国的关注形成一股强大的合力，同时在国家这一危急时刻，留美生也能从中感受到集体共同的强大力量，从而逐渐演变为对时代和对国度的期冀之情。

四、对华人社区的教育活动

除了开展一系列会务活动并积极对国内赈灾援助以外，联合会还积极关注在美的华人社区，开展一系列有关华人社区的教育活动。“黄种能变白种乎？”③这句话不仅仅意味着黄种人得以成功地融入美国社会，更是意味着在美的留学生们不再被视为“黄祸”，在美的中国留学生也理应受到应有的尊重。对于大部

---

① Yin-Chu Ma, An Appealtothe Government Students, *The Chinese Students' Monthly*, April, 1910, p.359.

② 孙守全：《留美学生动态》，《大公报》1941年2月6日，第6版。

③ 张士一：《留美教育杂碎》，《教育杂志》1918年第10卷第4期，第20页。

分未能够走出国门的美国人而言，对中国人的想象往往是基于一些形象的描述，从而构建起的是一种关于中国人这一群体复杂的印象，他们大多通过日常中所见到的中国人得出对所有中国人的评价，其中自然也包括对漂洋过海远道而来美国的留美学生的认识。[①]但事实上，却又因为白人自身对于亚洲人的优越感，而对黄皮肤的学生不免戴着有色眼镜来看待，基于这一点，留美学生易鼎新就明确表达了自己的感受："而白人之妄自尊大，鄙视黄人、羞以为伍……今日中下等人民，尚多以华工为中国之代表，遇华人之高尚者，误认为日本人，不知中国人中，尚有出类拔萃其能力知识等于美国人。"[②]

早在1904年，留美学生即密切关注到自身所受到的此类不公的待遇，有的留学生对此颇有微词，有的留学生也表现出了大度。一位出生于旧金山的中国留学生杨华燕在一份分析中美两国关系的文章当中，一方面谴责了美国对待华人的不公问题，另一方面感念美国对中国一直以来的大度，并认为中美两国在商业方面还可以有更多友好的合作，在他看来：尽管有一些毫无责任感之人导致了美国与中国之间的麻烦，但是美国却依然是中国最好的朋友。[③]实际上，在美留学生对于美国对留学生形象的"看法"所持有的两种截然不同的态度，一方面是基于自身的"民族志气与国族骨气"之故，因而对留学生群体所受到的不公待遇表现出愤慨与不满；另一方面则是基于一种"离散"的情绪，这种情绪是指移民群体进入新的国家之后，保持着一种对居住国家的尊重与期待，并且自觉而明确地维持一种对居住地的联系感或者是好感，并从主观上认为这是一种联系的纽带，因而对留美学生群体所遭受到的不公待遇表现出了一种大度。但由于现实中的各种因素，即使留学生保持着这样正向的信念，他们依然很难融入新的居住地，依然很难被新的社会环境所接受，而理想与现实的落差又不免催生出了他们心中的疏离感与边缘感。[④]

1919年，当时美国大大小小的唐人街，其中有饭店，有货店，甚至在"地下中国城"（Underground Chinatown）有无数的赌博场所、各类鸦片馆以及其他不正当

① The Chinese Indemnity. *The New York Times*, 1903, March31.

② 易鼎新：《中美邦交论》，《留美学生季报》1915年第2卷第2期，第56页

③ InYoung, China and the United States（*The Chinese Students' Monthly*, May, 1909）, p.446.

④ 任剑涛：《建国之惑：留学精英与现代政治的误解》，中国政法大学出版社，2012，第33页。

的聚集之地，街道又极其污秽。[1]彼时，华侨大多衣衫粗鄙、不讲卫生。有文载："是日余所见各片，大失所望且令人发指，自前至尾无一非吾国最下等最污秽之事，捉虱，寻虮，吸鸦片，缠小足，停棺墙隅以风水不利而多年不葬，妓院之狎邪，赌窟之欺诈，等等，毕现白幕之上，乃知吾友所谓更有坏于长指甲千百倍之影片之言……深望我国人对于卫生加以研究，勿更因循遗误，边幅不修，致使国中丑态永为海外的诟病。"[2]此种海外的各种国人陋习大多有关于中国之国体，绝对为"美人轻视华人之一大原因"，虽然在美华工与在美留学生是两类本质上不同的群体，但在美国人眼中，两者却由于相同的种族而被紧密地"栓"在了一起。[3]因此，在美留学生大多对唐人街有种极为复杂的情绪，因为那里"根本就无法了解到中国真正的文化和制度"，但却成为美国人了解中国人的唯一渠道，他们对那些来自于中国南部，"肯定是来自中国社会底层"的人非常失望。[4]甚至有很大一部分留学生呼吁道："不要以为你去过旧金山的唐人街、上海或香港，就了解了关于中国的一切。事实上，这些地方并不是真正的中国，就像纽约东区并不代表整个美国一样。"[5]与此同时，正是由于中国人在美国低下的地位这一现实，激发了许多留美生的民族情感，使得他们立志改善华人社区的现状。同样身为留美学生的张宏祥则认为以近来留学界而观，有了些许新气象，这些新气象主要产生于联合会对于当地公益事业的重视。[6]但是究其本质，与其说留美生开展"公益活动"的最终目的是改善中国劳工的状况，不如说留美生群体是为了改善中国在美国的形象地位，甚至更为确切地说，是为了改善留美生群体在美国人眼中的固有形象。

中国人在美国的形象并不尽如人意，这一事实极大地刺痛了留美学生群体最为敏感的神经。作为"天之骄子、国之栋梁"的留学生群体，无论如何不愿也

---

① 蔡正：《美国之"地下中国城"》，《留美学生季报》1919年第6卷第3期，第18-22页。

② 苏纪忍：《吾国海外出丑杂记》，《留美学生季报》1919年第6卷第3期，第17-18页。

③ 叶维丽：《为中国寻找现代之路——中国留学生在美国（1900—1927）》，周子平译，北京大学出版社，2012，第80页。

④ Editorial, "Correct In formation about China" (*The Chinese Students' Monthly*, Feb, 1919), pp.219-222.

⑤《外国人讨论中国时切勿犯的错误》，《留美中国学生月报》1918年第5期，第79-83页。

⑥ 张宏祥：《留学界之进步》，《留美学生季报》1918年第5卷第3期，第1-3页。

不甘承受美国对留学生以及华人、华侨等群体的偏见。留学生客居外邦，言行举止都受人注意，尤其在美国较小的城市，向来对中国学生颇有好感，但因为其中少数留学生行为失检，报纸全然公布出来，又使大众产生了不良观感，可谓是少数人的言行举止影响了全体留美学生的形象。有的留学生深切明白"自己的动作非但是代表个人的特质，而是代表着整个中国的名誉"，所以在公众团体之中，留学生所讲的和所做的都需要小心翼翼。为了进一步说明留美学生具有的"代表力"，特举了一个留学生租房的事例以说明：如出租房屋的主妇，不知道他（留美中国学生）的时候，总是不肯租屋给他，假若知道了他，主妇真的会十分欢迎他，因为他的租金总是到期即付的。[①]这客观地说明了大部分留美学生是极为注意自身形象的，不愿意再使早已暗淡的民族形象再蒙上阴影。针对留美学生形象颇为尴尬的这一情况，为了提升留学生在美国的形象地位，留美学生联合会发表声明，叮嘱在美的留学生尤其需要注意自身的形象："一整饬衣饰。衣服为交际上最先夺目之事，无论华装布服，奢俭各殊。苟其人为修己自爱之士，鲜有于一身之内，不力求衣饰整洁者；……二慎重言语。立言之道，首在温恭；……三检点举止。不可低头曲背，蹒跚而前，一若久病之夫；……四谨慎交游；……五注意身体。"[②]1905年12月30日美国《瞭望》(The Outlook)杂志也刊登一则反对美国排华法律的评论。这则评论为《中国移民》(Chinese Immigration)，作者认为："不同的种族居住在这一个全新的国度，不应该区分谁是主人，谁是奴隶，也不应以主人及客人相区分，而应以怀兄弟之爱创造自由包容的氛围。一言以蔽之，种族问题在美国不应重提。"[③]

早在1909年间，《留美中国学生月报》就提出这样一个问题："我们能够为这个国家的劳工阶层同胞做些什么？"很显然，发表于月刊上的这一"敏感但又很重要(The Question of Great Delicacy)"的话题，收到了无数读者的来信，也得到了联合会的热切回应："为国内和国外中国人的福祉而努力——为改善本国劳工状况而努力"[④]，"所有的联合会留学生会员都应当肩负起帮助中国劳工的

① 《美国人眼睛中的中国留美学生》，《学校新闻》1937年第67期，第10页。

② 余箕传：《敬告留美同人》，《留美学生季报》1918年第5卷第1期，第97-101页。

③ Chinese Immigration, The Outlook (New York: *The Outlook Company*, 1905, Dec, 30).p.1056.

④ Mrs. Harry E. Mitchell, "What Can We Do For Our Working Class?"(*The Chinese Students' Monthly*, Feb, 1910), pp.221-223.

责任来"[①]。基于这样的问题,留美学生联合会开展了一系列改善华侨社区的活动。1910—1912年间,少数的留美学生参与了一项"改善劳工状况的公益活动"(General Welfare Work),随后于1918年成立了"公义社"的固定团体,旨在开始改良华侨社区。[②]对于这一系列的活动,一名学生认为:"凡是看到我们一些同胞悲惨状况的人,都不会对这一问题无动于衷"。[③]

由此可见,留美中国学生联合会的会员们对于建设公共社团的热情与期待促使留学生积极地开展了一系列实践,以此建设团体,将自己的目标、理念得以在一系列的活动中具体化、实践化、现实化,从而真正意义上完成联合会的本质使命。早前中国的学生只知念书,念"治国平天下",只学提笔做文章,作八股式的"国利民福",不过多是"书虫禄蠹"纸上谈兵之流而已[④]。而在联合会的组织之下,留美学生逐渐成了"社会的先导",愿意明白社会的情形,纷纷开展一系列与社会生活情形相关的学会活动。联合会所开展的主要活动为定期召开年会、学生会员之间的联络活动、对国内积极赈灾与捐款、对华人社区的教育活动。联合会通过这四类活动的开展,稳固学生社团,也使学员之间的连接更为紧密,加强了留学生与国内同胞、与本地华人群体的沟通。总的来说,留美学生联合会为着"增进学员之间的相互联系",以及"能够增强和提高中美两国之间的友好关系"而进行着相应的努力。[⑤]

---

① Editorial: A Problem (*The Chinese Students ' Monthly*, Nov, 1909), p.5.

② "公义社"指为使留美学生群体相互组织起来所成立的专门改良华侨社区的社团,例如波士顿公义社就是其中一个较为重要的代表。波士顿公义社成立的目的在于改良在美的中国城面貌、改良中国国民侨居风俗及整顿中国华侨居住社会情形:一是为华工提供基本教育,二是为华人工商会提供公益服务,三是为工人子女提供国民义务学堂的教育。总的来说,波士顿公义社国民义务学堂所提供的教育分为四类:(1)开办义务学校改良当地风俗;(2)为华侨提供英文教育;(3)为华侨商人提供算数学习;(4)为华侨提供中文教育;(5)为华侨提供广东话教育;(6)设立波士顿中国图书室,略备中文报纸及历史、地理、小说等类型的图书,以备华侨、华商通晓识字。波士顿公义社自从成立之后,致力于改良中国国民华侨、华商的居住区等一系列活动,并取得了相应成效。参看贺楙庆:《波士顿公义社报告》,《留美学生年报》1913年第2期,第4-5页。

③ John Yiubong Lee, "Can We Help Our Country menin the United States"? (*The Chinese Students' Monthly*, Feb, 1910), pp.221-223.

④ 孟治:《为什么中国的学生们当组织Chautauqua呢》,《生命(北京)》1921年第7期,第1页。

⑤ C.C.Wang, Why We Discourage the Contract of Chinese Labor for Panama (*The Chinese Students' Bulletin*, Vol.II, No.2, January 1907) p.39.

第四章

留美中国学生联合会夏季年会

为了稳定社团的组织结构,定期开展社团活动无疑是最直接的方式。因而,许多社团都将定期召开年会列入社团的章程,并对年会的主题、主旨、召开时间、召开细则等进行了明确的规定,留美中国学生联合会也不例外。留美学生联合会年会由初期的探索尝试,逐渐走向成熟与完善。通过定期召开夏季年会,留美学生联合会逐渐扩大了其在全体留美学生群体之中的影响力,也有更多留学生逐渐加入了联合会各部。根据收集的联合会夏季年会史料,几乎每一届年会均是由上一年度或是当年度所选举出的中文书记进行相关记载与报道,但由于各方面的原因,并非各部每一届的年会均有详细的史料记录,此处特选择有详尽、准确资料的夏季年会进行回溯,以便最大程度地重现各部夏季年会的具体日程安排。其次,各届年会在著作中陈列的顺序则以各部年会(西美、东美、中美)分类,根据编年顺序从远至近进行排列。

第一节　关切国家:联合会夏季年会的重要议题

留美学生联合会夏季年会的本质功能在于根据所拟定的相关规章制度,给予留美学生一个真实的、现实的会议情境以实现联合会的主旨。《东美学生会章程及规则》详细列出了学生会定期召开年会的规则,并对年会中一系列会务进行了简要规定;《留美中国学生会小史》对留学生年会的召开也进行了相关说明："每年于暑假期内，各部自择相宜地点，举行大会。会期凡七日，各部各校学生得此机会，相叙一堂，讨论会务，选举职员，或时讲学演说，或比赛技术。"①留美中国学生联合会夏季年会的活动丰富且多彩，但其背后都有一个共同的主旨，即每一次联合会所召开的年会无一不是与"讨论国家问题"联系在一起，也即将"将来学底大成，能为国家之用"放置于异邦学生自治社团年会的实践当中，充分锻炼留美学生的能力。因此，也可以说联合会的一切活动均是为了未来国家的建设。

1908年8月21日至29日，东美学生会在马萨诸塞州东北部小镇安杜佛的菲利普斯学院举行东美第四次年会。在该年度8月23日晚上进行的演讲比赛中，东美各大学的留学生纷纷发表关于国家建设的主题演讲，来自康奈尔大学的留美学生孙嘉禄凭借《我们的责任》(Our Reponsibilities)的演说拔得头筹。在演说中，孙嘉禄认为"留学生是承担国家责任最为重大的人"。②之后，1910年冬，东美学生会在康涅狄格州举行第六次年会(见图4-1、图4-2)。年会的演讲宗旨也关涉留学生对于国家的责任。该次年会就以"改造中国""统一中国，调和南北"为题，分别用英文、中文演说，以引发全体学生讨论。③同年度，中美中国留学生夏季年会也如期举行，举行地点为伊利诺伊州的埃文斯通，见图4-3。

① 区克明：《留美中国学生会小史》，《留美学生季报》1917年第4卷第3期，第71页。

② K.L.Sun, Our Responsibilities, *The Chinese Students' Monthly, Jan, 1907*, pp.17-18.

③ 刘树墉：《东美学生会第五次年会记》，《留美学生季报》1910年第1卷第3期，第151-155页。

图4-1　1910年东美留学生联合会夏季第六届年会摄影(两幅年会摄影为上下拼接陈列)

资料来源:Report on the Chinese Students' Annual Conference, *The Chinese Students' Monthly*, Oct, 1910, p.77.

图4-2　1910年东美中国留学生联合会大会摄影(左下角记录有年会具体信息)

资料来源:《庚戌年东美中国留学生大会摄影》,《留美学生年报》1911年第1期,第1页。

图4-3　1910年中美留学生联合会大会摄影

资料来源:《庚戌年中美中国留学生大会摄影》,《留美学生年报》1911年第1期,第1页。

1911年,东美留学生会在新泽西州普林斯顿举行第七次夏季年会,按照惯例,会中也拍摄了全体联合会会员年会照片,见图4-4。该次年会将参会留学生论文分为四大组,并对其进行了热烈的讨论,这四组讨论分别针对不同的主题而进行。第一类是关于留美中国学生在美的一系列活动的讨论,其中以哈佛大学留学生朱庭祺(T.C.Chu)所演讲的《在美的中国学生》及留学生Y.S.Chin所演讲的《第五届留美学生联合会年会》获得演说奖项;第二类是关于中国的政治及教育问题的讨论,如《遥望他乡:我眼中的祖国》《内战之后美国教育的发展历程》;第三类是关于中国的社会、政治、经济问题的演讲与讨论,如哥伦比亚大学留学生顾维钧演讲的《浅谈民主》、韦斯利学院留学生P.H.Hu所演讲的《国家转型时代的三个重大问题》、麻省理工学院留学生Y.Ralph Sun所演讲的《中国的学习及文化》;第四类主题是关于现阶段中国民众的思想革新的相关讨论,如《道德的重要性》《为未来而准备》。同年度,中美中国留学生夏季年会也如期举行,举行地点为威斯康星州威斯康星大学麦迪逊分校,会中拍摄了全体中美中国学生联合会会议的集体合影,见图4-5。

图4-4　1911年东美中国学生联合会第七届年会合影

资料来源:《辛亥年东美中国学生大会摄影》,《留美学生年报》1913年第2期,第1页。

该次东美中国学生联合会第七届年会合影同时登载于留美中国学生中文会刊(《留学生报》,1913年第2期)。

图4-5　1911年中美中国学生联合会年会合影

资料来源：《辛亥年中美中国学生大会摄影》，《留美学生年报》1913年第2期，第1页。

1913年8月29日至9月5日，中美中国学生联合会第四届年会于伊利诺伊州之伊利诺伊大学香槟分校召开，本次会议演说的主题也都是关于留学生对于国家的展望。本次会议的讨论议题有"近十年来中国之进步""基督教与中国之关系""中国学生会之历史""留学青年与国家前途之关系"等。在这届联合会会议中，除了中国学生探讨关于中国的一系列问题之外，还有外国友人积极加入讨论的行列中，如伊利诺伊大学美国学生鲁滨逊对中国民间的社会进步进行了一场精彩的英文演说，并在演说过程中辅以他在中国居住时所拍摄的社会生活影像资料。他的演说生动而具体，获得了全体中国留学生的称赞。为了更好地向广大留学生报告本次中美夏季年会详细的活动安排、年会活动成效等具体情况，留美中国学生联合会中部分会特地编写了一本英文版的《留美学生中部夏季第四届年会会议纪要》(*The Fourth Annual Conference of Mid-West Section of the Chinese Students' Alliance in the United States of America*)，如图4-6。这本会议纪要以50页的内容详细记载了夏季年会的召开地点(如图4-7)、男女留学生居住地点(如图3-8)、伊利诺伊大学具体情况、会议日程安排、中文演说竞赛、体育竞技、留学生交际娱乐、会议花絮等，全面且生动地呈现了这一届中国留美学生夏季年会的整体面貌。

图4-6 《留美学生中部夏季第四届年会会议纪要》

图4-7 会议召开校园鸟瞰一景

图4-8 女留学生宿舍一景

1915年8月27日至9月3日，东美中国学生联合会在康涅狄格州米德尔顿举行第十一次联合会议。出席会议的同学有160余人，宾客有康涅狄格州韦斯利安大学的校长、驻美公使夏偕复、陆军上将魏瀚及福开森等重要与会人士。[①]联合会于8月27日设置了中文演说分会场以供留学生代表对彼时中国的时局发表演说。在本次夏季年会中，康奈尔大学的留学生杨铨[②]与麻省理工学院的留学生张贻志分别作了以“科学与中国”“社会改良之重要”为主题的中文演讲。[③]之后，在8月28日，联合会开展了“中国振兴实业之必要及其进行次序和办法”的讨论，英文辩论会以“此次救国储金当用于振兴实业，不应当作练海陆军之用”为题，正方代表为耶鲁大学的莫介恩、桂质廷、王正廷，反方代表为普林斯顿大学的黄汉梁、林天兰和邓少萍，其辩论结果为耶鲁大学获胜。中文辩论论题为“我国应将留学经费扩充国内大学”，正方留学生代表为麻省理工学院的张贻志、侯德榜、刑契莘，反方代表为康奈尔大学的邹秉文、杨铨、钱天鹤，其辩论结果为反方胜出。

两年之后的1917年，中美留学生联合会于威斯康星大学召开了第八次年会。该次年会的演讲环节以林荣贵的《国防准备之问题》、雷沛鸿的《我辈留学欧美之目的》、蒋廷黻的《真少年中国》为获奖演讲。[④]在这些留美学生举办的夏季年会中，均进行了全体合影，1916年东美留学生联合会第十二届年会、1917年中美留学生联合会第八届年会合影，见图4-9、图4-10。

① 胡博渊：《东美中国学生年会记事》，《留美学生季报》1916年第3卷第1期，第117-118页。

② 该年度中，杨铨任东美中国学生联合会中文书记。

③ 杨铨：《东美中国学生会十龄纪念夏会记事》，《留美学生季报》1914年第1卷第4期，第76页。

④ 雷沛鸿：《中美中国学生会年会纪事》，《留美学生季报》1917年第4卷第1期，第111-112页。

图4-9　1916年东美留学生联合会第十二届年会

资料来源:Report of Eastern Annual Conference, *The Chinese Students' Monthly*, Nov, 1916, p.24.

图4-10　1917年中美留学生联合会第八届年会

资料来源:Mid-West Conference of Chinese Students' Alliance, *The Chinese Students' Monthly*, Nov, 1917, p.54.

1924年,留美中国学生会在美各地分别开会,东美学生会在哈弗福德学院开会,中美学生会在密歇根大学开会,召开时间为当年9月4日至9月11日。会议一共持续了七天,共计167名联合会成员到会,与中美学生会同时举行的还有中国工程学会美洲分部及中国科学社美洲分社的联席会议。该次会议的主题为“留美学生归国后当如何服务群众”,中英文辩论会及专门演说均围绕这一主题开展,会议主要“痛陈中国之腐败与危机,谓中国之知识界日夕研究相对论,而于实际上毫不注意,政府之官僚无所不为,留学生回国亦未见有丝毫之勇气,敢立于公正之道,中国之需要,乃在于主持正义之勇气”①。具体来看,会议召开第一天,由大会主席杨汝梅及中部学生会会长吴泽霖分别致辞,密歇根大学校长代表致欢迎词。留美学生虽身处美国,但仍心念国事,年会分组讨论了平民教育、地方事业与留学生三个问题,并决议举行特别会议讨论中国的鸦片问题及水灾问题,会中决议计划留学生回校后分别募集资金,汇寄至国内水患赈灾委员会。第二日,密歇根大学海登教授发言,说中国人对于公益之事尚欠忠诚之态度,中国似应与日本合作以图远东之和平。总的来说,该次会议主要的讨论主题为留学生、地方事业、平民教育以及鸦片问题。该次年会的会议表决案为七条:(1)留美学生对于鸦片问题不得漠视;(2)从速推举委员会专司其职;(3)通函国内各团体请求合作;(4)通函国内各学校一致行动;(5)呈北京国会,请立法禁止鸦片;(6)拒烟会在美国须设分会;(7)通函在美各团体请求合力禁烟。②中美学生会召开之后,中国工程学会美洲分部及中国科学社美洲分社也立即召开联席会议,讨论中国科学及工程发展的相关问题,这两个社团在美已经有一定数量的会员,两会除通过创办会报的方式进行联络外,还通过举办主题会议进行聚议,以彼此交换智识并“焕发精神”。③该次年会得到了美国当地人士的支持,为了表达对留学生及其联合会的支持,密歇根大学所在地安娜堡商人邀请留学生代表乘坐汽车游览全城。

1927年,中国留美学生联合会中部分会在密歇根大学召开年会,该次年会以“讨论救国策略”为主题,会中对国家今后各项问题进行了设计与构想。由于20世纪20年代初的世界政局激烈变动,共产主义意识激流涌起,在美留学生对此也给予了一定的关注,因此本次的联合会年会的主题逐渐偏向于讨论与共产主义相关的问题。在该次年会中,联合会认为在今日的中国,要解决国家存在的各类问题,必须由有知识的人担任,先用冷静的头脑研究出办法,再用热烈的

① 以新:《留美中国学生会年会记》,《申报》1924年10月15日,第6版。

② 以新:《留美中国学生会年会记》,《申报》1924年10月15日,第6版。

③《中国留美学生之活动》,《陕西教育月刊》1924年第39期,第17–18页。

“心胆”施行这一类办法，虽然关于中国的问题太多，无法在数天年会中得到尽数讨论以及相应解决，但是该次年会还是提出了一个最终决案——“国家兴亡，匹夫有责。四维不张、国乃灭亡，还我河山！同志仍需努力”。[①]表4–1所详列的内容为本次联合会年会讨论主题一览。该次年会和往次年会日程相同，举办了篮球、网球、足球、游泳等比赛。次年，留学生年会由芝加哥大学承办，百余名男女留学生参会，举行了各类学生交际、讨论、文娱等活动。1929年夏天，中部留学生联合会于威斯康星麦迪逊大学举行第十八次年会，会期为一个星期，参会者主要为中部留美学生，会中讨论的主要问题是“国家主义与共产主义”，讨论组邀请到了几位美国的共产主义专家到会演讲，之后以“国家主义及共产主义”为题进行双边辩论，直到这些讨论的议题准备通过议案的时候，“会场乃大起纷争”，倾向共产主义的联合会留学生虽然为少数，但是活动甚为激烈，其结果是右倾者及中立分子不得不愤然退出会场。[②]

表4–1 1927年联合会年会讨论主题一览

年会讨论时间	年会讨论主题	讨论会负责人及主讲人	负责人所属大学
1927年9月7日	中国经济问题	张效敏	威斯康星大学
1927年9月8日	中国政治问题	王造时	威斯康星大学
1927年9月9日	中国社会问题	吴景超	芝加哥大学
1927年9月10日	中国教育问题	章芋沧	芝加哥大学
1927年9月11日	中国实业问题	李绍惠	普渡大学
第一次：1927年9月8日 第二次：1927年9月10日	“中山主义”	吴祥骏	芝加哥大学

资料来源：《救国策略讨论大纲》，《留美学生季报》1927年第11卷第3期，第162页。

以上可见，联合会所召开的每次年会无一不是与“讨论国家问题”联系在一起，则“将来学底大成，能为国家之用”；学生之间的往复谈论也往往涉及宗教的派别、中西双方的异同、学术与政治之间的关系、学生与国家未来命运的联系等方面，这用联合会的宗旨来说，即“振兴国势、保全种族，均为诸位留学生君平日

① 《救国策略讨论大纲》，《留美学生季报》1927年第11卷第3期，第170页。

② 李嘉善：《留美学界团体生活的一瞥》，《留英学报》1929年第4期，第119–124页。

之志气，所厚自期许者甚众。”[①]一切会务与国家密切相关的这一特色，甚至还影响到了联合会解散之后的其他留美学生社团。1945年的纽约留美学生会在纽约中国大厦举行了第二十三次纽约中国学生全体讨论大会，其间有林语堂及其夫人等社会名流到场，该次会议对彼时的国内工程等重工业行业的发展进行了详细讨论；另外密歇根学生联合会、麻省理工学院中国留学生联合会、明尼苏达大学中国留学生联合会、爱荷华省立大学、中国留学生联合会、西雅图留美中国学生联合会也纷纷举行建国会议。[②]这些会议的举行，或是这些会议所讨论的议题，无一不是受了留美中国学生联合会对于国家关切之情的精神启发。

第二节 留美中国学生联合会主要夏季年会简况

一、1912年西美中国学生联合会第十一届夏季年会

西部中国学生会于1912年暑假举办第十一届西美夏季年会。年会的举办地点为美国旧金山加州大学校，到会的留学生有斯坦福大学、丹佛大学、南加州大学等学校的中国留学生代表，学生会员莅会的有七十余人，加上其他与会来宾，共计有一百余人，会期共三天。本次西美年会主要活动有中英文辩论、运动比赛、名人演说、科学讨论、欢送筵宴等。

在会议召开的前几日，即进行会议演说。会议演说共有四名主讲人，分别是加州大学教授夏德斐、农学教授吉尔谟、哲学教授亚丹士以及中国前领事卫立斯博士，演说内容分别为勉励中国留学生努力向学、讨论中国国家农业现状及改革方策、中国国情习俗及社会改革的关系、中国国内政局现状以及中国留学生应负的责任。其次，会议举行了中英文辩论及各种运动游戏，优者获金银徽章。留美学生赵君恩演说获奖，其演讲主题为“化学应用之理”。[③]

---

① Chinese Students' Alliance, *Pacific Coast Students ' Annual Bulletin of 1908*, (SanFrancisco, 1908), p.57.

② 孟治：《新年对留美学界的前望》，《学建通讯》1945年第22期，第1–2页。

③ 胡先骕：《西美中国学生年会纪事》，《留美学生季报》1914年第1卷第4期，第83页。

二、1913年东美中国学生联合会第九届夏季年会

1913年八月末，时值留美学生暑假，中国留美学生举行了东美学生夏季第九届年会，会议举办地点为纽约绮色佳城康奈尔大学。康奈尔大学为东美地区最为著名的大学之一，校舍居山傍湖，风景十分优美。本次东美学生夏季年会会期共八天，时间为8月21日到28日，到会留学生有一百五十余人。本次会议举办的宗旨有四个方面：

(一)发扬国光；

(二)联络感情；

(三)交换智识；

(四)切磋文艺；

(五)鼓励体育。

本次留美学生夏季年会的具体日程安排主要有会议开幕式、会员议事会、英文演说、科学讨论会、各校会员演戏展出、运动会以及游绮色佳湖等活动。在本次夏季年会中，来自东美各大学的留学生进行了题为“西方所得之于东方者”“革新过甚之流弊”“中美之关系”“共和国之支那”等中英文演讲，获得演讲第一名及第二名的留学生为唐悦良及凌道扬。与此同时，本次夏季年会中的分科学会也进行了讨论，例如科学讨论会对哲学、教育、文学、政治与社会学、农学、机械工程学等学科进行了讨论，领讲者有留美学生郑来、魏文彬、金邦正、梅贻琦等人。在运动会方面则进行了竞走、角力等体育运动，取前三名得奖。本次夏季年会最为吸引留学生兴趣的活动则是由康奈尔大学联合会会员作为东道主，率领全体留学生游绮色佳湖，畅游湖光山色，荡舟湖上。年会会终进行了该年度会长就任典礼，在就任典礼中，旧会长郑来致卸任辞，新会长唐悦良致就职辞。①

本次夏季年会运动竞赛名次表，如表4-2。当年夏季年会全体合影，如图4-11。②

① 杨铨：《第九次东美学生夏会记事》，《留美学生季报》1914年第1卷第1期，第103-108页。

② 杨铨：《第九次东美学生夏会记事》，《留美学生季报》1914年第1卷第1期，第105-106页。

表4-2　第九届东美学生夏季年会体育竞赛名次一览表

竞赛项目	第一名	第二名	第三名
百码赛跑	曾广智	邱培涵	潘文焕
一英里赛跑	裘维荣	孙元芳	陈永善
一百二十码跳格赛跑	邱培涵	凌道扬	潘文焕
四百四十码赛跑	邱培涵	刘寰伟	司徒尧
二英里赛跑	秉志	司徒朝	郭守纯
二百二十码跳格赛跑	邱培涵	钟望荣	凌道扬
半英里赛跳	裘维荣	唐荣滔	杨孝述
二百二十码赛跳	沈艾	曾广智	—
三足竞走	张福运	J.Tong	周厚坤
	张彭春	T.Tong	李超
一英里竞走	赵元任	胡宣明	周象贤
掷铅球	潘文焕	钟望荣	Y.C.Chin
撑杆跳高	凌道扬	潘文焕	裘维荣
跳高	潘文焕	沈艾	凌道扬
跳远	潘文焕	钟望荣	倭伸布

资料来源：杨铨：《第九届东美学生夏会记事》，《留美学生季报》1914年第1卷第1期，第105-106页。

图4-11　第九届东美留学生联合会年会

资料来源：The Report of the Ninth Annual Conference of the Western Section of the Alliance, *The Chinese Students' Monthly*, Nov, 1913, p.75.（此处图片档案注释有误，应为：The Report of the Ninth Annual Conference of the Eestern Section of the Alliance Held at Ithaca. N.Y.）

三、1914年东美中国学生第十届夏季年会

1914年夏，东美中国学生会举行十周年纪念会，举行地点为麻省安姆斯特城。会议于8月28日开幕，会期八天，于1914年9月4日闭幕。本次东美夏季年会召开地安姆斯特也是中国学生联合会诞生的城市。十年前，三十多名留美学生聚于安姆斯特农科学校的礼堂，经过商议，共同决定成立东美中国学生会，所谓"聚其国人叙故旧之欢，言乡土之美，悲祖国之陵夷不振，而东美中国学生会，始呱呱坠地……此十龄之儿，亦饱尝世故，峥嵘日露头角"。时隔十年举行东美中国学生会，作为十周年纪念，"亦盛世，亦佳话也"。本次留美学生夏季年会的具体活动安排有年会开幕式、议事会、中英文演讲、网球竞赛、专门学科讨论会等。具体来看，中文演讲参赛者共四名留学生，康奈尔大学留美学生杨铨获一等奖，演讲主题为"科学与中国"；麻省理工学院留美生张贻志获二等奖，演讲题为"社会改良之重要"。英文演讲参赛者共五位留学生，哥伦比亚大学留美

女学生李美步获一等奖，演讲题为“支那之爱国”；哥伦比亚大学留学生倪兆春得二等奖，演讲题为“吾人之中国革新事业”。留美学生还在会场周围开设了小卖部，专门出售中国土特产，深受美国民众的欢迎。

本次年会中，安姆斯特农科大学校长拨特费耳德（Butterfield）、库欣高等学校校长考维耳（H.S.Cowell）也向全体赴会的留美学生致欢迎词。农科大学校长拨特费耳德主要论述中国农业问题，认为中国的“农业为文明之根本，世界将来，必有患农不足之一日。提倡而改良之，今日不可缓之事也。又谓昔人心目中所谓学者，为古貌古衣，日夜拥书之士，今日则不然，学者不特能读书，必须深知而躬行之，然后不愧为士”。库欣高等学校校长考维耳主要从农业方面论述何谓“新爱国主义”。北京传教士格林（R.R.Cailey）也进行了演说，勉励在场留学生尽力国事。值得一提的是，本次东美夏季年会新增了数个活动项目，其中一个是各校校友联谊会，南洋大学、约翰大学、北洋大学、唐山路矿学校、岭南大学校友五十余名，齐聚圣德兰苏家罗敷山，开展留学生的联谊活动。年会会终进行了联合会职员选举，选举当年度会长为倪兆春，副会长为廖奉献女士，英文书记为李美步女士，中文书记为杨铨，会计为殷源之。[①]

本次夏季年会运动项目竞赛名次表，如表4-3。本次夏季年会留学生合影，如图4-12。

表4-3　第十次东美学生夏季年会体育竞赛名次一览表

竞技项目	第一名	第二名	第三名
百码竞跑	刘季焯（康奈尔大学）	曾广智（康奈尔大学）	张智（康奈尔大学）
跳高	邝熙堃（坤）（普林斯顿大学）	张福良（耶鲁大学） 邱培涵（康奈尔大学）	—
百二十码跳栏	邱培涵（康奈尔大学）	韦宪章（康奈尔大学）	李子先（耶鲁大学）
英里竞跑	裘维莹（康奈尔大学）	杨铨（康奈尔大学）	卢维博（麻省理工大学）
四百四十码跑	刘季焯（康奈尔大学）	张智（康奈尔大学）	邱培涵（康奈尔大学）
半英里竞跑	裘维莹（康奈尔大学）	梅（麻省理工大学）	邱培涵（康奈尔大学）
二百二十码跳栏	邱培涵（康奈尔大学）	唐滔（普林斯顿大学）	简又文（康奈尔大学）

① 杨铨：《东美中国学生会十龄纪念夏会记事》，《留美学生季报》1914年第1卷第4期，第74-45页。

续表

竞技项目	第一名	第二名	第三名
二百二十码竞跑	刘秀焯（康奈尔大学）	曾广智（康奈尔大学）	陈奎（普林斯顿大学）
二英里竞跑	孙煜芳（康奈尔大学）	司徒朝（耶鲁大学）	廖慰慈（康奈尔大学）
跳远	张福良（耶鲁大学）	钟仲卿（耶鲁大学）	邝熙堃（坤）（普林斯顿大学）
掷球	曾广智（康奈尔大学）	胡宣明（约翰斯霍普金斯大学） 邝熙堃（坤）（普林斯顿大学）	—
撑杆跳高	裘维莹（康奈尔大学）	张子光（耶鲁大学） 张福良（耶鲁大学）	—
三足竞走	邝熙堃（坤）（普林斯顿大学） 莫介臣（耶鲁大学）	—	—
英里竞走	胡宣明（约翰斯霍普金斯大学）	—	—

资料来源：杨铨：《东美中国学生会十龄纪念夏会记事》，《留美学生季报》1914年第1卷第4期，第74–75页。

图4–12　东美中国学生第十次年会全体摄影

资料来源：《东美中国学生第十次年会全体摄影》，《留美学生季报》1915年第2卷第1期，第1页。

四、1917年东美中国学生联合会第十三届夏季年会

1917年，东美中国学生会举行第十三届年会，本次会议举行地点为美国得岛州普城布朗大学，会期共八天，1917年7月30日会议开幕，于8月6日闭会，本次年会到会的留美学生共有206人。在该次年会中，成立了各专项讨论小组，详细讨论了国内的平民教育、地方教育以及留学教育，之后又提出一系列的报告议案，为了清楚详细地说明各讨论议案，表4-4列举了联合会所讨论的分主题情况。

表4-4　第十三次东美中国学生年会讨论议案报告一览①

一、平民教育组	1. 全美中国学生联合会应加入国内各团体以促进平民教育。
	2. 组织一委员会筹集经费。
	3. 请求拨庚子赔款作为平民教育之用。
二、地方教育组	1. 关于乡村同体，应有坚韧毅力方能组成。
	2. 关于乡村农业试验场、合作会社、乡团、乡村教育皆有讨论与议案。
三、留学生组	1. 先将在美之中国学生缺点指出，如省界不清洁、不合作、集会之施手段独立等。
	2. 讨论了缺点之程度与防治方法，次及已回国之留学生之事业与调查，皆有针砭。

资料来源：林荀：《东美中国学生年会第十三次年会记略》，《留美学生季报》1918年第5卷第1期，第162页。

本次留美学生夏季年会由布朗大学校长芳斯先生致欢迎词，之后按照惯例，分别进行中英文演讲、英文辩论、运动竞赛等项目。具体来看，在中文演讲中，留美生全绍武、刘树杞、李达分获一、二、三等奖，其演讲题目分别为“根本”“实业学生之准备”“民国之过去与未来”。英文演讲获奖题目则为“中国与世界民主”(China and World Democracy)，英文辩论题目为“中国应否借外债以兴工业”(Resolved China Should Borrow Money from Foreign Countries for Industrial Development)。其中，英文演讲则由留学生杨永清获一等奖，演讲题目为“中国应

① 林荀：《东美中国学生年会第十三次年会记略》，《留美学生季报》1918年第5卷第1期，第160页。

否用强迫军事教育”;英文辩论由耶鲁大学及普林斯顿大学分别组成正、反方,辩论结果为耶鲁大学获胜,其中正方代表有桂质廷、鲍明钤、陈立廷,反方代表有蔡正、余日宣、邓少萍。运动竞赛由麻省理工学院获第一名次,耶鲁大学获第二名次。[①]

五、1920年东美中国学生联合会第十六届夏季年会

1.本次会议概况及到会人员

留美中国学生会东美第十六届纪念年会于1920年9月2日至9月10日召开,会议地点为普林斯顿大学,本次留美中国学生会年会以普林斯顿大学的通儒院为会议场所,以神道院宿舍为留学生居住地。本次年会与会留学生人数为270余人,可谓是“留学生的空前盛会”。来宾有美国银行团代表士第文臣氏中国公使馆秘书魏文彬,及柏灵士顿教师梅亚等人。本次留美学生夏季年会的具体日程安排首先是纽约商人麦先尼进行演讲,题为“留学生对于发达中国国外贸易之责任”,麦先尼指出振兴中国实业有以下几种方式:

(一)凡制一品一物,总宜增加出额,以足供全国之需求为止;

(二)毋用外来物,为吾业重要原料;

(三)设研究部以考求吾业之缺点;

(四)用专门人才;

(五)修道路以利交通;

(六)固保衡;

(七)统一商语;

(八)统一币制;

(九)发达广告;

(十)组织消息机关。

其次,会议进行中英文演讲,清华留美学生谭唐演讲题为“归国留学生”,演说大意为“留学生为中国之福”,详陈归国留学生的弊端:

① 林荀:《东美中国学生年会第十三次年会记略》,《留美学生季报》1918年第5卷第1期,第160页。

(一)阶级之觉悟,留学生归国,自居于先知先觉之列,不顾与平民混杂,实行先觉先知之职任;

(二)身份之讲求,留学生自命斯文,不屑工作,遂与平民佣动社会隔绝。①

中文演说中,留学生雷国能得第一名,其演说题为“过激主义与中国”;英语演说中,留学生施济元获第一,演说题为“改造中国”(Modernising China);临时英语演说比赛中,留学生朱继圣获第一,题为“统一中国,调和南北”。本次会议按照惯例安排,进行了单人网球、双人网球、足球、棒球、篮球、女子田径、五十码赛跑等体育竞赛,年会会终则举行游戏、跳舞、会员选举。值得注意的是,本次年会安排了相关的学科分组讨论,以便相同学科背景的留学生更好地利用本次年会相聚的机会彼此交换意见、互通有无。具体的讨论会安排如表4-5所示:

表4-5　第十六次东美学生夏季年会讨论会安排

分组讨论	讨论主要议题
军政讨论	本组讨论议题: (一)人民心理上鄙轻军政; (二)中国从前无强邻大敌; (三)社会重文轻武; (四)宗教重祀先而不祀国,故人民先家而后国; (五)教育囿人于文; (六)中国政府向来无大国家政策,所有战争,大都私人之争; (七)军政不修,乏良教官。
银行商业讨论	朱炳炎演讲投资银行与商业银行之比较,朱继圣讨论拓殖“外蒙”之计划,朱君主张私人私营,而政府司监督之政策。本组讨论议题为: (一)银币及物价之关系; (二)近今交通之进步; (三)资本之元始。
社会学科讨论	本组论题主要讨论以下三方面议题: (一)政治学之研究; (二)医学与人类幸福之关系; (三)中国近代教育发达之程序。

① 刘树墉:《东美学生会第十六次年会记》,《留美学生季报》1920年第7卷第4期,第152页。

续表

分组讨论	讨论主要议题
科学社与工程学会	研究各种科学及工程上的问题
国防会	国防会讨论国内政治大问题，如裁兵及振奋海军等议题
禁酒会	禁酒会则本宗教之信仰，借鸦片前鉴

资料来源：刘树墉：《东美学生会第十六次年会记》，《留美学生季报》1920年第7卷第4期，第152-155页。

图4-13　东美留学生年会大会摄影

资料来源：《1920年东美留学生年会大会摄影》，《图画周刊》1920年12月19日，第4版。

2.年会通过决议议案

该次年会一共举行了三次联合会事务会，东美学生会会长报告了留学生会一年以来的会务成绩：

第一次：打一电报回中国学生联合会，以表爱国同情；派选周年会会长，及聚会地址。

第二次：通过修改学生宪法；关于增加会员一条及加添各地学生分会会长为联合会上院议员一条，皆否认；惟对于编辑学生会会友录一条，一致赞成。

第三次：研究宪法及选举各部职员，当场决议三款：

①派委员以调查伍君朝枢之捐款三百元之用途；

②防止美制酒家往中国经营；

③联合会会费改为每年美金三元。

选举之结果为：东支部部长凌其峻，副部长邝翠娥女士，英文书记蔡秀珠女士，中文书记李昂女士，会计何墨林。

六、1924年东美中国学生联合会第二十届夏季年会

留美中国学生联合会第二十届东部夏季年会于1924年在哈佛大学举行，到会学生有225人，哥伦比亚大学学生人数最多，康奈尔大学及麻省理工大学学生人数次之。会期自9月2日至9月9日，历时八天。留美学生平时散居各地，聚首不易，有此年会乃得联络感情、增进友谊，所留美学生为友邦人士所瞩目。而年会最初表示吾国学生之精神，故自创设至今，到会人数与年俱增。在本次会议中，费城商会会长柯总尔作了相关演讲，谓世界人心无不厌战，中美人民皆信仰和平必有胜利之一日。本次会议对中国内战发表各方观点，哈佛大学校长康福亦谓中国之军事化最为中国之不幸，若不设法制止内战，足以引起世界之纠纷最为可虑。瓦尔博士对此问题也进行演说，瓦尔博士年逾七旬，对于中国颇具热忱，其认为中国之隐患考其原因皆出于国人之无爱国心，而以教育界尤甚。博士之言，虽不免过甚，然国中优秀分子往往有以国家为无望而旁观者。①

七、1929年东美中国学生联合会第二十四届夏季年会

留美中国学生东部夏季第二十四次年会在1929年9月11日至9月18日召开，地点为美国马里兰州巴尔的摩市的约翰斯霍普金斯大学。此次留美学生东部夏季年会主要活动有名人讲演、公开讨论、辞令比赛、游览活动及各项运动等，主要以社交类活动为主，如举办跳舞会、游船活动等。在本次年会中，音乐会为最有趣的学生活动，受到联合会学生的热烈欢迎。在音乐会中，由中外音乐家依次献技演奏，演奏完毕掌声四起。另外，为了使留美学生在年会中畅游尽兴，本次年会还安排了两项游览活动，第一项是在9月12日组织全体留学生

①《留美中国学生联合会东部年会记——美人对于中国内战之论训》，《申报》1924年11月7日，第4版。

游览华盛顿，第二项是在9月14日游览安娜堡，赴会的留美学生均踊跃参与。[①]

八、1914年中美中国学生联合会第五届夏季年会

1.会议召开背景概况

中美中国学生夏季年会第五次会议举办于1914年8月7日至8月14日，举办地址为美国克利夫兰镇，会议由留美中国学生联合会中部分会主办，其学会年会举办的宗旨为“联络感情、交输智识、消异地客居之愁感，策文学技艺之进行，而于祖国学术之发达、政俗之改良……以求各抒其爱国、勤学、奋志、尚武之精神，而为将来返国建施之地步者也”。[②]会议举办地点为美国中部俄亥俄州东北部的克利夫兰镇，“虽地不适中，而莅会者乃百三十余人，中美各校，莫不有会员，以代表之，其中女会员亦居六分之一，衣冠济济，荟萃一堂，比较历次年会，岁推最盛，于此亦可以想见此次年会之特美矣”[③]。此前中美中国学生年会共举办了四次，此次中美中国学生第五次夏季年会，会期按照惯例仍为一星期，会后的年会纪要由本次中美学生分部的中文书记刘树杞执笔。

2.本次留美学生夏季年会的具体活动

按照惯例，本次会议主要安排有名人演讲、学生交际、运动竞赛、中英文辩论、中英文演讲等活动。具体来看，本次名人演讲的参与者有世界青年会总书记路易。路易“演辞之所及，对于世界学术之趋势、我国今日之情况，发阐尽致，令人神动”。体育竞赛项目有跳高、跳远、竞走、网球。芝加哥大学留美学生邓华贵、密歇根大学留美学生潘文焕获得冠军数最多。英文辩论题目为“中国当以武力立国”，威斯康星大学留学生邓宗瀛获最佳辩论员；中文辩论题目为“中国当改省为州”，留美生刘树杞被推选为最佳辩论员；英文演讲由密歇根大学留美生杨宽麟获冠军，题目为“弭兵”；中文演讲由留美生刘树杞获冠军，题目为

① 阴毓璋：《第二十四次留美学生东部年会纪事》，《清华副刊》1929年第9期，第14-17页。

② 刘树杞：《中美中国学生年会五度纪事》，《留美学生季报》1914年第1卷第4期，第79页。

③ 同上。

"中国学生年会之感言",密歇根大学留美生汤松君获亚军,题目为"今日之中国"。年会会终进行职员选举,其选举会长为密歇根大学杨宽麟,副会长为伊利诺伊大学林惠贞女士,英文书记为底特律大学司徒栋,中文书记为伊利诺伊大学刘树杞,会计为伊利诺伊大学王恭宽。[①] 本次中美学生夏季年会全体留学生合影,如图4-14所示:

图4-14　1914年第五届中美留学生夏季联合会

资料来源:Fifth Annual Conference of the Mid-West Section of the Alliance August 7-14,1914, *The Chinese Students' Monthly*, Sep.1914, pp.56-58.

九、1916年中美中国学生联合会第七届夏季年会

1.会议召开背景

1916年9月1日至9月7日,中美中国学生会第七次年会召开,召开地点在欧柏林,其年会举办的宗旨为"以修旧盟敦友谊也"。在本次年会之前,"学生会干事以是年会址未定,方往返磋商,会欧柏林大学校长具书邀请,于是会址遂定欧柏林者"。欧柏林是美国俄亥俄州克利夫兰(Cleveland)西南处53英里外的宁静城市,其地点以当地欧柏林大学而得名。此次中美学生第七次年会召开,欧柏林大学特地开放男女学生宿舍,用以招待从远方前来的留学生住宿,当年中文书记雷沛鸿就曾感叹"我男女会员各得以朝夕聚首、旧雨新知、欢洽无间,论者多叹此次会议之成绩,在年会历史上,得未曾有,未始非由此校之所助成也"。

① 刘树杞:《中美中国学生年会五度纪事》,《留美学生季报》1914年第1卷第4期,第79-82页。

1916年9月1日下午1时，中美会员陆续开始报到，各会员之来报名者络绎不绝，“干事诸君准备早已妥当、故宾至如归焉”。本次年会中“欧柏林学生实为东道主，主任短衣秃袖、奉凉水、奉点心、奉冰乳；奔走将事、争先恐后、外来之会友赴此厌厌之夜会，乐而忘倦，市中来宾亦颇而称欢主人之能服劳也”。其会后的年会纪事由留美中国学生中文书记雷沛鸿执笔。

2.本次留美学生夏季年会的具体活动

按照年会惯例，本次留美学生夏季年会的具体活动有会议欢迎式、中英文演讲、英文辩论、网球竞赛等。在会议演说中，留美生雷沛鸿及俞希稷分别进行题为《我辈留学欧美之目的》《中国家族制度之害》的中文演讲，分获冠、亚军；英文演讲分别由德文教授穆时（Prof.Mosher）带来题为《学者之责任》的演讲，生物学教授麦加夫（Porf.M.M.Metcalf）带来题为《科学与现代文明》的演讲，哲学教授来民（Prof.Lyman）带来题为《何者为基督教之生活力》的演讲。留学生蒋廷黻演讲题目《真少年中国》，获冠军。林荣贵演讲题目《国防准备之问题》，获亚军。另外，本次年会还安排了学生登高活动、网球竞赛以及晚宴聚会。年会会终进行职员选举事宜，该次年会推选出会长杨锦魁，副会长陈兰生，英文书记蒋廷黻，中文书记雷沛鸿，会计俞希稷。此外，《留美中国学生月报》《留美学生季报》职员都依次在会议中选举。①

3.欧柏林大学留美学生工读会

本次会议举行地点为欧柏林城，欧柏林大学为留美学生工读会创立地点，因此本次夏季年会受到该校留美学生工读会的大力支持。早前美国对留美中国学生就学与生活通过重重条令进行管理，在入境、就学、作工等方面的管理较为严苛。如留学生入境时，对留学生做“凡外国留美学生于其入境时，移民局若认为‘可疑’时，得令向之索取保证金五百元乃准入境”（后调整为“来美之外国学生，于其入境时，当地移民局有权索取保证金一百五十元，以保证其在美时维持其学生地位及读书毕业离美）、“凡外国学生课余不准作工得资以自给”、“作工与学生身份不相能”、“留学生须预先声明留学年限，期满不论学业是否完毕，

① 雷沛鸿：《中美中国学生会年会纪事》，《留美学生季报》1917年第4卷第1期，第109-115页。

一概须离境，否则将保证金全款没收”等规定，而美国学生留学其他国家，其所受到的待遇往往优于其本国学生，外国学生留学美国，却反而受到种种苛刻的限制。针对类似的条令，各国人士大多指摘美国相关人士的狭隘心态，即便是美国部分民众也多认为美国劳工部所颁布的对于赴美留学学生的政策之不当，尤其是哥伦比亚大学以及其他各类美国大学校长或管理人士大多认为美国颁布的此类法令有辱国体、贻笑友邦。中国教育当局获知留美学生的相关遭遇，也根据国际文化合作及平等互惠的原则，向美国提出相关抗议。此后，美国相关当局对留美学生的管理稍有松绑，特别是在留学生作工方面，此前规定为“凡外国学生，课余不准作工得资以自给”，后经修订为“凡留学生足以自给者，不得作工，惟有得学校当局之许可者，可于不妨碍学业之范围内，准许其作工之时间”。

此后，1914年8月15日由中国留美学生在美国欧柏林设立“俭学会”，1916年后改名“留美中国学生工读会”。所谓“留美中国学生工读会”是欧柏林的一个勤工俭学之团体，其会员大多为家境贫寒的中国学生，为求生计并图自强笃信半作工半读书的理念，这部分学生在俭学会的领导之下推广国民教育之善法，身体力行、孜孜不倦，以求教育的易于普及。其“半作工半读书”的方式主要有三类：假期作工求学、课余作工求学、假期与课余同时作工求学。首先，假期作工的学生大多因为平时课业繁重无暇兼顾而只能在假期谋得一份工作以辅求学之资，在假期工作的学生所获酬劳从一二百元至五六百元不等。工作大多在铁路局、电报局或各类公司，也有在美国乡村服务农事的，诸如摘水果、制牛奶，甚至有做洗衣工等。课余作工的学生主要利用课余时间在学校附近商店及餐馆谋得兼职。在餐馆中的工作大致分为三等：第一等工作为侍者，主要工作是捧灯托羹，工作之后店主酬以一餐及工值，还皆有少许小费；第二等工作为洗碗工，也可得到一餐饭食及工值作为酬劳；第三等工作为拍地毯，此类工作微微辛劳，非不得已不敢轻易尝试。[①]除此之外，还有的留学生在校外药店或是为私宅主人作学生家教的，或是通过教授的介绍在工厂实习，其收入虽稍逊于假期作工的学生，但一方面可以获得实地工作经验，另一方面可以获得些许报酬以

① 维廉：《留美学生之生活》，《新闻报》1927年7月2日，第3版。

维持留学生活。假期与课余同时做工的学生则主要在所在学校及其他美国私立学校同时兼职，诸如从事扫地、擦窗、摘菜、洗碗、打钟、摇铃、栽花、割草等工作。[①]

早在1914年前，全美中国留学生为二千余人，期间“以工佐读”的学生不少，但尚未结社，之后欧柏林大学创设“留美中国学生工读会”，其宗旨最初定位为“修学与作工”故名为“欧柏林留学生工读会”，为了详尽地说明“欧柏林留美学生工读会”设立的宗旨，可从1917年留学生公布的《留美中国学生工读会简章》中对留美中国学生工读会属性的规定中得到较为详尽的了解，“工读会”谓：

> 有资者出财；无资者执役。通工易事，合力共作，以助来者之进德修业也，要之，提倡勤苦力学之风，是为本会之职志……欧柏林大学之铭曰：“修学与作工”，本会即本此语而定其名称曰工读会。同人等希望勤苦力学之风，遍播于海外。则留学外国者，将不限于富家之儿女，亦不限于受工费之学生，故声气应求，及于全美。同人等又希望勤苦力学之风遍播于海内，则茅屋数椽，荒地白顷，在中国且可得千数百区，且将有千数百大学于吾国，故嘤鸣求友，及于海内。并世贤达，倘不弃之而赐之教诲乎，则同人之所欣慕而愿为执鞭者也。[②]

自1914年“留美中国学生工读会”成立以来，到本次1916年举办的中美中国学生夏季年会仅仅两年时间，全美工读会的成员数量已经有较大的增长，会员也散布至及于东西美，可谓形成了较大范围的影响。由于学生分会无具体固定的会址，于是将工读会会址设于欧柏林。随着欧柏林大学留美中国学生工读会进一步发展，该会对会员要求随之更为严格，如生活要简朴、学习要刻苦，不吸烟、不喝酒，且需要具有较为高尚的道德情操，[③]因此该工读会的风气也较为积极向上，较为激励会员学生立志奋发，加之学会在一定程度上能够解决赴美留学生的经济问题，因而所吸纳的成员越来越多。在本次中美留学生联会第七届夏季年会中，欧柏林有中国留学生二十六人，其中就有很大一半是属于留美工读会的会员。

---

① 张承樒：《作工学生》，《留美学生季报》1916年第3卷第4期，第177-179页。

②《留美中国学生工读会简章》，《东方杂志》1917年第14第4期，第191-192页。

③ 李喜所：《近代留学生与中外文化》，天津教育出版社，2006，第256页。

4.本次会议特色

本次会议到会之会员共有八十四人，除甘肃、贵州、云南、山东外都有学生与会，多少不等。以学校而论，列席的学生来自三十二所学校，当中以欧柏林大学来的学生最多。此前东美西美各地年会均没有自设膳室，这一次年会首开先列自设膳室，留美学生在欧柏林市民的援助之下，膳食自行筹办，这得益于会长俞希稷先生的悉心组织，同时又得益于欧柏林大学的留美中国学生的组织，欧柏林大学的留美中国学生安排会议膳食事务，奔走侍奉饮食，可见本次联合会年会特色之所在。其他的中国学生联合会如檀香山的会议，留美学生也都亲自安排膳食事务，这无疑体现了学生会通力合作的美德。当然，留美学生通力合作的精神不仅仅体现在为会议准备膳食之上，还体现在本次年会大大小小的事务之上，联合会各职员均能视本次年会事为己务，恰恰是留学生们充分参与年会的组织、筹备及活动中，充分体现其行使联合会主人的权利，这也是本次联合会年会之所以成功的原因。本次中美学生夏季年会全体留学生合影，如图4-15。

图4-15　1916年第七届中美留学生夏季联合会年会合影(2)

资料来源：雷沛鸿：《中美中国学生会年会纪事》，《留美学生季报》1917年第4卷第1期，第109-115页。

十、1918年中美中国学生联合会第九届夏季年会

1.会议召开背景

中部中国留学生第九次年会在1918年8月31日至9月6日举行，举办地点

为美国芝加哥市伊利诺伊大学。芝加哥市为美国第二大市,市内道路整洁、建筑风雅,“阴以古木、夭矮横空。广厦之前,则间有磐石蹲立,或则植花烂漫,尘嚣都绝”。由于伊利诺伊大学现任校长的热情接待,该次会议才得以成行。该年度,在伊利诺伊大学就读的中国学生已超过四十人,其学生人数为中美各大学之冠。据统计本次中部留学生夏季年会到会人数共计108人,留学生来自美国31所学校,男生居住在Delta Tan Delta, Beta Theta Pi宿舍,女生居住在女子青年会所。

2.会议主要日程安排

本次中部中国留美学生联合会夏季年会的具体日程安排有中英文演讲、中英文辩论、田径运动比赛、戏剧表演、议事会及游泳、篮球、足球、网球竞赛。具体来看,中文演讲者有留美生庄泽宣、余箕传,其演讲题目分别为《职业教育》《道德真谛》。范源廉先生演讲题目是《时局之观察》,大意为“国内纠纷之现状,乃自闭关自守之国度进而为世界的国度所必经之阶段。前途安危,当视人民能否为颠危所激,与时势俱进”;英文演讲有伊里诺大学教授牛焕(Prof.F.H. Nwewll),演讲题目为《中华青年之职员》,由威斯康星大学施济元夺冠,其演讲题目《中美移民问题》。中文辩论辩题为“人才教育较普通教育在中国今日为尤急”,正方为芝加哥大学辩论队,反方为伊利诺伊大学辩论队;英文辩论辩题为“创办实业较添设军队于中国今日为尤急”,正方为伊利诺伊大学,反方为威斯康星大学。田径比赛由威斯康星大学留学生薛学海、芝加哥大学留学生郑华贵获得冠军,游泳竞赛由伊利诺伊大学留美生何志虔、华盛顿大学曹懋德获得冠军,篮球及足球比赛结果均为留美中国学生联合会篮球队胜伊利诺伊大学中国学生篮球队,网球竞赛由华盛顿大学留美学生曹懋德获个人奖。其余活动安排有留美生邬志坚带领全体联合会留学生讨论基督教义,以及晚间宴会。本次年会组织了留美学生教育分会的相关讨论,留美学生庄泽宣及邬志坚被推举为留美学生教育会暂时职员。本年度议事会也同时汇报了上一年度会务,由书记周明衡报告一年中经过事项,后由会长苏鉴君宣读评议部所提出关于联会章程应修正条件数项。该次年会选举会长为周明衡、副会长为薛学海(威斯康星大学)、中文书记为李昂女士、会计为梁平(伊利诺大学),其余评议员及月报职员均依次选出。[①]

本次中美学生第九次夏季年会全体留学生合影，如图4-16所示：

图4-16 1918年中美中国学生联合会第九届夏令年会全体摄影

资料来源：《民国七年中美中国学生夏令年会全体摄影》，《留美学生季报》1918年第5卷第4期，第1页。

十一、1919年中美中国学生联合会第十届夏季年会

1.会议召开背景

1919年9月1日至9月10日，留美中国学会召开第十届夏季年会，本次年会在俄亥俄州立大学举行，该大学位于科仑巴斯城(Columbus)，"其地宏丽优美、规模整洁，尤以大学附近为最幽闲雅静，城中各种事业，各种组织，最为全省之中心点"。该大学的"膳宿集会游戏运动等等设置，配备极其完善"。本次夏季年会到会留学生有130多名，具体来说，则是男生120多名，女生12名，这130多名留美学生均来自于美国中部地区的33所院校。本次年会会期共10日，其会议举办的宗旨为"聚国外之同学，讨论祖国时事、研究东西文明"。该次年会是在前任会长周明衡、主席凌其峻的主持下进行的。年会会议结束，通过年度联合会职员选举结果，其名单如下：

会长韦懿 S.K.Wei(Chairman)

副会长麦佐衡 T.H.Mai(Vice Chairman)

---

① 李昂：《中部中国留学生第九次夏令年会记事》，《留美学生季报》1919年第6卷第1期，第220-227页。

会计李藻鉴T.C.Li(Treasurer)

英文书记李应林Y.L.Lee(English Secretary)

中文书记高宝寿P.S.Kao (Chinese Secretary)

另外,本次年会会务议事会通过相关讨论议案:

(一)报告学生联合会与中部学生会办事人员所议定计划;

(二)承认学生联合会章程的修正;

(三)解释学生联合会与中部学生会办事组织法。

2.年会主要日程安排

本次会议恰逢欧战告终,在此特殊时刻,留美学生认为“我国情形日趋危殆,国内同学因山东问题,咸起奔走呼号,冀有以唤醒国民,挽回权利”。因此本次中美学生年会讨论主题均与山东问题有关,参会的留美学生均纷纷表示“闻风努力、益原为国服务,以尽求学时代在国外之精神”。本次留美学生年会留学生参与热忱创历史上空前之最。留美学生或是通过中、英文演讲,或是通过英语演剧的方式,纷纷表达着对山东问题的热切关注。按照历年年会惯例,本次中部中国留美学生夏季年会的具体日程安排有中英文演讲、辩论、体育竞赛。具体来说,英文演讲由俄亥俄州立大学校长菲飞先生担任主讲人,其主题关于日本与中国问题及中国现时政治上的问题,菲飞校长演说砥砺“国内同学的爱国热忱促进我辈在国外诸同学,应一致服务国家”;中文演讲主要关于加瑞学校组织法讲演(Gary School System)的主题。中文辩论题目为“各省省道县行政长官应由地方选举”,芝加哥大学获胜,其中文演说得胜者为高宝寿,题目为“中国今后人人应持之主义”。英文辩论题目为“中国宜采用总统制抑或宜采用内阁制”,得胜者为威斯康星大学。留美生W.K.Chang、曹懋德、P.S.Liang、Henry Chung、C.K.Ho.分别获得运动竞赛网球、游泳、篮球奖。

值得注意的是,本次年会召开的时机恰是国内面对“山东问题”这一危难时刻,联合会的学生于是利用年会之机通过戏剧表演的方式表达着对这一事态的严峻关注。本次联合会的留学生于会期的9月5日、6日在俄亥俄州立大学的大礼堂上演了一幕名为《东方明矣》(*Return/Rainbow*)的话剧,全剧用英文进行表演。该剧共分为三幕:

第一幕为1917年夏季中国未对德国宣战之前，向观众表达了三个要点：(1)中国因为美国的宣战而宣战；(2)主张宣战的人有自图利益的政客，也有喜险用诈的外交家，但大多数人都是热爱世界和平的；(3)剧中的主人公名叫"刘绅"，留学生将其塑造为一个心怀祖国的肩负使命的青年，其所主张的"民治主义战胜中国，或可不亡于日本耳"的价值选择，跃然于舞台。

第二幕为1918年冬大战停后，这一幕向观众传达了几个要点：(1)欧战中，中国非无功，而是牺牲最大的国家；(2)70万华工赴法；(3)华工于1918年春夏战死西欧者不少；(4)战胜后，全国深信世界大同即在眼前，不料"协约"却令国人大失所望。

第三幕为1919年"巴黎和会"以青岛赠日本后国内的情形，这一幕向观众表达了以下几个重要意见：(1)国人对"山东问题"群情激愤，其中主要有两派心理，一派为悲观主义者，主张不用日货并破坏生产日货厂商，一派主张对日作战，认为"同一亡国，不如亡在日本之手"；(2)中国应谋自强，不应依赖友邦，今日和谈结果虽令人失望，但并非无望，所谓"有英雄无所谓悲剧"(To the hero, there is no tragedy)。

留学生扮演者具有感染力的演出引发了全体留学生激扬的爱国情感，该次话剧演出受到年会学生的一致称赞。当年度同时期，西美中国留学生也在加州伯克利举行第十八次夏季年会，年会中所举行的中文演讲竞赛参赛留学生纷纷对"山东问题"进行演说，共五名留学生参赛，留学生朱焕君所演讲论题《抵制日货如何能坚持耐久?》获得演讲二等奖。此后，抵制日货这一轰轰烈烈的活动也得到了诸如中国少年会、妇女协进会的一致支持，尤其是华侨团体对于抵制运动，尤为热衷——这种对民族斗争的热忱，有助于摒弃我国培育守株待兔被动形式的国民民族精神。为了进一步丰富本次年会的活动形式，也以便留学生更好地认识美国的国情，本次年会还安排了留学生参观工厂，入钢铁制造厂、报馆一所、州监狱一所及疯人院一所进行参观。[①]

① 高宝寿：《中部中国学生夏令年会记事》，《留美学生季报》1920年第7卷第1期，第199-205页。在1920年第7卷第1期《留美学生季报》中也刊登了名为《东方明兮》一文，在此文中将"东方明"译作"Rainbow"，文章作者洪深对本次夏季年会学生话剧的具体内容进行了详细报道。剧名为Rainbow取意为"彩虹"，意指"风雨已过，不久必可见青天白日"。洪深：《东方明兮(Rainbow)》，《留美学生季报》1920年第7卷第1期，第209-215页。

本次年会留学生全体合影及留学生话剧《东方明矣》演出者的合影，如图4-17、图4-18、图4-19。

图4-17　第十届中美留学生夏季年会摄影

资料来源：《民国八年中美学生夏令会摄影》，《留美学生季报》1920年第7卷第1期，第1页。

图4-18　第十届中美留学生夏季年会学生演剧合影

资料来源：《留美学生会(中美部)第十次夏令会学生演剧<东方明矣>在俄亥俄州立大学大礼堂举行》，《留美学生季报》1920年第7卷第1期，第2页。

图4-19　1920年中国留美学生夏令会

资料来源:《1920年中国留美学生夏令会》,《青年进步》1920年第37期,第1页。

十二、1925年中美中国学生联合会第十六届夏季年会

1.年会召开的背景

1925年中部留美学生举行年会。该次会议举办时间为9月4日至9月11日,举办地点为位于印第安纳州西拉法叶市(West Lafayette)的普渡大学。为了扩大本次联合会夏季年会在留学生群体中的宣传,会议举办之前由会议负责人发出通告书多份,邀请同学到会。 该年刚好是上海爱国运动风潮扩大的关键时刻,英捕残杀中国国内同胞,为了应对这一事务,留美学生在该年的7月初召集特别代表会,讨论应对方法。不过由于特别代表会时间短促,留学生对于抵抗帝国主义应采取之态度及详细办法,并没能完全议出,于是趁本次普渡大学夏季年会的机会,补议之前特别代表会中未讨论完成的议题,于是本次年会议题则定为《国家主义于中国》。历年吸引同学到会的方法,多以娱乐为“饵”,本

次普渡大学的留学生夏季年会则另辟蹊径，在开会两星期前，讨论组发出通告，请同学们到会，专议国家问题。据统计，本次年会赴会学生约120余名，足见留美学生对国事的重视程度。开会之第一日，在年会主席及留美学生会主席演说中，就请同学改变旧日态度，减少娱乐时间，以从事于国事讨论。本次年会还刊发会议日报，在"日刊第一日社论中，且明言到会会员如有志在娱乐者，尽可退出年会。本年年会之重视国事，于此可见"[①]。

2.本次年会主要日程安排

按照惯例，本次中部中国留美学生夏季年会的具体日程安排有主题演讲、运动竞技及音乐比赛。由于当前国家情势危机，本次年会以主题讨论为主，如前所述年会讨论主题为"国家主义于中国"，共分为四个小组，主题分别为"中华民国之国家主义""列强对华政治的侵略""列强对华经济的侵略""国家主义之实施"，每一组均安排一位留学生做主题演讲，同时辅以组内成员的相互讨论及意见交换。除此之外，本次会议还安排了专门职业组进行小组讨论，由留美学生陈广沅君主讲，题为《发展全国铁路计划》。表4-6详列本次小组讨论的相关内容及小组议题：

表4-6 "国家主义于中国"分小组讨论议题

会议安排	参与人及会议活动
第一组议题 《中华民国之国家主义》	由清华留美生罗隆基主讲。演讲主题叙述近代史上国家主义与帝国主义的激战，结论提出国家主义为抵抗帝国主义唯一而有力之利器，以证明今日之中国非采取国家主义，不足以图存，"中国人应采之国家主义，乃中国人对中国之国家主义也"。由此以推，而得下列定义："中华人民谋中华政治的自由发展，中华经济的自由抉择，中华文化的自由演进。根据此种定义之中华民国国家主义，得邀全体一致之赞成而通过于年会，固意中事也。"

① 张忠绂：《中部留美学生年会报告》，《留美学生季报》1926年第11卷第1期，第159-162页。

续表

会议安排	参与人及会议活动
第二组议题 《列强对华政治的侵略》	由留美生时昭瀛主讲。演讲历举八十年来中国国权与政治上之损失，国家国权应对以下六个方面条款进行撤销： （一）国防上一切限制； （二）北京公使馆区域制； （三）驻屯军队及警察权； （四）一切势力范围； （五）领事裁判权； （六）关于西藏、蒙古条约。 关于应当收回的国权条款有三条： （一）一切已失去的领土； （二）一切已失去的租借； （三）一切已失去的租借地。 应恢复的应为以前中国之藩属皆恢复为自主的国家。最终通过议案如下： （一）八十年来列强在华因政治侵略政策所得之权利：其无条约根据者，应立即撤销；其有条约根据者，应另订双方同意的平等条约以代之。 （二）年会同人誓尽量牺牲以求上述原则之实现。 （三）上海案件，留美学生誓为后盾，以求得公允之解决，并认此次案件系政治的，非法律手续一端可解决。
第三组议题 《列强对华经济的侵略》	由留美生何浩若主讲，题目为《列强对华经济的侵略》。其演讲认定经济侵略是帝国主义的主要原动力，订立不平等条约是达到经济侵略的手段，然后历述华人在此种经济政策下所受之损失，经济侵略是中国一切内乱的根源。最终，通过下列各议决案： （一）收回关税自主权； （二）厉行禁止并取缔外国人在中国内地设立工厂； （三）收回外国人所取得的内河航行权； （四）撤销一切势力范围之规定； （五）收回由不平等条约所损失的经济权； （六）留美学生返国后，誓不充当洋行买办技师职员等，以免于无形中作列强对华经济侵略的前锋。

续表

会议安排	参与人及会议活动
第四组议题 《国家主义之实施》	由翟桓主讲。其演讲大意为要使中国受国家主义化，必须先使中国人民知国家之意义，知一己与国家之关系，推行国家主义之方法，不外二种： （一）大规模的宣传； （二）实行国家主义化的教育。"非谓列强对华帝国主义之侵略，择其要者言之耳：政治与经济，实为立国之命脉，列强侵略之重点在此，吾人所力图恢复者，重点自亦在此。"
专门职业讨论组	由留美学生陈广沅主讲，题目为《发展全国铁路计划》。

资料来源：张忠绂：《中部留美学生年会报告》，《留美学生季报》1926年第11卷第1期，第159-162页。

2.年会通过决议议案

本次会议最终通过留美学生会务的讨论，最终通过下列决议案：

（一）留美学生愿尽力帮助并加入此次（五卅）爱国运动；

（二）中国应即以国家主义为全国教育政策之方针；

（三）留美学生应各在其职业范围内，谋国家主义之实施；

（四）在美之中国学生全数为留美学生会会员；

（五）留美学生会评议会重行改组，使代表与人数呈较均之比例；

（六）常年会费改为一元；

（七）会员应有建议、表决及撤退职员之权。

本次年会与会会员还针对"从何处入手，采用何种方式救济中国之贫弱现状"议题进行分组讨论，讨论共为四个议题小组，分别为经济、实业、政治、教育，据本次年会报告可见，本届中部年会有三个特点：其一，是会议职员办事的认真态度，值得褒奖。会议职员如招待部部长严之卫、会议讨论组组长何浩若、学生会会长刘恩华、副会长魏育贤办事态度认真，会务准备尤为妥当。其二是所在地（普渡大学）中国学生会会员对会务的热心；其三，是到会会员对国家情形的重视程度可见一斑，留学生们在会议上纷纷建言献策讨论国家问题、寻求救国方案。

第五章 留美中国学生联合会的事业

“留美中国学生联合会”自成立以来就开始着手于会务事业，作为近代历史上最大、参与留学生数最多、影响范围最广的留学生联合社团，为了稳定自身的会务发展，联合会开展了一系列的工作。一方面联合会为在美留学生提供相互沟通的平台，创办了社团报刊；另一方面，“留美中国学生联合会”作为一个在空间上深具开放性的社团，为了完成自身的会务发展需要，和外界保持着多样化的交往方式，自然也先后与各类专业社团、各类学会、学生会保持着沟通合作。这些社团相互之间的砥砺合作也有力地推动了在美留学生与国内、国际学生的交往。

第一节　创办留美中国学生联合会会刊

“留美中国学生联合会”自1911年各部相互联合之日起，所开展的一系列具体的学生事务活动中，很重要的一项就是会刊的编辑与出版事情。这项工作的顺利完成，既是留美生彼此之间交流的重要契机，也为不同的理念相互碰撞创设了重要平台。更重要的是，联合会会刊的编辑与出版，既是联合会进行扩大自身社团影响力的方法，也是增强会员之间凝聚力的重要途径。当然，联合会所创办的这些期刊，为更充分地研究留美中国学生联合会的发展进程以及联合会会员的思想走向，提供了珍贵又详尽的资料，尤其是这些刊物中会员们写的大量文章、对时事的各类评论，无不真诚地表达着联合会学员的理想和追求。刊物中留美生们对人生、对国家、对社会的思考，以及对联合会组织与活动的设想寄予希望的各种内容，都是研究“留美中国学生联合会”的历史和思想、理论上的发展演化最为丰富、珍贵的资料。

具体说来，联合会所创办的相关会刊主要有四份，这四份联合会的会刊分别是：《留美中国学生月报》(*The Chinese Students' Monthly*)、《留美学生季报》(*The Quarterly Report of Chinese Students in U.S.A*)以及《留美学生通讯录》(*The Chinese Students' Directory*)、《留美同学录》(*Who is Who of the Chinese Students in America*)。从类型上看，这四份刊物主要分为三类：英文月刊类、中文季报类、会员联络类。这些联合会所创办的刊物可谓“笔墨不虚掷”，在国内新思潮汹涌之际，对于传播一系列西方的新思想起到了重要的作用。留美学生对于这项编辑工作认真负责，刊物内容丰富，使联合会创办的这一类刊物在学生群体中广泛传阅。这一点正如潘光旦对留学生肩负起这项任务能力的肯定：“动笔的人不在学院作研究，即在工厂求实验，决不至于鱼肉读者求知的苦心。”[①]在刊物的创办初期，联合会也针对会刊的办刊宗旨与刊物内容作了讨论，按照留美联合会的创刊主旨，会刊的主要功能在于两个方面：一方面，会刊作为联合会的附属刊物为留美学生联合会的运行进行服务；另一方面在于为全体留美学生提供意见交换的平台。[②]为了更加清楚地呈现留美中国学生联合会所创办这几份刊物的具体情况，可参见区克明在《留美中国学生会小史》中对留美中国学生联合会会刊所进行的详细描述：

> 学生散处各方，声气不易贯通，故有月报之刊；月出一期。除夏季三月不刊外。全年九册(此处史料记载有误，应为月出一期，除夏季七月至十月休刊共四册，全年共八册)，全用英文。其内容有论说，有时评，有新闻，有布告。从前定阅与否，不相勉强，但自千九十三起，加收会费。凡系会员，均按月得报，不必另交报费。此外尚有季报，一年四册，用汉文发刊，仿杂志体例，其宗旨在使国人略知留美学界情形及美国之社会风俗；盖即前时之年报改组，自千九十四年发刊以来，三年于

① 潘光旦：《今后之季报与留美学生》，《留美学生季报》1926年第11卷第1期，第4页。

② The Functions of the Monthly, *The Chinese Students' Monthly*, November, 1908, p.2.

兹矣。[①]

以下分别对联合会所创办的这四份刊物进行具体的检视。

一、《留美中国学生月报》(*The Chinese Students' Monthly*)

《留美中国学生月报》(以下简称《月报》)创刊于1905年，刊物一直创办至1931年，采用英文为刊发语言，《月报》实际上一年只出八期，即从上一年度的11月份到次年6月份，而每年暑假从7月份到10月份则休刊，一年中休刊四个月。尽管《月报》出刊周期不到30年，刊期数量也并不充足，但是从总体来看，《月报》作为留美生在美国创办的一份最为重要的学生英文刊物，每期刊物作者的撰写、编辑部的编辑、发行部的发行工作可谓尽心尽责。《月报》当中的文稿一经刊出必然是引起海内外众多学子的极大关注，因此《月报》曾被评为"在美国最值得订阅的留学生报刊"。[②]绝大部分的留学生对《月报》均持有正面的肯定，甚至有留学生认为留学界的进步中最值得称颂的就是《月报》的编辑与出版。他们认为《月报》的出版与发行和国家学术的发达息息相关，《月报》无疑在其中起着枢纽的作用："近年来，吾华结社之风，大盛于海内外，诚国民进步之特征也，惟所结之社，多为行事计者，其为学术计者，则绝无仅有。……留学界中始增此最切要最文明之事业，至足乐也……以为会中枢纽，并为输学术于祖国之地步云。"[③]

《月报》所刊登的文章，主要是围绕着留学生最关心的"国家主题"进行一系列的讨论，并以介绍美国新知识等相关文章作为其他资料的辅助。《月报》每期除了留学生对自己祖国的论述之外，还将美国各大媒体中所刊登的各类中国问题进行汇编，例如近期美国出版的关于中国出版的书籍、文章、书评，甚至是会务财务报告或是联合会捐款报告。这些材料以供留学生从当地视角更好地检视关乎国家的一系列问题。[④]《月报》上还专门开辟有国内新闻专栏，以便对重

① 区克明:《留美中国学生会小史》,《留美学生季报》1917年第4卷第3期,第71-72页。

② The Chinese Students' Christian Association in North America, *Christian China*, New York, Mar, 1920.p.274.

③《留美学界之近事》,《教育杂志》1911年第3卷第5期,第42页。

④ Recent Literature on China, *The Chinese Students' Monthly*, Mar, 1918, pp.289-292.

要事件做及时的报道和分析，这也是留美生与国内家人和朋友通信的重要渠道，它不但使学生们获得信息，也让他们对国内的政治社会氛围和民情有所知晓。除了在美的读者，《月报》的受众群体也包括国内读者。1914年起，《月报》发行的广告在《申报》上刊登，并在国内设有15个发行点，这15个发行点中有5个在上海，3个在北京，2个在天津，其余的发行点均分布在中国其他城市，由此可见《月报》发行的覆盖面之广。此后，《月报》的发行区域逐渐辐射到欧洲地区，其刊物代理发行点除了聚集在中国，还包括世界上其他主要城市，诸如巴黎、利物浦等。之后由于国内斗争延伸到美国，彼时国内政局的动荡，中国留美学生组织在历经左右两派之间的对峙之后逐渐崩溃瓦解，同时由于联合会经费的紧绌，使得《月报》已无法“在夹缝中求生存”，联合会无奈不得不做出将《留美中国学生月报》停办的决定。图5-1至图5-6分别为1911年、1913年、1918年、1919年、1922年的《留美中国学生月报》封面。

图5-1　1911年《留美中国学生月报》封面

资料来源：The Chinese Students' Alliance: *The Chinese Students' Monthly*, March, 1911.

图5-2　1913年《留美中国学生月报》封面

资料来源：The Chinese Students' Alliance: *The Chinese Students' Monthly*, April, 1913.

图5-3 1918年《中国留美学生月报》封面

资料来源：The Chinese Students' Alliance: *The Chinese Students' Monthly*, April, 1918.

图5-4 1918年11月《中国留美学生月报》封面

资料来源：The Chinese Students' Alliance: *The Chinese Students' Monthly*, Nov , 1918.

图5-5 1919年《留美中国学生月报》封面

资料来源：The Chinese Students' Alliance: *The Chinese Students' Monthly*, Nov, 1919.

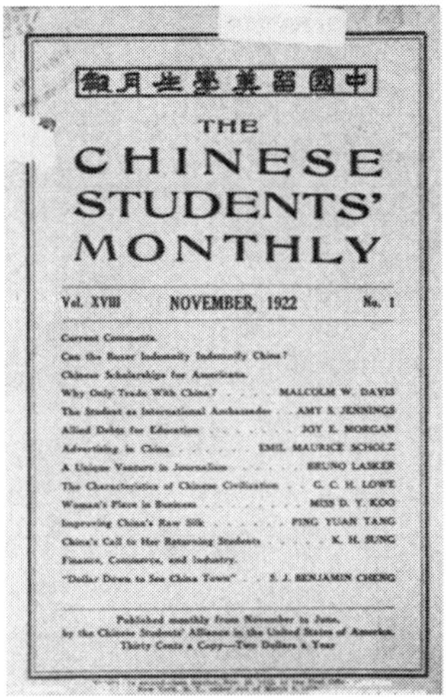

图5-6 1922年《留美中国学生月报》封面

资料来源：The Chinese Students' Alliance: *The Chinese Students' Monthly*, Nov , 1922.

为了清楚地说明《月报》的具体内容，特以表5-1进行说明，表5-1为《留美中国学生月报》每期大致的栏目内容。由此可见,《留美中国学生月报》内容设置丰富多样,兼顾了在美留学生所关注的方方面面。《月报》每期以“社论(Editorials)”为主打栏目,之后集萃国内及国外重要新闻广而告之(Home News / World Progress),随后则是数篇“本期专稿(Contributed Articles)”,这也是每一期的精粹核心所在,这些专稿往往是来自大家手笔或是出自美国学者之手,也因此具有较高的学术性及可读性。另外《月报》还设置了“学生世界(学园)(Student World)”“才智与幽默(Wit and Humor)”“会务信息(Club News)”“会员信息(Personal News)”等栏目,用以方便会员之间的相互沟通,同时活跃群体氛围以创设一个融洽友爱的学生社团。最重要的是,《月报》还开设了“书评(Book Review)”栏目,及时地向在美留学生们介绍彼时最新出版的、最权威的、最受关注的学术著作。

表5-1 《留美中国学生月报》每期内容栏目

(1)Editorials
(2)Home News
(3)World Progress
(4)Contributed Articles
(5)Student World
(6)Communication
(7)Wit and Humor
(8)Club News
(9)Personal News
(10)Book Review

二、《留美学生季报》(*The Quarterly Report of Chinese Students in U.S.A*)

《留美学生季报》创刊于1911年7月,初创时期为年报的性质,采用中文进行编纂,并将其定名为《留美学生年报》。《留美学生年报》一共在1911年、1913

年、1914年出版了三期,《留美学生年报》第一期的编辑为留美中国学生会,印刷者为美国哥伦比亚大学、上海中国图书公司,1914年1月起改由金山中西时报印刷,由上海中华书局发行。《留美学生年报》于1914年3月更名为《留美学生季报》(下文简称《季报》)并由上海中华书局印行,1917年后改由国内商务印书馆印行。《季报》顾名思义,为季刊性质,一年之中分为春季、夏季、秋季和冬季四季。由于《季报》所记载的是关于全体留美学生留学的情状的,因此《季报》只面向全体留美学生征稿。为了规范《季报》稿件的选取过程,留美学生联合会编辑部在1928年第13卷第1期的《季报》"卷头语"上发布了《〈留美学生季报〉投稿简章》(以下简称《简章》),《简章》中对稿件选取作出了明确的规定。1928年《留美学生季报》投稿简章内容如下:

(一)非留美学生投来之稿件,一概不收。

(二)来稿须未经别处登载者。

(三)稿件用国语文言均可,但一律用新式标点。

(四)本报编辑部有润色来稿文字之权,如作者不愿他人润色者,请先声明。

(五)凡属不登载之稿件,除声明外,概不退还。

(六)来稿请用打字机纸(11英寸×8英寸半),间成十六行,每行四十格,缮写时行列自右至左。

(七)文责自负。

《季报》创办的费用是由联合会进行拨款,之后《季报》再将成刊分发至各留学生处,由于所拨款项与分发人数较难成正比,因此联合会所拨款项也往往使《季报》编辑部入不敷出。就1918年来看,联合会会计处向《季报》全年拨款共计美金三百一十七元九角,而每期分送学生会会员册数大多在六百册以上,此处考虑到会员缴纳的会费,假设会员每名缴纳季报费美金四角(由东中西三部会计代收),则季报的进款存在联合会会计处应在美金二百四十元以上,即以二百四十元(最少之数)计算。然而《季报》每年需要代付商务印书馆印费银币三十九元三角二分半,计算之下可以说《季报》实则为亏损情形。表5-2、表5-3、表5-4是1918年《季报》当年入、出款详细列表,以及销发数量一览:

表5-2　1918年《留美学生季报》入出款一览

入款(各项括全年时间)	
收联合会会计处拨款	美金三百十七元九角
收在美广告进款	美金二百五十元六角五分
收定阅与零卖报册进款	银币一百三十八元九角七分,又美金二十四元五角七分
收插图进款	美元二十元
统共全年进款	美金六百一十三元一角二分又银币一百三十八元九角七分
出款	
付四期预汇印刷费	美金三百二十一元
付干事部文具杂费	美金二十四元七角八分
付邮费	美金二十元七角四分
付编辑部文具杂费	美金十三元八角二分
付零用杂费	美金二元五角五分
付最后汇兑印刷费	美金二百四十元
付由商务印书馆代派报册进款拨抵印费	银币一百二十五元三角七分
统共全年用费	美金六百二十二元八角九分又银币一百二十五元三角七分

(注:最后汇款二百四十元美金汇费多寡未悉故未列入)

资料来源:侯德榜:《民国七年留美中国学生季报干事部报告》,《留美学生季报》1919年第6卷第3期,第154-155页。

表5-3　《季报》1918年对商务印书馆入出款一览

欠款	
春期千册印费暨他项费用	银币一百八十七元七角七分半
夏期	银币一百八十八元八角九分半
秋期	银币一百八十九元六角五分
冬期	银币二百零一元三角三分

续表

民国六年任干事部短款	银币三十九元三角二分半
统共应还商务印书馆款	银币八百零六元九角七分半
还款	
春期预汇印费	（美金七十五元）银币九十九元七角五分
夏期	（美金八十六元）银币一百元
秋期	（美金八十元）银币八十四元八角
冬期	（美金八十元）银币八十七元二角
由商务印书馆代派报册进款拨抵	银币一百二十五元三角七分
最后汇往美金二百四十元	（银币支换多寡未悉）
统共付款	银币四百九十七元一角二分又美金二百四十元

资料来源：侯德榜：《民国七年留美中国学生季报干事部报告》，《留美学生季报》1919年第6卷第3期，第156-157页。

表5-4　1918年《季报》销发数量一览

每期印千册四期共应	
销发之数	四千册
分送学生会会员与学校图书室等	二千七百七十九册
定阅与零售	七百五十七册
剩余报册（留存商务印书馆随时零售）	四百六十四册

资料来源：侯德榜：《民国七年留美中国学生季报干事部报告》，《留美学生季报》1919年第6卷第3期，第157页。

1924年，《季报》曾因经费问题一度停办，刊物的相关负责人一直在“八面张罗”，尽力将刊物“恢复过来”。在刊物恢复期间，为了防止读者的流失，《季报》编辑部给每位留学生发送了一封通告书，告知留学生们刊物正在筹办中，恳请各位留学生“稍加等待”。《季报》之所以中断创办，有的说是当事人不热心，有的说经费上不充足，而在潘光旦看来经费一说尤占优势——在美国创办长期刊物，第一是要得到必要的广告费用，广告正是报刊的“生财之道”，否则不免迟早歇业的。加之《季报》在美国与国内之间来回往复，如此复杂的刊物出版流程，必然需要大量的财政支持。但由于《季报》属于留美学生组织的自办刊物，除了少量的广告收入经费之外，并无其余出版资助费用。《季报》既然是用中国语言，初版之际销畅又未必广，说是留学界的作物，而不得不在中国寻主顾；在中国印刷而又不能不运回一部分在留学界及侨界散布。由此来看，在美留学生长期刊物的出版必然受制于经费的支绌，但在潘光旦看来，经济问题不免是所谓的“好理由”，而非“真理由”。真正的刊物得以长期创办的主要力量必然是留美学界对于相关问题一致的讨论需求，恰恰是由于留美学界对于相互交流的重要性认识不足（“全然不认为有意见交换的必要”），才造成了《季报》停办的后果，否则不管是刊物编辑的人才如何缺乏，经费如何拮据，《季报》的出版也不会有问题。[①]潘光旦进一步用《留美中国学生月报》的出版进行比较：相比而言《月报》没有经历停办的危机（彼时《月报》尚未停办），一方面是由于《月报》的经费充足，另外一方面是因为《月报》是专用英文创办请外国人看的，不能因其各种原因停办而不体面，故“放弃不得”。而《季报》是用中文创办的——也是自己人看的，停不停办也是中国社会常有之事，是自己人之事，并不会引起体面问题。[②]潘光旦固然说得不假，为了进一步说明《季报》曾经停刊的原因，可通过侯德榜的撰文清楚地了解。侯德榜曾长期担任《季报》编辑，他指出《季报》停刊的五大原因，或许有助于我们对《季报》停刊的多方面原因有一个全面认识。《季报》有以下种种情形，办理颇形困难：

> 季报办事人员纯由留美同学以义务被选充之。惟全体职员散处美国各部。凡有讨论商酌诸事，只得以函件相通。觉有呼应不灵之病，办事效率极低。此其困难情形一也；
>
> 各职员既系同学之辈，校课以外所余时间无多，间有愿竭力为季报者，因迫于课务，力有不逮，其结果至余小数之人肩其全责，不能收分工合作之效。此其困难情形二也；
>
> 印刷之所，远处上海干事部与承印者商办诸事，端赖邮便，而中美间邮便。在前欧战时期，一往一复至少需三阅月。遇商酌之处，非权宜单独进行。即稽延时期，待商再办，两者俱于办事有碍。此其困难

① 潘光旦：《今后之季报与留美学生》，《留美学生季报》1926年第11卷第1期，第1页。

② 潘光旦：《今后之季报与留美学生》，《留美学生季报》1926年第11卷第1期，第1-2页。

情形三也；

季报成立，适逢欧战发生之初，历年美金兑换非常低贱，量者美金一元可换银币二元零二三角，自有欧战，每元美金只换银币一元零一二角。季报在美进款纯以美金，印刷费用则以银币，每次汇款须多汇至约百分之八十。此其困难情形四也；

留美中国学生联合会书记处与会计处，对于会员姓名住址及其总数，向无确实的统计，送报各单，竟须由干事部自行编订。手续浩繁，固不待言。而挂漏乖讹，最为难免。此其困难情形五也；

文稿送沪印刷，报册由沪寄美，俱赖中美间轮船。若轮船不便，或偶为耽搁，则迟误多日，其结果报册有时因此迟缓到美。此其困难情形六也。①

恰是由于《季报》面临如此多的困难，因此停刊了比较长的一段时间，从1924年停办，直到1926年春季《季报》才得以复刊。《季报》的复刊缘由主要在于留美学生联合会中的少数当事留学生的动议，为了更好地支持《季报》的出版事业，潘光旦认为只有《季报》代表全体留美学生的全体生活与舆论，才能有生存的理由，否则即使复刊也只是一种“苟延残喘”，也仅仅是一种“假生存”。他呼吁全体在美留学生不但需要“人人须多订阅几份，还要每个留学生肯多发出一些负责任的言论”，只有通过《季报》的集聚会通作用，才能形成全体留学界的舆论，如此才是《季报》的“真存活”。据统计，《季报》在1926年得以复刊后，总计出版了50期。

根据留美学生联合会的设定，《季报》的创刊宗旨则有三方面：

(1)介绍西方的学术和思想。换句话说，季报负有灌输西方文化的责任；

(2)讨论中国种种问题，作为留美学生思想得以发声的出版物；

(3)描写学生生活，一方面作为现在留学生的生活兴奋剂；另一方面作未来留学生的“他山之石”。②

就之后《季报》所刊登的文作来看，大多涉及以下几方面的内容：西方学说

① 侯德榜：《民国七年留美中国学生季报干事部报告》，《留美学生季报》1919年第6卷第3期，第153-154页。

②《卷头语》，《留美学生季报》1928年第13卷第1期，第1页。

与社会生活的介绍、留学界对于国内运动的意见或主张、如何采纳西方文化所应秉承的标准问题、留学生运动的方针问题、留学界自身学习生活情状的描写。作为留美学生界最具影响的定期出版物，这份刊物有两大重要功能，一方面在于使留学界同人得以互通声气。虽然留美学生名义上都在美国，但是实际上除了在美国各大城市以外，中国留美学生分散居住的居多，尤其是官费学生有游美事务监督处，但监督处只是负责管理分发留学官费，其他自费生更是散居全美各地，相互不联系。尤其是1920年之后在美各大学的留学生共约为2500人，由于国内局势混乱、汇款断炊，而美国留学费用已逐渐高涨，因此留美学生事务已陷入囊无分文的境地。因为留学生生活状况简陋以及“正餐”不足，许多中国留美学生“已处于失望边缘”。[①]因此《季报》的出版，能够得到全美各地中国留美学生分会的协助，按期将各地生活及留学生生活的印象择要刊登，大可供各地留美学生参考。尤其是一些留美苦读、勤俭好学的留学生，他们的成绩所博得的荣誉应该受到大众的瞩目。[②]彼时美国各大学就学要求较高，如哈佛大学须论文三篇，平日学业分数须达到82分以上，才能获得学位。但在此严格要求之下，依然有留美中国学生在校获得各类荣誉高达八项之多，创在美大学学生最高纪录，在美留学的中国学生大多为各校成绩最优良者，“颇引美教界注意”。《季报》恰恰有此责任表彰这部分学生。另一方面该刊物又几乎记载了留美学界全部重要的史实，《季报》通过各联合会总会及分部年会，沟通留美学生的相互生活情状，并具有留美学生群体理想重要的“承载功能”，使得留美学生们得以通过这一渠道发出对于时事政治、社会教育等方面的声音，从而奠定了该刊物在留美生群体中的特殊地位。

《留美学生季报》改版前的《留美学生年报》封面如图5-7，图5-8，图5-9，图5-10所示：

①《留美学生陷入窘境》，《留美学生季报》1923年第12期，第47页。

②《留美学生之荣誉》，《新闻报》1921年5月20日，第2版。

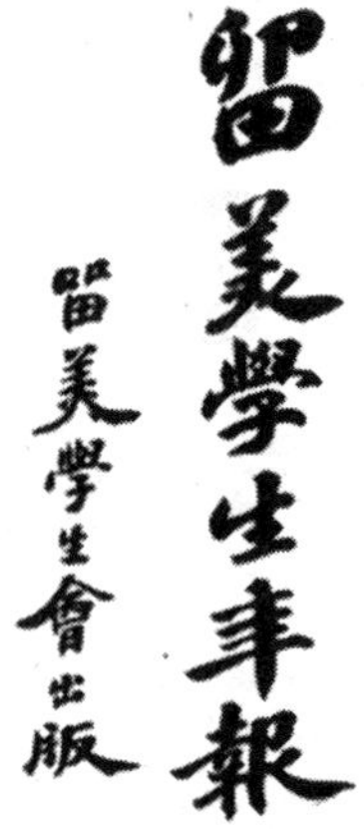

图5–7　《留美学生年报》封面

图5–8　《留美学生季报》封面

图5-9　《留美学生季报》封面

图5-10　《留美学生季报》封面

具体而言，从创刊起，每一期《季报》都有专为留美生关于国家革新方面的发文开辟的栏目，撰写者主要有廖世承、胡适、郑宗海、徐则陵、李建勋、庄泽宣、程其保、邱昌渭、菊农、陈选善、蒋梦麟等人。倘若按作者所在区域而分，在美东哥伦比亚大学的留美生主要有陶行知、陈鹤琴、郑宗海、马寅初、蒋梦麟、郭秉文、胡适、张彭春、宋子文、罗隆基、蒋廷黻、陈焕章、严鹤龄、宗禹、陈兆焜、朱兆莘、潘序伦等人；在麻省理工大学的留美生则有朱起蛰、吴宓等；在康奈尔大学的留美生有胡刚复、赵元任、杨铨等。从这部分经常出现在《留美学生季报》上的作者名单来看，可以说《季报》的撰述者大多为“留学界之泰斗及美国大学之著名教授及学生界有名的留学生”，就这部分留学生所论述的主题来看，也大多是民国时期国内外的重要问题。① 通过详细的收集与整理，《季报》所刊登的文章大多集中于以下几个主题：国事讨论、政治与军事、文化与社会、科学、美国时事纪要、教育问题、留美学生会纪要、留学生活、文书与政策、华侨问题、翻译、译著介绍及诗词、文录等相关主题。既大大丰富了在美中国留学生的知识，也为留美学生提供了表达自身观点及意见的平台。以下特对文章主题做一详细说明：

（1）在国事讨论方面，留美学生积极为国家工业建设、商业推广、财政学建设、农学、铁路建设、银行业建设、货币发行问题甚至是国家人口问题建言献策。

（2）在政治与军事方面，留美学生积极关注国家危难时刻的关于欧洲战争、山东问题的二十一条交涉、海军国防、军舰建造事宜、中日邦交问题以及尚武问题。

（3）在文化与社会主题方面，留美学生也积极关注人道主义问题、巴拿马赛会、宗教问题、文学改良运动、国民风俗、中国的道德现状、基督教与孔教问题、新文化运动等问题。

（4）在科学相关主题方面，在美留学生发布了《科学社总章程》，并宣布中国宜迅速组织科学研究学会等主旨，同时文章也对土壤学、遗传学、优生学、工业学、等问题进行积极的关注。

（5）在美国时事纪要方面，在美留学生发表了关于美国银行业、美国宗教、在美黑人问题、美国军备问题、美国农业发展、总统选举方法、美国新闻事业、农产事业等主题的文章。

（6）在教育问题方面，留美中国学生发表了一系列关于学生与国家的关系、留学界的进步、通俗教育问题、道德教育原理、教育论文等问题的文章。从数量

①《介绍〈中美留学生月报英文刊〉》，《申报》1914年11月21日，第11版。

上来看，留美生关于教育的文作或评论近200余篇，约占《季报》全部刊登文稿数量的1/4。值得注意的是，在近代教育新思潮风起云涌之际，这些在留美生早期留学时期所刊文章可谓笔墨不虚掷，这一类留学生群体的理想在彼时的国内外大多都引发了广泛关注，其所提倡的教育革新也或多或少在国内得以实践。

(7)留美生的留学生活及留美学生会纪要、留美学生诗词等方面，也是在美留学生相互了解的渠道，展现了在美留学生丰富多彩的学习及生活情形，以及在美留学生之间深厚的同学情谊。

总的来说，《月报》与《季报》这两个期刊虽然同时作为留美中国学生总会的机关刊物，但其各自在办刊风格、刊物内容方面不尽相同，最明显的区别莫过于在语言文字方面的区别。《季报》与《月报》分别采用中、英文两种不同语言进行编辑，是因为两个期刊的创办具有不同的宗旨。《月报》是留美学生总会对外宣传的机关刊物，在于宣传中国固有的文化、宣传中国真正的民意，直接或间接增进关于中国的声音，以及为外交做后援。其主要读者是在美外国人，便于刊登中国留美学界的消息，发表对留学教育的有关评论；而《季报》的主要读者则是中国人，采用中文为刊物语言便于更有效地讨论中国的种种问题。[①]在留学生潘光旦解释为："英文月报可以说是对外的；中文季报是对内的。"[②]由于联合会同时创办了中、英文报刊，便于留美学生群体使用两种语言发表言论，成为具有"双语能力"的知识团体。因此这类群体不仅仅局限于母国的问题而讨论，还能够广泛涉猎他国的历史与文化知识，以他山之石得以借鉴、解决自身国家的民族问题，正如学者安德森·本尼迪克特(Anderson Benedict)所说的，这些在美的中国留学生得以运用外语工具，在教室内外能够接触到超过一个世纪的从美洲及欧洲历史的动荡、混乱经验中萃取出来的关于国家历史以及民族发展的各类模型，从而依据自身的现实构建所需的意识构建。[③]

① 周振鹤编《晚清营业书目》，上海书店出版社，2005，第346-347页。

② 潘光旦:《今后之季报与留美学生》，《留美学生季报》1926年第11卷第1期，第1页。

③ 安德森:《想象的共同体:民族主义的起源与散布(增订版)》，吴叡人译. 上海人民出版社，2016，第131页。

三、《留美学生通讯录》(*The Chinese Students' Directory*)、《留美同学录》(*Who is Who of the Chinese Students in America*)

留美学生虽然通过联合会得以相互沟通,但是客观上却又分散在美国各地,为了便于联合会会员之间书信来往、会面交流等沟通联系,全美留学生联合会自1911年开始编纂《留美学生通讯录》以及《留美同学录》(《游美同学录》)。为了便于在美各大留学生的相互沟通及对留美学生联合会的了解,在每一期的《留美学生通讯录》及《留美同学录》当中,主要详细罗列了留美学生联合会会史、每一届联合会职员、联合会分会以及联合会附属出版物的年度主编,同时还分条详尽罗列当年在美留学生信息,包括留学生名字、出生籍贯、在美留学院校、到美时间、所修习课程及专业、接受资助的奖学金类型(例如清华资金资助、省政府资助、洛克菲勒资金资助或其他奖学金资助)以及最新的个人在美通讯地址。

《留美学生通讯录》的封面,如图5-11、5-12所示:

图5-11 1914年《留美学生录》封面

图5-12 《留美同学录》封面

《留美同学录》(《游美同学录》)的封面,如图5-13、5-14所示:

图5-13　1917年《游美同学录》封面

图5-14　1921年《留美同学录》封面

在1918年之前,《留美学生通讯录》的编辑与出版是由全美留学生联合会总会负责,但随着20世纪初期赴美的中国学生数量的日益增加,尤其是自费赴美留学人数的急剧增长,编写以及收集留学生个人信息的任务量也明显加大。在经历了1919年间的停刊之后,这份年度刊物的编写任务也随之下移到联合会各分会。具体的编辑出刊程序则是,在当年度全美联合会总会的秘书长选举结果落定之后,再由所选举的这位秘书长将编辑任务下移到中部、西部、东部这三部的联合会分会,待这三部联合会分会将所属会员的个人信息收集完毕后,再转交至全美学生联合会总会进行整合成册,由联合会总会整理,编辑印刷之后再分发至各分会会员。①

回望19世纪末至20世纪初的近代教育变迁,很显然不能不碰触到留学问题;而研究近代中国留学问题,则不能不碰触到近代留美学生群体;研究近代留美学生群体,《留美学生季报》《留美中国学生月报》《留美学生通讯录》《留美同学录》就是一份份不可或缺的重要历史档案。这部分由留美生创办、主持、发行的刊物,是留美学生主体发声的重要渠道及重要意见交换平台,具有"自我创生""自我聚焦""自我阐述"的鲜明特色,同时还洋溢着浓烈的"理想意识",是了解留美学生主体意识最为重要的一扇窗口。联合会创办的这一系列刊物有助

① The Chinese Students' Directory, *The Chinese Students Monthly*, Mar 1918, pp.247-248.

于联合会群体中各类意识的催生，这与学者张灏所提出的观点不谋而合，他认为中国社会在甲午之后的一个显著变化即在于公共舆论的形成，这在很大程度上得益于学人们在报纸、期刊等传播媒介的大量涌现。基于这一点，可以说“留美学生联合会”所创办的刊物有助于留学生群体公众舆论领域的形成，因而对联合会的建构与发展产生着不小的影响，也对留学生联合会甚至是留美学生整体的声气互通、意识塑造、舆论形成具有较大的作用。[①]其中缘由为：一方面，联合会所创办的这四份出版物作为具有“公共性”的制度化交往媒介，为留学生们的联系与沟通提供了一个稳定的交流机制；另一方面，这些刊物还具有舆论的“倍增放大器”功能，将留美学生关于社会、国家一系列的思想与言论集中起来，成倍地放大与传播，从而创生出了联合会的舆论与思想的软空间。[②]

值得一提的是，按照查尔斯·泰勒（Charles Taylor）对公众区域的分类，其公众领域大致分为两种形态，其一为主体性的公共空间；其二为跨区域的公共空间。对于前者是指有形的聚集空间，对于后者则为无形的、意识方面的、想象层面的公共空间，包括报纸、期刊等形式在内的公共传媒。[③]基于此，联合会麾下所创办的各类报刊的出版物也辅助了留美生团体的各类意识的催生，这是由于报刊作为一种公众传媒的现代制度及运作模式，依托于留美生这一固定且专门的学会的运作及管理，使得期刊作为公众领域的商业印刷传播品（Print-as-Commodity）成了孕育这一集体观念的关键途径。[④]为了对留美学生联合会所创办的这四份刊物进行鸟瞰式的说明，采用表5-5将这四份刊物做相关情况的详细陈列。

① 张灏：《幽暗意识与民主传统》，新星出版社，2006，第134-152页。

② 方平：《晚清上海的公共领域（1895—1911）》，上海人民出版社，2007，第48-50页。

③ Charles Taylor，Modern Social Imaginaries，Durhamand London：Duke University Press，2004.

④ 安德森：《想象的共同体：民族主义的起源与散布（增订版）》，吴叡人译.上海人民出版社，2016，第38-45页。

表5-5　留美学生创办刊物一览表(1904—1922)

	创办时间	刊物名称	刊物情况
1	1904年	The Dragon Student	“留美中国学生联合会”创办的第一份中文刊物,该年度出版第一册,中文期刊
2	1905年	The Dragon Student	该年度出版第二册,中英双语同时出版
3	1907年	The Chinese Students' Monthly	出版第一份留学生英文刊物《留美中国学生月报》
4	1911年	Chinese Students' Directory	“东美学生联合会”出版第一份留学生通讯刊物《留美学生通讯录》
5	1912年	Chinese Students' Directory of 1912	“全美学生联合会”出版留学生通讯月刊《1912年留美学生通讯录》
6	1913年	Chinese Students' Directory of 1913	“全美学生联合会”出版留学生通讯月刊《1913年留美学生通讯录》
7	1914年	The Chinese Students' Quarterly; Chinese Students' Directory of 1914	“全美学生联合会”出版留学生中文刊物《留美学生季报》及《1914年留美学生通讯录》
8	1915年	Chinese Students' Directory of 1915	“全美学生联合会”出版留学生通讯月刊《1915年留美学生通讯录》
9	1916年	Chinese Students' Directory of 1916	“全美学生联合会”出版留学生通讯月刊《1916年留美学生通讯录》
10	1918年	Chinese Students' Directory of 1918	“全美学生联合会”出版留学生通讯月刊《1918年留美学生通讯录》[2]
11	1921年	Who's Who of the Chinese Students in America; The Alliance Pamphlet; A Special Handbook for the Use of Officers	
12	1922年	The China Advocate; The Ming Doo; The Chinese Daily	

资料来源:Chinese Students' Alliance: The Handbook of the Chinese Students in the U.S.A. Chicago: Chinese Students' Alliance Compiled and Published, 1922.p.23.[1]

① 1919年度,联合会由于经费支绌的原因,以及收集与统计当年在美留学生个人信息的繁杂之故,决定停办当年度的《留学生通讯月刊》。之后,留美学生联合会此后没了经济来源,仅仅靠会费及募捐款项收入,不足以敷联合会日常支出,因而会务也因此停顿。转引自刘志宏:《赴美留学指导》,商务印书馆,1946,第75页。

第二节　与其他社团的联络与合作

一、与专业分科学会的沟通合作

在1911年至1919年间，“留美学生联合会”算是一个具有完整结构、功能健全、学员投入热情极高的留学生学会，对各留学生充满着吸引力，学会自然也具备相当的凝聚力。究其原因是因为“留美学生联合会”的众学员对工作的分担、集腋成裘，且都怀有一种“不具私心”的投入之情，因此学会的会议召开、会务的进行、《留美中国学生月报》以及《留美学生季报》的出版，才可顺利美满，联合会总会负责同学们的重担也得以减轻，也使他们在救国之外，尚且还有点读书的机会。大家要知道，他们不是受薪水津贴来办理的学生联合会，相反的，正是由于他们牺牲了自己宝贵的光阴，才能够分工合作得以维持留学生联合会的各种事务。

根据相关史料来看，留美学生承担起各项会务的办理是没有任何津贴的，他们之所以如此投入到联合会的工作当中，正是由于对联合会有着极强的责任心及具有担当的勇气。留美中国学生联合会旨在成立一个留美学生专属的自给自足的“实验室”，以便在海外的中国留学生群体中试验初步的民主与自治。从成立初期，留美学生联合会作为留学生的组织是以学术研究为中心的，之后受到欧美各先进国家的学术启发，这些欧美诸国“无不造端于学会，故其学会之繁多……凡能自成一家者，无不有会焉，聚聪明才智之士于一堂……集思广益，宜其收效之宏也”①。因此，联合会逐渐意识到创办一些专门的学会有助于制造专而精的学术、养成有志而深造之人才、促进民智之发，在此情况下，学会自然成为人才养成所、专研学术的制造场、学校之优良导师、促进民智之团体。对于留美学生联合会来说，既是由少数留学生所担当重要任务的学生社团，又通过自主、自治的方式，网聚全美留学生以探讨智识、促进人才的培育，促进了留学生团体的凝聚。由于留美学生在美所习各自有科术，为了更进一步使留学生的

① 张贻志：《创立国家学会刍议》，《留美学生季报》1915年第2卷第1期，第26页。

会务活动开展得既有针对性，又有偏向于各自学科层面讨论的现实可能，因此需要建设一个“分科学会”组织，以供不同学科的留学生进行讨论。

意识到这一点之后，联合会即采取联合其他团体的方式来开展相关事务，例如纷纷组织起了各校的同学会、各省同乡会、各科同门会——如教育学会、工程学会、银行学会、政治学会、文学学会[①]、经济学会、工业学会、铁路学会、农学会、化学学会、中华自然科学会社、土木工程学会、机械工程学会、航空工程学会之类的各类学会。[②]在这些学会当中，值得一提的是留美中国学生银行学会、留美中国学生政治学会与留美中国学生经济学会。

以下对这三个重要学会做一详细介绍：

留美中国学生银行学会，成立于1918年10月20日，是由哥伦比亚大学及纽约大学研究银行学留学生与在纽约各大银行实习的留学生发起的。其成立的宗旨在于“联合研究银行学科的留美学生以研究金融问题及各国银行制度，以求我国银行事业改良发展的方法”。学会成立初期设会长、副会长、中文书记、英文书记各一人。留美中国学生银行学会第一届职员为：会长吴会愈、副会长林志煌、中文书记聶其煐、英文书记朱彬元、会计汪立。[③]图5-15为留美中国学生银行学会留影。

① 成立于1915年8月26日，康奈尔大学留美中国学生会成立了文学科学研究部，胡适被提名 为文学部委员。为了准备即将到来的当年的年会讨论，他撰写了题为《如何可使吾国文言易于教授》的 文章。该文为英文原稿：The Teaching of Chineseasitis，载于 *The Chinese Students ' Monthly*，1916年6月，第15卷第8期。

② 常道直：《留学杂评》，《醒狮》1926年第70期，第5页。

③ 蔡正：《记银行学会》，《留美学生季报》1919年第6卷第1期，第233页。

第一行从左至右（1）奚　俊（2）余簪傅（3）林志煌（4）吴会愈（5）朱彬元
（6）黄　勤（7）蒋蕙仙
第二行从左至右（1）罗郁铭（2）汪　立（3）陈　行（4）王统善（5）周启邦
（6）徐章埒（7）朱博泉（8）陈翼祖（9）杨镜清

图5-15　留美学生银行学会摄影

资料来源:《留美学生银行学会摄影》,《留美学生季报》1920年第7卷第2期,第1页。

留美中国学生政治学会成立于1923年夏季东部中国学生联合会召开年会时,是由修习政治学科的学生召集发起的。政治学会成立推选林景润为总会会长,刘驭万为副会长,娄学熙为秘书,张杰民为会计;林景润为东部部长,季警洲为副部长,胡学源为秘书,乔万选为会计。会员为在美研究政治学科的中国学生,或是其他对于政治学科有兴趣的留学生,通过委员会的介绍可以加入该会,其会务宗旨为研究政治学理,讨论政治问题,此分部每年开年会一次,与中国留学学生联合会年会同期召开。[①]

留美中国学生经济学会,成立于1923年,是由留美学生十余人发起成立的一个研究经济的学生学会组织。成立初期定名为“中华经济学会”,后改名为“留美中国学生经济学会”。学会组织分为东、中、西三部,各设干事,首任会长为霍宝树。留美中国学生经济学会成立目标为:(1)增进研究经济之兴趣。每年留美研究经济学者,将近300人,成立学会使之互相切磋、互相鼓励,以增进

①《留美中国学生政治会成立》,《申报》1923年10月24日,第6版。

研究经济学之兴趣;(2)讨论中国经济问题。留美经济学生在美所学习的多为外国学说、外国问题,而其重大之责任,则在解决中国经济问题,经济学会的成立有助于讨论中国经济问题,集思广益以谋中国经济问题之解决;(3)介绍经济新思想。学会成立有助于将近代经济新思想,以及解决中国经济问题之方法向国人介绍,以资共同作更精深的研究。此外,其经济学会愿尽义务为:(1)留美及国内或他处之经济学生,欲知美国各大学中何者长于经济学,且长于经济科学中之何门,以定赴学者,通知后可代调查;(2)国内外各经济学术团体,欲与本社合作,以图中国经济学术之发展者,本社皆愿效劳;(3)国内外经济组织,有欲本社代为调查美国经济情形者,力之所及,当为设法。[①]

1917年间,宋子文担任《留美学生季报》的编辑时,还曾向留美中国学生联合会总会提议"于会中组织一工科学实习部"[②],这一提议也为胡适所赞成。在该年度中,胡适与宋子文同为《留美学生季报》的编辑,也认为一个学会存在的价值除了在于扩展学员之间的"私谊",同时需要使学员们尽可能地"随心所欲",以便发展其自身独有的能力,并鼓励社团价值取向的多元化及专业化,如此而来,这个社团的存在自然具有了极大的价值。从群体的层级分类来看,这部分留学生组建的团体属于联合会之下的"次级群体",这一群体成立的本质内涵即在于区别于"初级群体"而成立的——倘若说留美学生联合会组建成立的目标在于"使全体留美学生联合起来",那么这些小型团体组建成立的目标则不在于此,而在于以一种具体的实务实现为宗旨、以具体学科之间的互动交往为主要活动方式而存在的。就这些分科学会建设的宗旨而言,一方面在于砥砺留学同人之间相互研究学问,另一方面在于联络国内外同样学科的机关会社或者将各方联络合二为一,以留学同人研究讨论之所得,供国内同志之参考,以为改善之资。这两方面的宗旨一旦相连接、相互达成,那么也就可以说分科学会实现了它存在的相应价值。当然,这些分科学会顾名思义,讨论的重点在于某一类科目的具体问题。但是需要指出的是,这些留美学生会虽然重在讨论学术研究,但同时也旨在讨论中国国内的各种问题,因此需要根据讨论会的这两项精神为宗旨,并和祖国与社会等各项学术或问题的环境进行现实接触,以促进留

①《留美经济学社》,《留美学生季报》1927年第12卷第3期,第171-173页。

②《公牍》,《教育部公报》1915年第9期,第55页。

美学生在美国及国内相互连接,形成一个相同的气候。[①]

二、与哥伦比亚大学“中国教育研究会”的沟通合作

上述这些与联合会相互合作的学会虽然小,但是大都比较有精神[②],尤其是其中的教育学会,以哥伦比亚大学的留学生所创立的“中国教育研究会”作为群体中最活跃、组织成员凝聚力最强的教育研究学会,尤其值得重点研究。自从20世纪初期,赴美留学的学生选修教育学的人数始终居于学习其他学科的留学生的前列,从具体数字上来看,在1926年3月之前归国的800名清华留美学生,在教育界的最多,远远高出其他学习工程专业、商业专业、银行专业、政治外交专业的留学生人数。[③]而在1925年留学美国的中国学生当中,学习教育学的留学生人数又是最多的,该年度曾有98名留学生学习教育学,在分科学习的人数中,是最大的一个群体。[④]为了更好地网聚这一留学生群体以营造一个相互沟通的小型社团,创设一个专属于研习教育学的留学生的社团显得尤为重要。表5-6、表5-7、表5-8、表5-9、表5-10分别为1904年、1918年、1921年、1925年以及20世纪30年代末期赴美中国学生所学学科情况一览表。虽然留美学生所习学科众多,人数分散不一,但按照所习学科的人数所占比例来看,中国留美学生修的学科比例从大到小依次分为六大类:(1)自然科学及应用科学类;(2)工程学科;(3)人文艺术学科;(4)社会科学;(5)商业管理学科;(6)教育及相关学科。

表5-6　1904年美洲之中国留学生记数

学校	学生人数(人)	科目	学生人数(人)	生源省份	学生人数(人)
大学	28	政治	1	广东	117
专门学校	14	法律	3	安徽	8

① 李嘉善:《留美学界团体生活的一瞥》,《留英学报》1929年第4期,第119-124页。

② 常道直:《留学杂评》,《醒狮》1926年第70期,第5页。

③ 清华大学校史研究室:《清华大学史料选编 第一卷 清华学校时期(1911—1928)》,清华大学出版社,1991,第40-41页。

④《留美中国学生之调查》,《申报》1925年1月25日,第11版。

续表

学校	学生人数(人)	科目	学生人数(人)	生源省份	学生人数(人)
预科及高等学校	44	商务	5	湖北	6
小学	30	农学	4	浙江	4
私塾	28	工程	4	江苏	4
		机器	3	福建	1
		博物	3		
		群学	2		
		矿学	3	云南	1
		外国文学	1	直隶	1
		纺织	1	山西	1
		音乐	1	满洲	1
		医学	1		
		牙科	1		

资料来源:《美洲之中国留学生记数》,《教育世界》1904年第83期,第2页。

表5-7　1918年留美学生学业统计表

科目	学生人数(人)	科目	学生人数(人)
会计	5	普通文艺	97
飞艇	2	普通科学	24
农学	35	地质学	1
兽学	4	史学	5
建筑	13	家政学	3
天文	1	工业化学	1
微菌学	3	工业教育	1
银行学	10	幼稚园	3
商学	10	新闻学	2

续表

科目	学生人数(人)	科目	学生人数(人)
管理学	7	法律	28
植物学	1	文学	5
动植物学	2	森木工程	1
植物化学	2	图书管理	3
化学工程	34	革皮化学	1
化学	43	机械工程	57
土木工程	65	医学	58
商业	29	算术	6
砖泥学	3	矿学	33
植物化学	52	冶金学	18
纺棉学	1	音乐	9
牙科	9	军事学	4
电学工程	45	气象学	1
教育	50	军火爆炸学	1
经济学	62	海军建筑	3
工程管理	45	看护	2
美术	4	政治	33
森林	6	制药学	11
昆虫学	1	哲学	10
财政学	1	体育教授	7
工厂管理	1	制糖学	10
物理	6	外科	3
煤油	1	卫生工程	2
心理	4	建筑工程	2
公共卫生	1	潜水艇工程	1

续表

科目	学生人数(人)	科目	学生人数(人)
铁路管理	3	神学	17
铁路运输	1	纺织	2
社会学	7	专科者	67
水利工程	2	不详者	70
中学学生	无		

资料来源:《留美学生学业统计表》,《留美学生季报》1918年第5卷第3期,第181-182页。

表5-8　1921年留美学生学业统计表①

科目	学生人数(人)	科目	学生人数(人)
飞艇	2	美术	3
农学	38	森林	3
兽医	4	昆虫学	3
建筑	2	财政学	9
银行学	25	普通文艺	46
商学	33	普通科学	2
植物学	3	地质学	5
动植物学	4	史学	8
化学工程	39	家政学	2
化学	45	幼稚园	2
土木工程	71	社会学	11
砖泥学	3	法律	9
纺棉学	2	文学	5

①《留美学生学业统计表》,《寰球中国学生会年鉴》1923年第2期,第114-115页。

续表

科目	学生人数(人)	科目	学生人数(人)
牙科	2	图书管理	1
电学工程	63	革皮化学	1
教育	40	机械工程	60
经济学	57	医学	38
军事学	3	心理	7
海军建筑	1	公共卫生	1
看护	1	铁路管理	6
政治	40	社会学	11
制药学	6	制糖学	6
哲学	9	潜水艇工程	1
体育教授	6	神学	10
物理	5	纺织	15
戏剧学	1	造纸	5
国际公法	3	摄影	1
汽车	2	不详专业	55

资料来源:《留美学生学业统计表》,《寰球中国学生会年鉴》1923年第2期,第12-13页。

表5-9　1925年留美中国学生学习科目一览①

科目	学生人数(人)	科目	学生人数(人)
福科汽车实习生	96	银行学	33
教育	84	普通科学	32
机械	70	矿学	29

①《留美中国学生之调查》,《教育杂志》1925年第17卷第3期,第3页。

续表

科目	学生人数(人)	科目	学生人数(人)
土木	70	农科	23
化学	69	文学	21
商业	62	普通工程	17
电机	58	铁路管理	15
经济	52	法律	14
医学	47	医药	13
商业管理	45	物理	13
化学工程	41	社会学	13
政治学	35		

资料来源:《留美中国学生之调查》,《教育杂志》1925年第17卷第3期,第13页。

表5-10　1937—1938年度留美学生在美各州分布及所学学科一览

人数首位大学	第二	第三			
加利福尼亚大学	密歇根大学	哥伦比亚大学			
所学学科人数一览(人)					
工程:502	文学:288	教育:264	医药:244	商业银行及会计:115	理科:108
农艺:99	政治:73	建筑及美术:65	社会科学:64	家政:55	神学:42
英语及新闻学:34	音乐:25	运输业:24	哲学及心理学:18	算学:14	法律:13
图书馆学:10	体育:9	森林:3	军事:2	不分类:6	研究院:111

资料来源:《中国的留美学生》,《英文自修大学》1936年第1卷第3期,第40-41页。

究其"中国教育研究会"影响力巨大之原因,恰恰是学习教育学的留学生群体相对于学习其他学科的留学生人数较多,且由于哥伦比亚大学长期以来作为培育中国教育人才的重镇,往往在美国哥伦比亚大学留学的学生具有较为"浓厚的教育意识"。加之哥伦比亚大学留学生回到国内或是在教育领域担任要职，或是积极实践自身的教育理念，他们一时间成为近代时期主导中国教育发展的最根本力量，因此也就不难理解哥伦比亚大学的留学生所创立的这一“中国教育研究会”所具有的影响力之巨大的原因。

“中国教育研究会”创立于1908年，初期的成员只有二十多名中国留美学生和二三十名对中国的教育问题感兴趣的美国人。该研究会创办之初，即拟定会章，宗旨初定为“研究中国教育上各种重要问题，以促进中国教育的发达”，会务方面除了研究中国教育上的各类问题之外，还专门请教育领域的名人做学术演讲以传播教育的先进理念，在“中国教育研究会”成立之后不久，留美生就积极邀请哥伦比亚大学孟禄先生参与教育讨论。同时“研究会”还发表研究会讨论所得，以供国内外的中国教育问题的研究者参考，以及招待新入会的学生，包括食宿、介绍引见教员、商量功课等活动。[①]在初期，教育研究学会的规模比较小，学会会务召开主要是以会员之间的讨论为主，影响仅仅限于哥大一隅。自1917年至1918年，张伯苓、范源廉、严范孙等人相继赴美考察教育，并观察留美中国学生学习及生活相关状况。1918年第九届中部留美学生联合会召开年会，前教育部总长范静生在中部伊利诺伊大学进行了一次演说，演说中提到“此次到美，感于美国出版新籍之多，盼诸君及时设法或著或译输入新知识、新学术。鄙人来美之先，甚思预读关于论述美国情形之书籍，而国文者竟无所得，不得已求诸日本文者，则此类书籍不下数十种也，诸君介绍西化责无旁贷也”。同时，代述严范孙先生告诫各位留美学生“来此求学要知学问不仅在纸上、不仅在校内，社会上。一切情形与其著名人物之言论行为皆所宜特别注意者也……须时时留心国事，为归国作事之预备”[②]。再到后来南京高师张士一先生与北京高师邓芝园先生赴哥大考察之后，由于“中国教育研究会”成员的热情接待和辅助，并与美国方面沟通所做的努力，该研究会才得到逐渐完善的机会，并逐步发展。

随着学会的进一步发展，哥伦比亚大学创办的这一“中国教育研究会”也逐渐地扩展活动范围，与其他社团进行了学术沟通。联合会与国内的“尚志学会”

---

① 庄泽宣:《哥伦比亚大学师范院及中国教育研究会》,《留美学生季报》1920年第7卷第4期，第118页。

②《前教育总长范静生先生在美国意利诺大学中西两部留美中国学生第九次年会演说词》,《留美学生季报》1918年第5卷第4期，第1-6页。

进行学术交流,“尚志学会”还赠送了几十部当时最新近出版的教育研究书刊给学会的留学生,“会里的人没有一个不感谢的”。1918年美国举行全国教育会年会,北京高等师范学校教育学系李建勋率教育考察团观摩美国教育,在参观美国哥伦比亚大学教师教育学系时,受到“中国教育研究会”的热情接待,并参加了哥伦比亚教师教育学习组织的演说论坛,中国参与者反响热烈,“到者约千人,多系教育界之巨子”[①]。1920年2月13日,由北京高等师范学校校长陈宝泉、前教育次长袁希涛等学者带队的中国教育考察团访问美国,更是进一步促进了中国教育界与留美中国学生、留美学生团体之间的了解。由于中国教育考察团的到来,入会的会员人数也随之不断增加,研究会的影响力也逐渐扩大。[②]一直到1929年末,“中国教育研究会”依然开展关于学科的学术活动,曾在1929年为克伯屈博士游华讲学返国举办了盛大的纪念会。由于该会由哥伦比亚大学学生创办,学会总部又位于纽约哥伦比亚大学校内,因此参会的主要成员大多是其校内修习教育学科或是对教育问题感兴趣的留学生,例如在其修读教育哲学的张彭春及张敬虞,修读教育史、职业教育、教育行政学及师范教育的庄泽宣[③],修读教育哲学及中等教育的李建勋及汪懋祖。表5-11则是1920年发表于《留美学生季报》上的关于中国教育研究会的会员名单,从中可见,这些留学生在美所学习的专业均为教育学类或是与教育学相关。值得注意的是,在各大学修读教育学及相关专业的留学生中有相当数量的为留美女学生,如钟体霞女士、叶素志女士、李昂女士、陶慰孙女士、杨荫榆女士等。在美女留学生所习专业较广泛,如政治、经济、家政、新闻、医学、科学等学科,但在美修读教育学的女留学生仍然占了较大比重。“恰应国内之需而择定教育为永久职业,俾他日归国改造中国教育,不负教育治国之宗旨”,针对教育的重要性,她们提出教育的六大重要性:教育为国家根本事业、教育与社会有密切之联系、教育宜

---

① 李建勋:《美国全国教育会参观记》,《留美学生季报》1918年第5卷第4期,第100页。

② 庄泽宣:《哥伦比亚大学师范院及中国教育研究会》,《留美学生季报》1920年第7卷第4期,第118-119页。

③ 庄泽宣在《职业教育救国》中提出职业教育者授人一种生活技能之教育也,其性质与实业教育相异。今日中国国民生计之艰,尽人知之,不能独立谋生者遍国皆是。吾尝言职业教育兴不独可解决国民生计问题,且可解决教育问题。见庄泽宣:《职业教育救国》,《留美学生季报》1919年第6卷第1期,第7983页。

有其确实之目的、教育应被视为一种重要职业、教育宜采用他国办学之方法、教育与政治有密切联系的关系，并对未来教育经费的保障、学校课程设置等问题提出相关见解。[①]

表5-11　1920年哥伦比亚大学师范院及中国教育研究会主要成员一览表[②]

姓名	学习经历	研究功课	备考
张彭春	前南开学校校长、克拉克大学学士、哥伦比亚大学硕士、教育参观团书记	教育哲学、中等教育	/
张敬虞	保定高等师范毕业、哥伦比亚大学学士	教育哲学、初等教育	直隶、官费
张耀翔	清华学校毕业、哥伦比亚大学硕士	心理学、教育试验	已受北京高师之聘请
周学章	保定高等师范毕业、欧柏林大学学士、哥伦比亚大学硕士、哲学博士、美国哥伦比亚大学助教，厦门大学教授、河北大学教务主任，专攻教育学研究	教育心理学、体育学	直隶、官费
朱斌魁	清华学校毕业、约翰霍自金学士、哥伦比亚大学硕士	教育统计、教育行政、比较教育	/
钟体霞（女士）	哥伦比亚大学学士	初等教育	广东、官费
庄泽宣	清华学校毕业、哥伦比亚大学硕士、哥伦比亚大学师范院实验室管理员、□亚米大学学士	教育史、比较教育、职业教育、师范教育	/
李昂（女士）	日本东京女子高师毕业、芝加哥大学学士、哥伦比亚硕士	教育心理学、初等教育	云南、官费
李建勋	日本广岛高师毕业、哥伦比亚硕士、直隶省视学、直隶第一师范教务长	教育心理、教育哲学、初等教育、中等教育	直隶、官费
李华	北京大学毕业、云南教育司长、云南中学校长、留美教育行政调查员	教育哲学、教育行政	云南、官费
欧元怀	美国西南大学学士、哥伦比亚大学硕士	师范教育、教育行政	/
陶慰孙（女士）	日本女子高师毕业	化学	/

① 周淑清：《留美女生研究教育之我见》，《留美学生季报》1928年第12卷第4期，第9-12页。

② 庄泽宣：《哥伦比亚大学师范院及中国教育研究会》，《留美学生季报》1920年第7卷第4期，第118-120页。

续表

姓名	学习经历	研究功课	备考
汪懋祖	哥伦比亚大学硕士	教育哲学、中等教育	江苏、官费
徐则陵	伊利诺伊大学硕上、南京萃英中学法政学校教员	历史、中等教育、教育史	已受南京高师之聘请
王志仁	欧柏林大学学士、哥伦比亚大学硕士、留法华工青年会干事	教育社会学	/
潘健卿	金陵大学学士	教育心理学、教育哲学	/
杨荫榆(女士)	日本女子高等师范毕业、哥伦比亚大学学士、苏州省立第二女师范教务主任兼教员、北京国立女师范、学监主任兼教员	师范教育、心理学、教授课程、心理学	部派
叶素志(女士)	温哥华师范毕业、温哥华小学教员	家事教育、初等教育	/

资料来源:庄泽宣:《哥伦比亚大学师范院及中国教育研究会》,《留美学生季报》1920年第7卷第4期,第120页。

图5-16　哥伦比亚大学师范院“中国留美学生教育研究会”职员欢迎克伯屈博士游华讲学返国纪念(中立者系克氏夫妇)①

资料来源:《哥伦比亚大学师范院中国留美学生教育研究会职员欢迎克伯屈博士游华讲学返国纪念》,《教育杂志》1929年第21卷第5期,第1页。

①《哥伦比亚大学师范院中国留美学生教育研究会职员欢迎克伯屈博士游华讲学返国纪念》,《教育杂志》1929年第21卷第5期,第1页。

三、与寰球学生会的合作

留美学生联合会虽然创设于美国，从性质上来说，属于在美留学生这一特殊群体的共同空间，但联合会也在积极寻求与国内社团的一切合作，大力扩展联合会社团活动的空间。在此契机之下，联合会积极与“寰球学生会”进行合作。1905年，寰球中国学生会在上海正式成立。这是一个由数十名海归学生发起并成立的归国留学生协会，该会推举李登辉为会长，同时推举曾任留美学生联合会会长的王正廷、联合会成员颜惠庆、宋耀如、曹雪庚为寰球中国学生会董事。1913年，在留美学生顾维钧、留英学生蔡元培等人的召集之下，将寰球中国学生会改组成为“欧美同学会”。总的来说，寰球中国学生会与留美学生联合会一直以来保持着良好的合作关系，留美中国学生联合会与寰球学生会由于本质上均是属于留学生特有的学生创办的组织，属于为留学生服务的机构，因此在创办理念、创办历程等方面，两个学会有着一定程度上的相似，两个学会的合作也较为频繁，两者之间的关系也相当融洽。寰球学生会除了在国内为赴美留学的学生办理留学的相关手续之外，还为即将出洋的学生积极举办形式多样的欢送会。[①]这一类欢送会大多的活动方式均是邀请即将赴美或是从美归来的留学生面对广大学子举行各种演说。如1922年7月初，留美学生搭乘“中国号”游轮赴美，寰球中国学生会联合上海商务印书馆在上海海关码头为留学生送行，其送行代表分别为寰球中国学生会交际干事吴敏如与商务印书馆编辑郑振铎等。[②]1924年夏季，寰球中国学生会联合上海市教育团体于8月18日在上海爱文艺路简氏“南园”中举办送别清华留美学生的欢送会，到会者有60余人，其活动先由英美烟草公司所派代表于南园草地拍摄全体同仁合影，后由袁观澜主席致欢送演说辞，之后由寰球中国学生会总干事朱少屏代表会长许秋帆致辞，再后由美国驻沪副领事沙雅（Mr. J.B.Sawyer）致欢送留美学生放洋辞，最后由本次赴美清华学生代表施漫致答谢辞，演说之后集体茶叙观看魔术表演。[③]1926年冬季，留美归国的潘光旦曾受到寰球中国学生会的邀请，在寰球学生会的留美

① 《留美学生迎送会》，《学生》1916年第3卷第9期，第47页。

② 《送别留美学生》，《时报》1922年7月10日，第3版。

③ 《两团欢送留美学生志盛》，《申报》1924年8月19日，第14版。

学生欢送会上进行了一场名为“文化交际与交际者之责任”的演讲,其“听讲者极为拥挤,(所演讲)受到听众热烈欢迎。”[1]图5-17所示为上海码头民众欢送留美学生放洋一景。

图5-17 清华学校学生及自费留美学生出发欢送留影

(资料来源:裴君健:《留美学生出发之欢送》,《时报图画周刊》1921年8月28日,第63期。注:图中留美学生人数共计100余名,于1921年8月12日乘坐中国船只出发,欢送民众集聚码头告别留学生。图中为码头欢送民众及中、美两国国旗飞扬一景。)

另外,寰球中国学生会也对从美归来的留学生举行欢迎会。寰球中国学生会在1918年9月曾举行欢迎会议,欢迎留学于密歇根大学的清华留学生刘大钧、留学于哥伦比亚大学曾任《留美中国学生月报》主编的邝煦堃(坤)、留学于华盛顿大学的沈楚纵,留学于哈佛大学获法学博士学位的张福运、留学于哥伦比亚大学获硕士学位的任鸿隽、留学于哈佛大学获硕士学位的杨铨及获理学博士学位的胡刚复、留学于普林斯顿大学获硕士学位的余日宣,留学于哥伦比亚大学获哲学博士学位的黄汉梁等人,寰球中国学生会为了欢迎这些留美归来的学子,举办了热烈的归国欢迎会。[2]1926年7月26日,寰球中国学生会迎接了由美邮船杰克逊总统号搭载的一批留美学生归沪,寰球中国学生会总干事朱少屏

①《潘光旦在寰球学生会演说》,《申报》1926年12月2日,第8版。

②《留美学生将返国》,《新闻报》1918年8月15日,第1版。

特致欢迎词，学生会特备茶点欢迎留美归来的中国学生，当年度归来的留学生有获芝加哥大学医学博士学位的留美学生张锡钧、获麻省理工学院化学博士学位的留美学生曾昭纶、获密歇根大学法学博士学位的留美学生高君湘、获多伦多大学政治学博士学位的留加学生程天放、获哈佛大学商科硕士学位的留美学生胡学源、获康奈尔大学机械工程硕士学位的留美学生程本厚，此外还有冯树铭、朱元鼎、陈振原、慎闻达、王鲁新、王书林、王毓林、安绍芸、伍启瑞、孙增庆、汤砚夷、胡继瑗、潘光旦等留学生。[①]毫无疑问，寰球学生会所举行的这一系列欢迎会无疑给了留美归国异邦的“游子”一个母亲式“热情温暖的拥抱”。以上可见，寰球中国学生会可谓留美学生联合会的国内“姊妹会”，当然，寰球中国学生会不仅仅承担起留学生归国的迎接送往的责任，还面对着国内广大青年学生阅读群体，代售、代发行联合会所出版的会刊《留美学生月报》，成为继商务印书馆与中华书局代售、代发行《月报》之后的第三大代理商。[②]可见两个学会之间通过多样化的合作，架起了一座有效沟通国内、国外留学生的桥梁。

四、与其他学会的合作

另外，留美学生联合会还与其他联合会相互合作。1919年4月，出于“痛祖国之沦陷危机，匹夫之责与义爱之道”，加之为了更好地与留日学生所组织的救国团体相呼应，纽约哥伦比亚大学中国留学生邀请在纽约留学的中国学生及在美侨商组织了“爱国委员会”，推选黄凤华、王国钧、张昭汉、陈国钧、洪业五名人士为爱国委员会的委员，协助推进与国内及其他国家的救国委员会之间的合作。部分留美学生还“请愿回国从戎”，留美学生誓死效力，愿为国捐躯万死不

①《大批留美学生回国》，《时报》1926年7月28日，第2版。注：令人值得注意的是，同年度8月12日，另一批留美学生又搭乘杰克逊总统号邮船于午时驶向美国，此批放洋留学生为：杜允载（湖南溆浦人，毕业于北京师范大学，赴美国明尼苏达大学修习教育）、何亚东（安徽寿县人，毕业于日本帝国大学，赴美国伊利诺伊大学修习土木工程学）、史允中（安徽桐城人，毕业于日本帝国大学，赴美国伊利诺伊大学修习土木工程学）、储造时（安徽潜山人，毕业于日本大学，赴美国伊利诺伊大学修习政治经济学）、胡汉瑞（江西南昌人，毕业于东吴大学，赴美国哥伦比亚大学修习法政科）、范慷源（广东梅县人，毕业于暨南大学，赴美国哥伦比亚大学修习政治经济学）。《昨日放洋之留美学生》，《新闻报》1926年8月13日，第11版。

②《寰球学生会代售留美学生月报》，《申报》1926年12月10日，第19版。

辞。[1]在抗战期间,留学生虽然留学海外,但是留学生的命运却始终与祖国相连,他们时时牵挂国家前途命运,虽身在自修室或图书馆中,眼睛虽盯在书本上,而心却飞向了国事那一边去了,在强烈的爱国情感驱使之下,留学生除了在学习上埋头苦干以外,还为祖国向外宣传[2]、"本会宜与留欧学会支会积极联络也"。[3]群体之间相互联系的这一意愿,不仅仅是留美生主观上表达出的意愿,留法学生也对留美生寄予强烈的期望:纵观寰宇内外,能主持公议者,或惟有北美之一国耳,且与我国邦交素厚,当此危机存亡之秋,或不惜少为援手,留美生或奔走呼号,此诸君子匹夫之责。[4]基于这一点,留法同人还对留美学生联合会明确提出在留美生"诸君子或奔走呼号以伸公论"的过程中,各留美生应杜绝"只知权力不知义务;不求行其心之所安,而唯求于外观之美,求而不得而怨天尤人知念生"的流弊。[5]

除了与留欧的学生学会相互联系以外,留美学生联合会还与国内各大救国委员会积极联系合作。早在1919年,联合会发表了《留美学生之救国意见》一文,指出"八年(1919年)三战,民不聊生,内乱外困,议员叫嚣国体屡易。数年来欧洲各国疲于战乱无暇东顾,日本趁此时机大增国力,而中国则因循守旧延误错失千载良机。一旦国亡身为奴隶,一切皆须仰鼻息于外人。天下兴亡,匹夫有责,学生等窃以为此后外交政策虽宜善修邻好,然决不可惑于任何国之口头亲善而自暴自弃,倘因此觉悟发奋图强从前种种国耻不难一一伸雪"。[6]同时,在美各大学的校内学生也积极致电国内,未忘故邦存亡问题。同年度,留美加利福尼亚大学中国学生致电国内学生联合会总会,力陈"鉴于山东问题之修正案业已失败,尚望诸共积极进行,同人等誓作公等后盾!"[7]在1937年之后,留美中国学生会又向创立于国内的中国学生救国联合会伸去了合作的双手,预示着与救国联合会即将开展的坚固合作,留美中国学生联合会宣称在如今的国难危

①《留美学生组织爱国委员会》,《时报》1919年4月14日,第3版。

② 孙守全:《留美学生动态》,《大公报》1941年2月6日,第4版。

③ 贺楙庆:《中国学会留美支会报告》,《留美学生年报》1913年第2期,第3页。

④ 留法同人:《致留美同学》,《留美学生季报》1915年第2卷第1期,第85页。

⑤ 梅光迪:《民权主义之流弊论》,《留美学生季报》1916年第3卷第3期,第48页。

⑥《留美学生之救国意见》,《时报》1920年1月6日,第2版。

⑦《留美学生未忘山东问题》,《时报》1919年10月29日,第3版。

急状况之下，留美学生联合会的所有在美留学生愿意与国内各大救国会风雨同舟，共同面对压迫：

> 我们也是学生的组织，我们也是在向我们国内剥夺我们一切人类应有的基本与合理的权利的人们斗争，我们觉得在这国中压迫着我们的也正就是压迫着你们的同类。为此我们感到一种深切兄弟的感觉对于你们……我们所有在学校里的同学都已熟悉地知道你们所遭受到的恐怖，和你们要求公民权利的争斗……我们更希望在最近的将来，我们能建筑起更密切的合作来。[①]

以上可谓联合会对各类社团合作的最真诚的呼吁，联合会之所以希望与其他团体合作，大概是来自两个方面的原因。首先，近代各类社团的蓬勃兴起，造成了民间力量逐渐强大的这一客观事实，而这股逐渐壮大的力量在近代社会当中也逐渐被意识到、被肯定，进而也发挥出了相应的群体作用。据统计，自20世纪初期至二三十年代以来，海内所成立的新式学术性团体之中，由民间主体所创立的社团发展迅速，平均每年创设的民间团体约为官方创办的近五倍之多，由于较大的数量基础，这些社团也因而具有相互合作的可能，从下表5-12、5-13可看出新成立的社团具体情况。这些团体之间或是相互合作，其各自团体的麾下也同时出版相关的刊物及宣传材料，以便更好地宣传各自团体之间的会务发展，及便于各会员之间的相互沟通。基于这一点，联合会意识到倘若能够跨越太平洋的地域距离，而充分地与这类社团合作，势必能产生“里应外合”的巨大的群体效应，更好地为国家做一些事情。

其次，联合会之所以决定在一些关键时刻与各团体合作，大概还是与联合会从创立之初所一直秉承的宗旨息息相关。早在联合会成立之初，联合会就提出留学生的所谓“治世之道，首在‘交助’。‘交助’之道，端赖合群，能合群则不独亲仁善。邻和柔宜众，必公必忍、利己利人。”[②]因此我美国学生社交之义，为我留美诸同学勤以自助，基于此，联合会确定了与其他团体“联络感情、交换智识、增进公益”的合作观念，[③]因此也就不难理解联合会与其他团体互相砥砺合作的需要。

---

① 约瑟夫·兰西：《美国学生联合会来信》，《学生呼声》1936年第1卷第2期，第35页。

② 李周麟：《论中国学生宜注重社交》，余簪传译，《留美学生季报》1916第3卷第4期，第46页。

③《麻省理工学校中国学生会通信》，《留美学生季报》1915年第2卷第3期，第113页。

表5-12 新成立的团体统计表①　　单位：个

年份	官方	民间	年份	官方	民间
1900—1902	0	4	1921—1922	0	17
1903—1904	0	15	1923—1924	1	10
1905—1906	3	13	1925—1926	2	8
1907—1908	6	5	1927—1928	1	0
1909—1910	4	2	1929—1930	2	6
1911—1912	7	14	1931—1932	7	9
1913—1914	1	4	1933—1934	4	10
1915—1916	2	7	1935—1936	7	13
1917—1918	2	10	1937—1938	4	8
1919—1920	0	15			

表5-13 1937—1945年留学生所创办的刊物统计②

刊物名称	创刊时间	创办团体	备注
《救国周报》	1937年	华盛顿中国学生会	英文周刊
《远东杂志》	1937年9月	纽约中国学生会	英文月刊
《学术建国丛刊》	1942年8月	留美学生战时学术计划委员会	中英文季刊
《学术建国通讯》	1942年12月	留美学生战时学术计划委员会	月刊

1935年8月，留美中国学生联合会举行年会，即面向全体在美学生发表抗日救国宣言；之后的一年，1936年1月，费城中国学生会、纽约学生抗日会、北美中国学生会等分别致电声援"一二·九"运动；同月5日，芝加哥中国留学生及华侨联合举行抗日救国示威游行；同月的19日，留美学生和华侨会成立"纽约全侨抗日救国会"，③该会于同月发表了一份《告世界人民宣言书》，《宣言书》中称："本会为表明中国人民对日本帝国主义者不断侵略中国之严正立场，并唤起世

① 金顺明：《中国近代教育团体刍论》，硕士学位论文，杭州师范大学教育系，1997，第7页。

② 王奇生：《留学与救国——抗战时期海外学人群像》，广西师范大学出版社，1995，第220-221页。

③ 李喜所等：《近代中国的留美教育》，天津古籍出版社，2000，第145页。

界各国人民之同情起见,念发表一告世界各国人民英文宣言,除了由本会直接分发之外,兹特检送一份,请刊登《留美中国学生月报》,以广宣传工作。”[①]这些会议纷纷指出“呜呼! 呜呼! 国仇不忘,今日之中国,如患贫血症之人,奄奄一息,知觉毫无,欲起死回生,惟有施以强心针,以引起其抵抗之力,而强心针非抗日而无疑,惟抗日这一出路,才能得以还已死之国魂,只是我们当一致团结提来,希望能发生若干力量,去救济这残破不堪的国事。”[②] 在这样的背景之下,1937年9月1日,全美中国学生联合会更是在芝加哥举行抗日大会,讨论抗日战争中留美学生的责任,誓为祖国效力。这个会议的日程就抗战以来中国青年进行的种种救国工作做了汇报,控诉日军侵华暴行,激起了来自世界各国青年的义愤,在大会最后签订了一项和平协议,该协议为中国留学生戴葆鎏草拟,该协议声称:“吾人赞同当环境需要而应施加压力时,须请我国当局采取必要之一致行动,以防止及中止侵略及予因外国入侵被破坏而受难者与被侵略以有效之援助,同时拒绝参加任何之侵略行动,如接济军用品或财政之协助。”[③] 这份协议的抗日色彩如此鲜明,以至于美国青年协会的主席凯敦承认:“此次会议,似专为中国开者。”[④] 为了使世界各国人民了解日本的真实面目,加州大学一名专习历史学的留美学生专门撰写One Step Backward, Two Steps Forward: A Commentary on Japan's New Foreign Policy一文并在文中配图以说明日本面对世界与面对中国表里不一的恶劣行径,向大家生动地描摹了日本预谋吞并中国的叵测居心(图5-18)。[⑤]

① 《纽约分会抗日救国委员会发表一告世界各国人民宣言》,《留美学生季报》1936年第1卷第5期,第6页。

② 简侠魂:《抗日为吾人之唯一出路》,《留美学生月刊》1936年第1卷第2期,第37页。

③ 李喜所主编,刘集林等著:《中国留学通史(晚清卷)》,广东教育出版社,2010,第277页。

④ 张伯谨:《我国出席第二次世界青年大会纪要》,《教育杂志》1939年第29卷第1期。

⑤ S.C.Tong.One Step Backward, Two Steps Forward: A Commentary on Japan's New Foreign Policy,《留美中国学生月报》1937年2卷第1期,第3-6页。

图5-18　幕前幕后的日本人

幕前：日本外交家向全世界说："我们要促进中日友谊，维护世界和平。"

幕后：日寇在中国杀人越货。

资料来源：S.C.Tong. *One Step Backward, Two Steps Forward: A Commentary on Japan's New Foreign Policy*.《留美中国学生月报》，1937年第2卷第1期，第6页。

除了与留欧学会、各学生抗日救国会相互联系之外，留美学生联合会还与在美的世界学生会相互合作。从本质上来讲，世界学生会是一个非常特殊的学生会，该学会的成立最早是由威斯康星大学16个外国学生以及两名美国学生组成的，这几名学生分别代表了11个不同国家来的学生，其成立的时间在1903年3月12日。在此契机下，各地各大学的"世界学生会"也纷纷得以成立，康奈尔大学的"世界学生会"则是在1904年11月30日成立的，参与成立的人有91名之多，代表了来自19个不同国家的学生。一直到1907年，这些散布在各大学校中的"世界学生会"，方才成立了一个全国性的组织，在威斯康星大学"世界学生会"的主导之下，第一届"世界学生会"的年会在该年12月底的威斯康星麦迪逊大学(Wisconsin-Madison)召开，当年召开的第一届年会一共有八个学校参加。国际学生会的活动得到了威斯康星大学时任校长范·海斯(Van Hise)的支持，范·海斯校长每年都会定期邀请其成员到家里做客，经过几年的迅速发展，至1908年初,威斯康星大学的国际学生会已有来自19个国家的76名会员。[①]

与留美中国学生联合会运作方式一样,美国的“世界学生会”也于每年定期举办年会,每一年年会的召开也均有相当的成效。第一次“世界学生会”年会决议成立“世界学生联合会”(Association of Cosmopolitan Clubs);第二届的年会在密歇根州的安娜堡召开;第三届年会在康奈尔大学召开,参加1909年第三届年会的代表,来自16个不同的学校,这部分的留学生们决议与欧洲的“国际学生联合会”联合,由于“世界学生联合会”从本质上具有大不列颠中国学生基督教协会(The Chinese Students′ Christian Union in Great Britian)的精神,于是学会之间相互联合的决议终于在1911年第七届“国际学生联合会”在罗马召开的国际大会中得到全体会员的通过,并加以实现。[②]除了每年召开年会以外,世界学生会还在每年圣诞节组织留学生集体欢度圣诞节,为留学生提供了一个可供集体留学生娱乐的契机,进一步延展留学生的团体意识。据一位留学生回忆“每到这一晚,每一个厅角安置着一棵七八尺高的圣诞树,碧绿的枝叶上吊着许许多多的小玩意儿:描金的十字架、可可糖制成的小兔、小鸡、小狗等等(装饰品),圣诞树上又挂着许多红红绿绿的小灯笼,灯笼里点着小蜡烛,放射各种颜色的光彩,照耀得满树辉煌。还有那壁炉里的火柴,熊熊地烧着,一团带松香的暖气散出来,熏得人脸红。世界学生会的会所是一间长方的大厅,靠南正中有一个壁炉,花梨木的炉架上,贴墙横着一面大红呢旗帜,上面绣着一排金色英文字‘世界大同,人种平等’。对过(对面)墙上挂着一张油画的耶稣像,以及一张穆罕默德的印版像,耶稣仰着头正在祈祷,他在求上帝宽恕他们;穆罕默德则拿着一本《可兰经》,气昂昂的,似乎在同耶稣宣传他的教义,似乎说‘你不必祈祷了,耶稣! 听我讲吧!’两溜万国的国旗交叉在厅中,形形色色地荡漾着,看他们(万国旗帜)联联络络飘动,果然表现着亲善及和平”[③]。

---

① Louis P. Lochner, The International Club, The Wisconsin Alumni Magazine, Vol.9, No.5-6, February 1908, pp.217-219; History of the International Club of the University of Wisconsin, *The Cosmopolitan Annual*, Vol.II, 1908, pp.13-17.

② Bitton Nelson: The Regeneration of New China, London: United Council for Missionary Education, 1915, pp.266-268.

③ 问笔:《金山笔记》,载陶亢德编《欧风美雨》,宇宙风社,1938,第130-131页。

为了更好地推广世界学生会的宗旨,世界学生会开始与全美中国学生联合会合作,呼吁各国的留学生们在各自就读的院校成立或者加入世界学生会。世界学生会一方面通过与联合会的骨干人员进行合作,这部分联合会的成员有担任中美联合会秘书长的John Yiubong Lee;[①]另一方面,世界学生会还同时通过与《留美中国学生月报》达成共识,向留美学生宣传世界学生会的各项活动,并努力招收联合会的留学生进入世界青年会,鼓励这部分新加入世界青年会的留学生成员组建一支新的分队。[②]据世界学生会的第一任会长洛克纳(Lochner)回忆,他曾给各国留学生会致信,其中最为合作的当属时任留美中国学生联合会主席的顾维钧,顾氏随后便向全体留学生联合会介绍了世界学生会,并诚恳地建议大家加入,例如之后的郭泰祺、胡适、张彭春等人也都纷纷加入了世界学生联合会。[③]

回顾以上的各类团体与留学生联合会的相互合作,虽然性质和成立时间、具体的会务活动有的相同,有的又都不尽相同,但均与联合会建立了比较坚固的合作关系。这些社团之所以与联合会产生一种相互扶持、相互合作的坚固关系,很大程度上是因为这些社团在某一层面上具有相似的目标,这些相似的目标有的是由共同的国族情感所激发的,如留美中国学生联合会与抗日救国会、留欧学会的合作沟通;有的是基于留美学生联合会特有的"联合性质"所在,共同遵循一种学生社团"各部联合"的宗旨,进而得以合作的,如留美中国学生联合会与"世界学生会"的合作沟通;有的则是由于联合会开放包容的特质所决定,各种类型的专业学会得以纷纷组建,于是在联合会这一"广域社团"与"次级小型社团"之间才得以相互并存共同实现联合会的会务发展。但无论是哪种合作方式,也都可以说留美学生联合会能够与其他社团进行沟通合作的基础,是基于留美学生联合会所秉承开放包容的社团宗旨,因此才得以团结各类学生群体发展世界和平事业、谋求国家的富强独立。在不同的社团合作之下,单个学

① Association of Cosmopolitan Clubs: *Cosmopolitan Annual of 1910*, Ithaca: Madison-Wisconsin University Press, 1910, p.98.

② Association of Cosmopolitan Clubs: *Cosmopolitan Annual of 1909*, Ithaca: Madison-Wisconsin University Press, 1909, p.169.

③ Lochner, Introduction, *The Cosmopolitan Club Movement*, 1911.p.6.

生团体彼此之间的相互合作也就因此得以达成，二者相互合作组织而成的"共群体"也就因此而成为一个群体之间的"合作共同体"，这也与联合会创立的初衷相一致，也可以说联合会创立的核心宗旨即在于"联合"。至此，这种"联合"已不再仅仅局限于在美留学生社群之间的联合，也不再仅仅局限于某种固定特质的群体联合，而是具有更为开放的群体边界，进一步扩展到了留美学生联合会与其他"异质群体"的相互联合，其"联合"的内涵也变得更加丰富且饱满。

第六章

留美中国学生联合会的解散

历史的潮流汹涌不息，滚滚向前。留美中国学生联合会——这个在留美学生群体中最具影响力、最具代表性、最有发展潜力的学生社团，在历史的画卷中写下了自身的命运。既有研究认为：由于各方面的原因，1931年留美中国学生联合会会务逐渐停滞，其在美的学生社团组织也濒临解散，其中原因语焉不详，或是由于彼时国内政局动荡，或是由于留学生此去彼来的来往造成留学生群体组织的不稳定，或是由于留学生内部各方意见的不同。无论何种原因，都是值得思考的。如何认识留美中国学生联合会的解体，如何判断留美中国学生会解体标准等一系列问题也将在本研究之后继续进行思考。自此之后，留美中国学生联合会逐渐解散，这个曾经盛极一时、彼时最大的、最具代表性的北美学生联合会组织也难以抗拒历史与客观的力量，走向了衰亡。当然，此后虽然陆续也有不同的在美学生会得以组建，但由于成立的性质、产生背景、组成会员、创立宗旨等方面的不同，加之战火硝烟的弥漫及社会背景的急剧变迁，自然也难以再度恢复在美中国学生联合会的生命力。

第一节　思想的论争与联合会凝聚力的衰退

对于留美学生联合会解散的时间判断，是依据叶维丽著《为中国寻找现代之路——中国留学生在美国（1900—1927）》，学界基本认为是在1930年或是1931年前后，其中原因如下。首先，作为留美中国学生联合会会刊的《留美学生季报》是在1928年6月20日第13卷第2期停刊的，这意味着在1928年后负责组织出版留美中国学生集体社团刊物的组织从此荡然无存，即使仍有存在，其联合会的功能已经不再健全。由于联合会组织失去属于全体成员的"公众交流管道与媒介"，意味着留美学生这一群体是无法完成本应作为"公共领域"的一些责任的。其次，留美中国学生联合会在此后并无相应的夏季年会相关活动的记载，即使有也仅仅以各学校独立小型的留学生活动为主，可以说此时留美中国学生联合会逐渐走向了"未联合"的境地。另外，还有一个历史史实细节可稍加参考：孟治曾对留美中国学生的相关群体组织现状做出一段评价，他认为在珍珠港事变发生以前的十一年中，中国的留美学生，只晓得埋头苦读，对于一切的团体生活与合作事业，都在袖手旁观，以至于同学们的组织发生了停顿的现象，留美学生的组织团体也不得不被解散了。于是，我们可以初步判断，留美中国学生联合会存在的时间较短，大约在1930年至1935年是留学生联合会活动逐渐衰退、联合精神逐渐弥散的一个时期。在这种背景之下，我们即将讨论的是，如何在当下的历史语境之下考察当时留美中国学生联合会的具体功能与价值。

在留美学生联合会创立的1909至1931年前后这段时期之内，由于会务活动开展的规模较大、活动开展得也甚为频繁，加之联合会相关活动的组织较为得当，联合会的各学员参与会务活动的热情曾一度高涨。同时，当时的留美学生风气较为自由，出版方面也颇呈蓬勃之气，因而联合会在留美中国学生群体中的凝聚力是较为巨大的，尤其是在它成立的早期，学会的成员一同经历着在国将不国背景之下同仇敌忾的国族情感，联合会内部的凝聚力也因而前所未有地强烈。虽然留美中国学生联合会在留美学生群体中具有相当重要的作用，但随着之后留美学生联合会的发展，学生联合会的部分学生的参与热情却逐渐减退，[1]此后联合会的活动虽依旧开展，但由于各方面的原因，“留美中国学生联合会”最终于1931年之后停止会务活动。

具体考察留美学生联合会凝聚力的日渐减弱，并最终走向衰落，或许主要是由于以下五个方面因素造成的：

第一方面，由于留学生们所属院校地域的限制，各留学生大多散居于美国各大学，所学专业也不尽相同，因此留美学生在联合的可能性方面则面临一系列难题。例如哥伦比亚大学中学文科、商科的学生较多；哈佛大学的留学生主要以学习文科、法律科为主；耶鲁大学的留学生主要以林业科目学习为主；密歇根大学的留学生主要以工程科学习为主；而在路易斯安那大学的留学生主要以学习制糖业为主。由于留美学生所在的学校往往因为所学的学科而定，自然每位留学生站在了不同的学科立场上，要达成全体一致的意见，是难上加难的。虽然联合会每一年度都分部举行全体留学生联合会年会，但是由于美国地域幅员辽阔，而相互沟通的机会又较少，于是造成了学会会员“也只是各人走各人的路，中间是不相联络的”这一学生之间的冷漠现象发生。[2]

第二方面则要从留学生的群体分化来检视。彼时，留美的中国学生，大致分为三类，一类是纨绔子弟派，一类是清华派，再一类是刻苦派。第一类纨绔子弟派大多是私费生，大多在中学就读而非大学，也并未入留美学生联合会，自然不在讨论范围内；第二类为清华派留学生，赴美的目的十分明确，即用功读书学分修满以便顺利毕业，由于依赖公费资助其学业及生活，往往将学业置于其他社会活动之前；第三类为刻苦学习派，该类学生虽然志行高洁，但大多受着经济与时间的限制，同时由于美国过于严苛的相关移民政策，对中国留学生也产生了极大的影响。[3]缘于此，大部分留美生大多是有经济压力的，加之美国移民当局的各种限制政策，留美学界受着移民当局的逼迫，所以留美生只有竭尽“十二分的精力以期望迅速完成学校的课业学习，以尽快离开这个‘排斥华人的联邦

① 美国学者叶维丽指出，由于一系列客观及主观的因素，留美中国学生在政治上从最初国家改革的“想象参与者”（Imagined Participants）逐渐转变成了政治上的“冷眼旁观者”（Disheartened Speculators），反映出了留美学生这一特殊群体自我边缘化的过程。引自：Weli Ye.*Seeking Modernity in China's name : Chinese Students in the United States , 1900—1927*,pp.43-44.

② 蒋廷黻：《知识阶级与政治》，《独立评论》1933年第51期，第15-19页。

③ 潘小萼：《旅美闲话》，《寰球中国学生会周刊》1928年第305期，第3版。

帝国’,并回到故乡去,因此学生会的团体生活与团体工作自然也就无暇顾及了”[①]。所以一旦有比较重要的事件发生,倘若征求了他们的意见,他们并无精力顾及,也总免不掉党同伐异,绝难得到一致的主张,而且每个大城市同学分会的团体中,美国倾向与中国倾向的同学,主义不相同,自然是不相为谋。

第三方面,各学会之间或学会与联合会之间理念的不同也是联合会逐渐走向衰落的另外一重重要因素。随着与在美留学生相关的各类学会、各校学生会的相继成立,联合会的发展空间也逐渐变得越来越狭小。由于各个团体具有不同性质以及持有不同团体理念,在这类持有不同理念的社团之下开展的一系列活动也势必不相同,于是联合会之前所秉承的“共同的理念”也随之被各种间隙所代替,之后的学生社团的大致气象,更是免不了弥漫着一种“散漫的气息”。[②]

第四方面,留美中国学生联合会创立的过程,不是一蹴而就的过程,而是对各处已成立的部分学生社团进行联合的过程,这些各处已成立的学生社团或是人数稀少,或是活动受到局限,往往未能形成较大的影响力,自从学生社团得以联合之后,会员往往受到精神鼓舞,对联合会的会务活动也都寄予厚望,并积极参与到活动当中。但联合会的“联合”也带来了另一重影响,即隶属于联合会麾下的留美学生数量越来越多,而学生会员的逐渐增多也造成了联合会未能保留原先的凝聚力,于是随着联合会群体凝聚力的削弱,以及留美学生对联合会的认同感的逐渐弱化,难以“凝聚”住更多的在美留学生,因而联合会的解散也成了一种现实。

最后一方面,联合会较为频繁的人事变动、联合会核心成员的逐渐“退出”也是造成联合会团结力消退、进而最终瓦解的主要因素。随着时间的逐渐流逝,联合会内部的会员构成也具有流动性——这与国内群体成员构成相对稳定的社团特性显然不尽相同。由于留美学生联合会的本质是建立在他国的学生组织,涉及中国学生“赴美”之后求学、求学之后“离美”这两类循环往复的活动,因而这一学生组织的成员也是在新老会员之中不断交替的,联合会成员人数逐渐增长、而核心成员数量却逐渐衰减——一部分核心成员在学成之后逐一归国,而恰恰是这部分核心成员的减少对于联合会产生着巨大的影响。由于失去

① 任鸿隽:《留美学界的几个问题》,《观察》1947年第2卷第11期,第6–7页。

② 孟治:《新年对留美学界的前望》,《学建通讯》1945年第22期,第1–2页。

了联合会必要的群体向心力，也使得成员之间的凝聚力逐渐减小，联合会在留美生群体当中的地位不免变得尴尬，从而失去了自身学会本应具有的活力。

当然，除了以上五方面因素或直接或间接地造成了联合会团结力日趋衰弱之外，经济问题也是造成后期联合会精神萎靡的一大原因。由于联合会的经济来源几乎全部依靠会员缴纳会费，以及少部分的募捐，此外再无其他的经济来源，难以应付每年召开的会议、每个季度和月份出版的会刊的相应支出。失去了经济的支柱，后期会务的运作也逐渐变得萎靡不振。值得注意的是，作为一个学生自发自觉组织成立的自治团体，在美留学生参与联合会的一系列活动并非是专业且必需的活动，很大程度上出自于个人对联合会的向往之情及个体留学生的热情，因而学员的热情与参与程度也直接影响到联合会的凝聚力。随着学员之间的纽带联系逐渐减弱，联合会的凝聚力自然也受到了相应的影响。基于联合会所出现的这种凝聚力日渐减弱的现象，有留学生则对联合会的权威性提出了严厉的质疑，学员们认为在众多留学生团体当中，留美学生联合会是最不具效力的组织：留美学生团体在“美国留学界与国内少通声气，中间好像有层薄膜，不若法、德两国者之奕奕有生气”[①]。直至珍珠港事件爆发，留美的大部分同学也“只晓得埋头苦读，对于一切的团体生活合作事业，都在袖手旁观，以至同学们的组织（意指留美学生联合会）发生了停顿的现象，那真可以说是留美学生团结的一个黑暗时期”[②]。学员们这种对联合会“漫不经心”“袖手旁观”的现象在之后依然持续着，直到任鸿隽在告别美国二十六年后，重回到美国，留学生中的这种现象依然存在着。任鸿隽观察到即使是在过去的二十多个年头中，留美学界虽然发生了一系列重大的变化，但留学生们对团体社团活动的热情依旧是一如之前的冷淡，对于这种现象，任鸿隽指出当时的留学生团体经历了根本性的变动：

> 与学生数目的增加成反比例的是求学精神的减少，在留美学生社会中，我们听到的只是交际往来的活动，不大听见有什么学术讨论或特殊问题的探求。且由于学生组织的衰退，二三十年前，留美学生有全体的组织，如全美留学生总会，有各种专门学会，如中国科学社，中

① 受培：《留美学生与华盛顿会议》，《学生》1922年第9卷第1期，第56页。

② 孟治：《新年对留美学界的前望》，《学建通讯》1945年第22期，第1页。

国工程师学会等是。现在留学生总会没有了,剩下来的只是基督教学生总会,各种专门学会没有了,剩下来的只是少数有政治性的组织。[①]

一位留学生对这种现象曾做出评论,他认为"中国人有互相轻视的习性,总是觉得人不如己,由于这种心理的存在,便不信任主持会务的人,以至于会务无法进行,有很多人对于留学生组织的事,很冷淡,并且还在旁说风凉话"[②]。留美学生联合会的衰落,使得之后担任留美中国学生战时学术计划委员会主席的孟治感叹道:

> 中国学生来美留学,已有七十年之历史,至1929年后,留美学生之生活为之一变,读书空气日趋浓厚,而因时间与金钱之限制,将精力全部埋诸书城,对于课外各种运动,渐趋冷淡,甚是可惜。[③]

事实上,这种联合会当中所出现的分裂状况不难理解,正是因为每一名赴美的留学生到美国的最主要目的在于学业的深造,倘若还需要分出精力来兼顾联合会的一系列社团活动,学生的学业与联合会的活动必然会存在冲突,更何况还有一部分留学生还需要投入到个人的生活当中去,因此出现少部分联合会的会员"日趋冷淡"会务也就不难理解。一位留美学生这样描述及对比中国学生在美学习与美国学生在美国学习的日常生活:中国学生英文程度无论再怎样好,总比不上美国学生,同样的一本书,美国学生一小时可看十页,中国学生顶多能看三页,中国学生写一篇英文研究报告,更要花数倍于美国学生所用的时间。在志于读书的各国学生,整天地守着打字机打字,轻易不出去。只有在大学的本科里我们才能看见一小部分生平无大志,但求七十分(大学部以七十分为及格)的美国学生,整天开着收音机,听音乐、跳舞,每周看几次电影,有闲暇时间就找女朋友,开汽车出去耍。而中国学生大多尽量用功读书。[④]

常道直也意识到这种留美生对社团活动的冷淡态度,他认为留学生对团体活动的漠不关心最为明显地体现在了参与会务活动的学生数量及比例之上。

---

① 任鸿隽:《留美学界的几个问题》,《观察》1947年第2卷第11期,第7页。

② 刘志宏:《赴美留学指导》,商务印书馆,1946,第75页。

③ 孟治:《学术建国丛刊发刊辞》,《学术建国丛刊》第一辑刊,(纽约)留美中国学生战时学术计划委员会(Committee on Wartime Planning for Chinese Students in the United States)出版,1942,第11-13页。

④ 刘志宏:《赴美留学指导》,商务印书馆,1946,第75页。

常道直曾对参加年会的留学生人数进行过相关的统计：全美中国学生联合会虽然是留美生群体中最大的联合团体，但真正有兴趣积极参与会务的估计只有十分之一。[①]尤其是在1917年之后，登记的中国留美学生会员有近1200名，但只有200多名留学生前来缴纳会费，由于会员责任心缺乏，加之少部分联合会的会员对会务活动不作为，留学生联合会失去了群众的支持，联合会的运作也日益艰难。

就联合会所面临的现实困境而言，除了这部分联合会成员对于组织的事务持冷淡态度之外，留美学生联合会的公信度也备受质疑。在早期，中国学生在美国各大高校及在其各自的院校中组织成立了各校的同学会，这类同学会从性质上来看是独立的，这些同学会宣称与“留美中国学生联合会”并没有直接的隶属关系，直到1925年，“全美中国学生联合会”修订宪章，将各校同学会纳入联合会体系。该条款虽然在该年度夏令会时以些许微弱的多数票惊险通过，然而却意想不到地激起了内部反弹，许多同学会起而鸣鼓攻之。其中对联合会的反对情绪以哈佛的中国留学生最为激烈，哈佛中国同学会在针对这个条款做了最为激烈辩论之后，通过集体决议，声称：“哈佛中国同学会仍然不隶属于‘全美中国学生联合会’”。[②]

仔细考察联合会的根本性质，其虽然作为全美范围内规模最大、层次最高的中国留学生组织，也掌握了一些留学生群体集中的权力，但是这并不意味着它就能凌驾于地区性及各相关院校的留学生分组织之上。之所以如此分配留学生群体的管辖权力，是因为其目的在于仿照美国政府的“三权分立”的联邦制度设会，使留美学生联合会与各个分支机构在各自的领域中享有最高的权力，各司其职、各尽其责。[③]对于一个模仿“联邦制度”的学生团体，假如联合会的总会不具备一定的资源将各方力量统一，其结果就只能是各分组织如同一盘散沙，分崩离析。也就是说，联合会采用了美式的“联邦合作”的社团制度，希望建设一个各部分相互支持、相互制约的体系，这在联合会成立的主观理想层面上

① 常道直：《留学杂评》，《醒狮》1926年第70期，第5页。

② “Student World, Harvard”, *The Chinese Students' Monthly*, May, 1926, p.81.

③ Wellington V.K.Koo, A Short History of the Chinese Students' Alliance in the United States, *The Chinese Students' Monthly*, Feb, 1922, p.430.

是值得肯定的尝试，但是实际上却意外地造成了群体内部的分歧与对抗的现实，其总会的权力自然随之离散。[①]

其实，早在留学生联合会创办《留美学生季报》的时候，就有部分留学生表达出对联合会的不满之情，这种不满之情渗透到了联合会的方方面面，如有的联合会成员不信任主持联合会会务的人，以致会务实难进行。由于《留美中国学生季报》的职员散居全美各处，凡有讨论商酌诸事，只得以函件相通，呼应不灵，办事效率极低，不能收分工合作之效。[②]1918年，一名留美学生更是在《留美中国学生月报》上发表了一篇对该年东美中国留学生年会不满且讽刺的文章，讽刺在年会中使用语言的不恰当之处。他认为在每次的夏季年会中使用中文的次数比以前所有会议的总和还要多。这名留美学生揶揄道："我们的大会发言用的是中文，演讲和非正式发言使用的也是中文，杂技及戏剧也使用中文，笑话也是用中文，留学生们欢呼呐喊也是使用中文，我不得不说我们跳舞也是使用中文。"[③]

一个社团倘若不试图开展或是由于各方面的原因难以开展一系列成员之间的活动来网聚成员，这一社团就无法通过成员互动形成一种凝聚力。虽然留美中国学生联合会在创立之初即确定通过每年定期的年会活动来增强成员之间的联络，也试图通过留美学生年会以供全体留学生会员相互了解，但是值得注意的是，定期的年会对联合会却有着某种显而易见的分裂作用。在当时，留学生普遍具有互相轻视的心理，由于这种心理的存在，大家颇难实现真正的"联合"。诸如年会中有选举竞争之安排，留学生坚持各自的"大学精神"而穿校服、打校旗、喊校训、唱校歌，与会代表们甚至吹嘘各自的学校，难免瞧不起其他学校的联合会会员，且各部联合会之间也处在争夺势力的较量之中。[④]当然，在年会中，留美生会员对联合会公务之冷漠现象也广泛存在，团体心薄弱，使得历年年会不得已"吸引同学到会之方法，多以娱乐为饵"，对于会务的核心事务却鲜

① 陈国权：《组织行为学》，清华大学出版社，2006，第304页。

② 侯德榜：《民国七年留美中国学生季报干事部报告》，《留美学生季报》1919年第6卷第3期，第153页。

③ Y.R.Chao："My Impression of the Eastern Conference"，*The Chinese Students'Monthly*，Dec，1918，p.144.

④ "College Spirit and the Conference"，*The Chinese Students'Monthly*，Nov，1916，pp.11-13.

有留学生关心且不论各校:

中国学生会便给我以大失望,表面上看来,中国学生在此之团体甚多,如科学社中国工程学会、各校中国学生会、留美学生会等……不胜枚举。但若一考其实,都很少生气,各会中最大的事情便要算选举职员、会长、书记产生了,会的大事已就将告竣了,此事一部分固是会员之冷视所致,但办事人之不努力,也是无可讳言。[①]

除了留学生团体中弥漫的冷漠氛围外,留学生对于某些会务还因各执一词而争执,如芝加哥与纽约为中国学生最多的两个中心区,每到开大会的时候,就发生地点的争执,结果各开一会,总会因而瓦解。[②]针对年会中这种散漫的气息情状,留美生张贻志在《年会感言》中描述得十分形象:

年会中有一极普通之现象焉,则每逢宴会、游艺会、交际会等,到者多兴高采烈,座为之满,而一至事务会、国事讨论会等则到者寥寥……是非吾人漠视公务心之表示乎。此种现象,自其善意解之,则以事务会……自其恶意解之,则以会中事务自有所谓职员者司其职掌……学校不同之故,稍生界限,或轩此而轻彼,或扬己而轻人,致发生恶感,为合群之障碍……每逢交际会中,除三五知交喁喁私语外,其景象之沉寂、兴味之索然,几令躬与其间者,不复知有所谓盛会。[③]

这显然是事实。潘光旦仔细考察了中国留学生的基本特质:就大体而言,在美留学生很能思考,谈锋也不劣,比较美国本国学生,谨严者甚多、浮夸者少;然而在美留学生却不能形成负责任的主张,也并不能与留学界其他国家留学生共收观摩融会之效。他认为:“平心而论,留美中国学界,具文的组织既破碎不全,意识上的联结更是非常薄弱,是无可讳言的。甚至当国家多事之秋,例如华盛顿和会,大家依然是意见分歧、党同伐异,绝难得一致的主张。平日之间,有私议而无公议,更成为一种无可挽救的通病。”[④]潘光旦的话不错,潘氏虽然将留美学生联合会逐渐散漫的原因归于“意见分歧、党同伐异”,但字里行间无疑清楚地透露着联合会逐渐分裂的最根本原因:政治帮派的斗争。正是由于学生之间这种层出不穷的帮派争斗、政治较量,本来已经很有限的公共领域的自由发

① 崇植:《由留美学生中观察而得的新教训》,《学生》1922年第9卷第7期,第11页。

② 刘志宏:《赴美留学指导》,商务印书馆,1946,第75页。

③ 张贻志:《年会感言》,《留美学生季报》1916年第3卷第4期,第51-55页。

④ 潘光旦:《今后之季报与留美学生》,《留美学生季报》1926年第11卷第1期,第2页。

展空间变得更为局限，再加上日益严重的党派争端，这一学生联合会的公共领域显现出更为逼仄的格局。这种情况的出现不仅仅存在于留美学生社团之中，同样是近代中国的一种真实的且“泛社会”化的写照。再如早前在华盛顿会议之时，叶恭绰作为华盛顿会议留美学生联合会十一人委员会领袖之一，但联合会的部分学员认为他“有受政治臭味之嫌”且有损害全美学生联合会形象等擅自做主的行为，使得委员会不得不另选具备资格的留学生代表，所谓“人之爱国，谁不如我……留美学界之有负国人，莫此为甚。海天在望，不禁涕泪之滂沱已”①。可以准确地说，近代中国各种政治力量的冲突连绵不绝，而且愈来愈尖锐，即使是建立在大洋彼岸的留学生群体也未能幸免地受到冲击，因此这一公共领域也渗透进了严重对立的党派利益。例如任鸿隽曾经对留美学界学生组织感慨道：民国十三四年间，由中国来美的学生，带来了一些政治的种子，于是学生团体每每以政治势力的竞争，演变成为武力的角逐，中国留学界在团体组织上，不但没有进步，反而是大大地退步了。

这种破碎、分裂的情况延续很长了时间，由于联合会经费的紧绌，留美学生联合会——这个盛极一时的、最大的、最具代表性的北美学生联合会组织，最终无奈于1931年前后停止活动。直到1945年抗战的胜利，才给予了留美学生团体希望。留美生孟治于1945年后再次回到美国，观察了留美学界的各个组织开展事业的情况，深有感悟，于是在《新年对留美学界的前望》一文中感叹道：

> 各地留美同学的团体生活，目前已经到达复兴的时期，这是最令人感到快慰的事情，记得在珍珠港事变发生以前的十一年中，我国留美的大多数同学只晓得埋头苦读，对于一切的团体生活合作事业，都在袖手旁观，以至同学们的组织发生了停顿的现象，那真可以说是留美学生团结的一个黑暗时期，近三年来的情形大大不同了……不论是学建会、学生会，或是其他的学生团体，精神都是一样的活跃。最近本社同仁严仁颖先生访问美东、美中，对于各地同学，得到了极良好的印象。……除了作建国的研究和讨论以外，对于其他团体的活动也在努力的推动着……许许多多留美的同学……造成了优良的成绩……有些已经学成，待机返国，准备着把几年来在美国所学习的学识带回去

① 受培：《留美学生与华盛顿会议》，《学生》1922年第9卷第1期，第58页。

参加艰苦的抗建巨案。[①]

倘若深层次探讨联合会解散的原因,或许可以从"公共领域"的特质方面进行思考。留美学生联合会是近代存在于海外的最大、最特殊的一个学生联合团体。所谓联合团体,从本质上说,是具有某种共识的留美学生共同组织的一个公共领域(Autonomous Public Sphere),这个领域中的个体均抱持着某种层面极为相似的理念,因此这个公共领域的基本特征主要为"公共性"。哈贝马斯认为,凡是出现于公共场合的事物均能够为他人所看见及所听见,而"被他人所看见及所听见"的意义则在于保障个人发出自己不同的意见。但又由于近代学子们对于不同事物的不同意识,每个人也都是站在一个不同的位置上来审视和倾听的,使得各类意识在其中缠绕纠结,呈现出极为复杂的情状。正是由于公共领域当中的公共性的差异,群体世界的多元性差异是客观存在的。社团群体中的单独一分子之所以能够同时存在于群体当中,也正是由于多元性这一特质的存在。这正如一张桌子的四周围坐着许多不同的个体一般,而对于事件的关注则同时将这些群体联系起来,也即是将单独个体联系起来,并使他们产生对同一件事情看法的差异性及多元性的原因。[②]因此,这种差异性及多元性造成了联合会部分成员对于"公务之漠视"现象的发生,也造成了留美学生联合会公然"抨击公务"现象的发生。[③]随后,当公共领域对于不同意见的调和能力及容纳能力达到极限,也就是说当公众领域对于不同意见的调和弹性到达阈值的时候,公共领域随即可能瓦解为大众领域,权力实施与权力均衡过程中起决定性作用的共识形式与冲突形式也随之发生改变。[④]联合会从成立到发展的一系列进程,也无不是遵照着这一"定律",由于各方面的原因无法及时得以缓和、调适、解决,联合会无奈地落入了解散的命运。

---

① 孟治:《新年对留美学界的前望》,《学建通讯》1945年第22期,第1-2页。

② 李佃来:《公共领域与生活世界——哈贝马斯市民社会理论研究》,人民出版社,2006,第383页。

③ 胡先骕:《西美中国学生年会纪事》,《留美学生季报》1914年第1卷第4期,第83-84页。

④ 哈贝马斯:《公共领域的结构转型》,曹卫东等译,学林出版社,1999,第295-296页。

第二节 会中生会——组织的离散

一、大江会与联合会

值得注意的是，留美学生联合会在创办初期的宗旨是使在美留学生“得以联合”，形成一个在美学生最大的群体，于是在美留学的各类优秀学子也得以通过留美学生联合会聚集在一起，并由此形成广泛的社会、学术影响。随着会务的开展，联合会也形成了不少的次级组织。这类次级组织成立的宗旨与组织的价值首先是值得肯定的，但是也由于这些组织的精神主旨在某种层面过于理想化，在一定程度上超越了实践的操作层面，加之纠缠在共同理想之外的各类冲突与彼此之间狭隘的争执，使得这一团体落入了涣散无力的窠臼。由于现实社会及政治潮流的影响，加之联合会的权力及威慑力受到来自会内次级组织的挑战，于是次级组织的存在一方面分裂了留学生之间的团结，另一方面也分裂了联合会最先创办时所设定的精神主旨。当然，这种实际中对于联合会的精神主旨的分裂是必然存在的，这是基于联合会客观存在的这一现实而出发的假设，从公共哲学的视角来看，公共价值及精神主旨的共识是以内在各价值的分立、多元、差异为前提和基础的，也就是说“公共性”依赖于“差异性”。从这点出发，公共社团中的主体诉求必须是多元的、平等的、具有差异性的，[①]这种差异甚至是精神主旨的分裂一旦有不存在的那一天，那么联合会离解散破裂也就不远了。

1924年，一批以清华留美学生为主体的学生在美留学期间于芝加哥组织成立了“大江会”。[②]实际上，“大江会”的前身是清华留美学生中逐渐形成的两个通信团体，以便留学生们能够以书信的形式相互报告消息，并讨论彼此所关心的国家问题，[③]因此不难理解这个学会的主要核心成员以清华留学生为主体。

---

① 唐小俊：《论教育改革中的价值共识——基于公共哲学的视角》，《教育理论与实践》2009年第29卷第11期，第21-24页。

② 梁实秋：《谈闻一多》，台湾传记文学出版社，1967，第23页。

③ 闻黎明：《闻一多与“大江会”——试析20年代留美学生的“国家主义观”》，《近代史研究》1996年第4期，第170-194页。

大江会在成立初期，会员有三五十人，多是经历过五四运动洗礼的1921级、1922级以及部分1923级的清华留美学生，[①]其核心成员主要有罗隆基、闻一多、梁实秋、潘光旦、浦薛凤等留美学生。这部分清华留美学生大多分布于美国东北部地区的大学，所学专业虽然不同，但由于这部分留美学生在国内毕业于相同的院校，且大部分是“庚款”资助留美的，具有较为统一的身份认同、院校认同，因而他们对于“大江会”成立的宗旨也具有较为统一的理念认同。为了清楚地说明大江会的成员构成，特将大江会主要成员列业，如表6-1所示。

表6-1 1925年度大江会会员一览表

姓名	别号	籍贯	学科	姓名	别号	籍贯	学科
王化成		江苏	政治	陈钦仁		四川	社会
孔繁祈		四川	农业	陈华寅		江苏	财政
何浩若		湖南	经济	张继忠		甘肃	畜牧
吴文藻	渭枢	江苏	社会	黄荫普		广东	银行
沈有乾		江苏	心理	闻多	一多	湖北	美术
沈宗濂		浙江	经济	翟桓	毅夫	安徽	政治
吴景超		安徽	社会	熊祖同		四川	化学工程
吴泽霖		江苏	社会	蔡公椿		福建	工业管理
沈镇南		江苏	化学工程	潘光旦		江苏	优生
胡毅		湖南	文学	刘聪强		江苏	簿计
胡竟铭		安徽	土木工程	薛祖康	望生	江苏	机械工程
徐宗涑	慕光	直隶	化学工程	魏毓贤		江苏	电机工程
时昭沄		湖北	国际公法	罗隆基	努生	江西	政治
梁治华	实秋	京兆	文学	顾毓琇	一樵	江苏	电机工程
浦薛凤	逖生	江苏	政治				

资料来源：《大江会会员一览表》，《大江季刊》1925年第1卷第2期，第185-186页。

① 梁实秋：《谈闻一多》，载杨讯文主编《梁实秋文集》（第二卷），鹭江出版社，2002，第519-520页。

大江会成立之后，这一群体的留学生随后提出不少甚为“引人注目”的观点，他们或是通过夏季年会慷慨激昂地演讲宣扬“大江会”的宗旨，或是通过创办相关刊物广泛宣传“大江会”，在其中表现较为突出的学生尤以清华留美生罗隆基为代表。在1915年举办于芝加哥的中美夏季留学生年会的主题即是讨论“国家主义”的各类问题，这一主题恰恰是大江会高擎的理念旗帜，清华留美学生罗隆基得以在此次年会中初步提出大江会关于国家主义的一系列观点。尽管在大江会所召开的会议中，各留学生对于“国家主义”的意见并不完全相同，但有几项看法是一致的，这便是：

> 第一，鉴于当时国家的危急处境，不愿侈谈世界大同或国际主义的崇高理想，而易积极提倡国家主义。第二，鉴于国内军阀之专横恣肆，应厉行自由民主之体制，拥护人权。第三，鉴于国内经济落后，人民贫困，主张由国家倡导从农业社会进而为工业社会，反对以阶级斗争为出发点的共产主义。[①]

可见，年会为“大江会”提供了其价值理念培育的土壤。之后的1925年留美学生中美夏季年会中，在大江会会员的努力之下，“民族主义”成了各个分会夏季聚会的主题。一些大江会的会员还被选为地区学生会的负责人，例如清华的留美生罗隆基即被选为当年的全美留学生会主席。值得一提的是，罗隆基在当年度同样被选举为大江会的会长。同年，他还被邀请参加国家关税及治外法权等相关问题会议，并被选为代表回国报告会议情况。[②]1925年举行的中部留美学生夏季年会以“国家主义与中国”为议题，供留学生讨论。该年年会在哈佛大学举行，根据会议主题共分为四个小组讨论，第一组于1925年9月5日举行，讨论主题为“中华民国之国家主义”，罗隆基代表全体到场的留美学生进行中文演讲，认为中华民国当谓“国家主义为抵抗帝国主义惟一而有力之利器……非采取国家主义，不足以图存”，他还进一步指明中国应采取国家主义，当基于中国之社会经济政治情形上，“中国人应采之国家主义，乃中国人对中国之国家主

① 闻黎明：《闻一多参加大江会始末》，《江淮文史》2013年第2期，第100页。

② 《现派留美学生联合会会长罗隆基回国报告关税会议案国内外各方之意见》，台北“中研院”近代史研究所档案馆，北洋政府外交部关税特别会议档案，档案号：03-12-006-01-002，1925年10月。

义也”。[①]

大江会名称中的“大江”即长江，意喻着中华民族的伟大，这一名称显然体现出了大江学会的理念与价值核心。在1925年6月1日，大江会留学生即宣言：“近代国际史，乃帝国侵略主义与国家主义互相冲突之历史。而近三百年来，此项冲突，更已达最剧烈最惨酷之程度，经此百年剧烈惨酷之战斗，我辈得一显明真确之公例，公例唯何？即任何国家，其国家观念不发达者，必被帝国侵略主义所歼灭，换言之，任何国家，不托命于国家主义之下者，必为帝国侵略主义所淘汰。”[②]“以世界全部论，挟政治、经济及文化之力以从事侵略者，最初为白种人，白人初与红人战，其次与黑人战，其次与黄人战，其间存亡胜败之迹，则均以各民族国家观念之厚薄为重要之标准。”[③]为了清晰地明了大江会关于政治、经济及文化方面的相关宗旨，特将《大江会宣言》陈列如下：

> 所谓谋政治上之自由发展者，即谋中华民国领土上之保全，且谋政治上之完全独立。
>
> 所谓领土保全者，厥有二义：其一，则谋近百年来中华领土被人割据者及租借者之恢复；其二，则谋现在领土之安全。台湾、香港、九龙、旅顺、大连、广州湾、威海卫等等。……中华人民守之，足以拒外敌之侵入，外人得之，足以制中华之死命……此所谓领土之保全者一也……政治上之完全独立，其义亦有二：其一，政策之自由；其二，统治上之自由。……
>
> 所谓谋中华经济的自由抉择者，其义亦有二：其一，则中华经济政策之自由抉择；其二，则中华经济事业之自由抉择。……
>
> 所谓中华文化之自由演进者，即谋中华文化之保存及发扬。同时且反抗一切以西方文化笼统的代替东方文化之运动。一国文化，乃民族历史上之产物，一国典章文物纲纪法度之所出也，故文化即为国性……文化乃国家之精神团结力也。文化摧残则国家灭亡矣。故求文化之保存及发扬，即国家生命之保存及发扬也。文化之自由演进，即

① 张忠绂：《中部留美学生年会报告》，《留美学生季报》1926年第11卷第1期，第159-160页。

② 《帝国侵略主义与国家主义：大江会宣言一》，《清华周刊》1925年第24卷第5期，第42页。

③ 《大江会宣言：（一）帝国侵略主义与国家主义》，《大江季刊》1925年第1卷第2期，第2页。

国家生命之自由演进也……帝国侵略主义者谓白种人之文化远胜于黄种人之文化，谓西方文化远胜于东方文化，谓欧美文化远胜于中国文化。又有甚者，谓白种人之文化必起而代替黄种人之文化，西方文化必起而代替东方文化，欧美文化必起而代替中国文化。于是从而鼓吹之、宣传之、胁迫之、利诱之，以冀中国文化之毁灭，欧美文化之传播。①

…………

今日中国，青年人之中国也，故政治亦应为青年人之政治，我辈青年人，与此国为缘之日正长。国兴，我辈躬享其荣；国亡，我辈躬受其辱。国之衰败沦亡，我辈青年人切身之痛苦也。故一切国事我辈青年人当出面自任其全责。……

教育方面，吾辈确认无教育胜于黑暗教育，黑暗教育胜于洋化教育。故今日中华教育之改造：第一，即扫除一切宗教式的洋化教育；其次，则当以国家主义为教旨；其三，则求强迫教育之实现；其四，则求高等及大学教育之改良。今日中国之高等及大学教育其惨毒甚于无教育也，教会教育无论矣……我辈大江国家主义者，将于民族自决主义下，求被压迫诸民族之互助，以打倒少数暴民专制之帝国侵略主义——此亦大江对外之宗旨也……我辈不惜舍生而取义，先国家而后一切，舍国家外愿牺牲一切，以求中华民国之自由独立与统一。②

为了更好地向大众宣传及说明“大江会”的相关理念，学会还创办了《大江季刊》，该刊物原本计划以季度为周期出版刊物，但实际上出版了第一卷第一期及第二期之后就停刊了。《大江季刊》初办的定位为通过刊登政治学说研究、政治评论、近代民族史、哲学研究等方面的文章宣扬其学会理念，同时通过发表剧本、小说、诗歌及文学评论文章等多种方式阐述大江会所秉承的“国家主义理念”。《大江季刊》的主要撰稿人有闻一多、梁实秋、潘光旦、吴文藻、何浩若、浦薛凤等人。《大江季刊》中的一些文章观点独到、理念较为引人注目，一经刊登便引起广泛关注，大江会会员们发表的文章刊登之后犹如投石入潭，一时间得到了广泛的回应，这些回应有的是支持，有的是反对，有的甚至点名道姓地对学会所

① 《大江的国家主义：大江会宣言之三》，《清华周刊》1925年第24卷第7期，第44-48页。

② 《大江会宗旨：大江会宣言之四》，《清华周刊》1925年第24卷第8期，第37-39页。

提出的"国家主义"进行批评,其中也不乏数位留学生针对某个问题来来回回打了不少笔墨官司。这些对于大江会所提出的"国家主义"的回应文章主要刊登在《清华周刊》上。如表6-2、表6-3、表6-4,详细罗列了《大江季刊》与《清华周刊》关于大江会主题的相关文章:

表6-2　《大江季刊》发表文章一览(第1卷第1期)

序号	著者	文章名称	发表刊物/页码
1	大江会	发刊辞	《大江季刊》第1卷第1期
2	何浩若	中国之歧途与末路	《大江季刊》第1卷第1期/第1-23页
3	闻一多	长城下之哀歌(诗)	《大江季刊》第1卷第1期/第24-32页
4	浦薛凤	理性的国家主义	《大江季刊》第1卷第1期/第33-51页
5	沈有乾	国家心理略说	《大江季刊》第1卷第1期/第52-57页
6	梁实秋	诗人与国家主义	《大江季刊》第1卷第1期/第58-66页
7	陈石孚	土耳其复兴史	《大江季刊》第1卷第1期/第67-85页
8	翟毅夫	爱尔兰新芬运动与国家主义	《大江季刊》第1卷第1期/第86-96页
9	闻一多	我是中国人(诗)	《大江季刊》第1卷第1期/第97-100页
10	顾一樵	荆轲(话剧)	《大江季刊》第1卷第1期/第101-123页
11	梁实秋	公理(小说)	《大江季刊》第1卷第1期/第125-134页
12	梁实秋(译)	文学里的爱国精神(John Drinkwater著)	《大江季刊》第1卷第1期/第135-150页
13	—	洗衣曲	《大江季刊》第1卷第1期/第151-152页
14	—	编辑余谈	《大江季刊》第1卷第1期/第153-154页

资料来源:《大江季刊》1925年第1卷第1期。

表6-3 《大江季刊》发表文章一览(第1卷第2期)

序号	著者	文章名称	发表刊物/页码
1	大江会	大江会宣言:(一)帝国侵略主义与国家主义	《大江季刊》第1卷第2期/第2-7页
2	大江会	大江会宣言:(二)中国目前变乱之原因	《大江季刊》第1卷第2期/第7-18页
3	大江会	大江会宣言:(三)大江的国家主义	《大江季刊》第1卷第2期/第18-24页
4	大江会	大江会宣言:(四)大江的宗旨	《大江季刊》第1卷第2期/第24-28页
5	闻一多	七子之歌	《大江季刊》第1卷第2期/第29-32页
6	潘光旦	近代种族主义史略	《大江季刊》第1卷第2期/第33-56页
7	胡毅	北美排华略史	《大江季刊》第1卷第2期/第57-70页
8	闻一多	南海之神:中山先生颂	《大江季刊》第1卷第2期/第71-78页
9	若一	只要此心不死我们终有一日	《大江季刊》第1卷第2期/第79-90页
10	顾一樵	项羽(话剧)	《大江季刊》第1卷第2期/第91-120页
11	菊农	近年来美国教育哲学之趋势	《大江季刊》第1卷第2期/第121-132页
12	梁实秋(译)	文学里的爱国精神(John Drinkwater著)(续)	《大江季刊》第1卷第2期/第133-145页
13	吴文藻	一个初试的国民性研究之分类书目	《大江季刊》第1卷第2期/第146-180页
14	—	大江会章程	《大江季刊》第1卷第2期/第181-184页
15	—	大江会会员一览表	《大江季刊》第1卷第2期/第185-186页
16	—	编辑余谈	《大江季刊》第1卷第2期/第187-188页

资料来源:《大江季刊》1925年第1卷第2期。

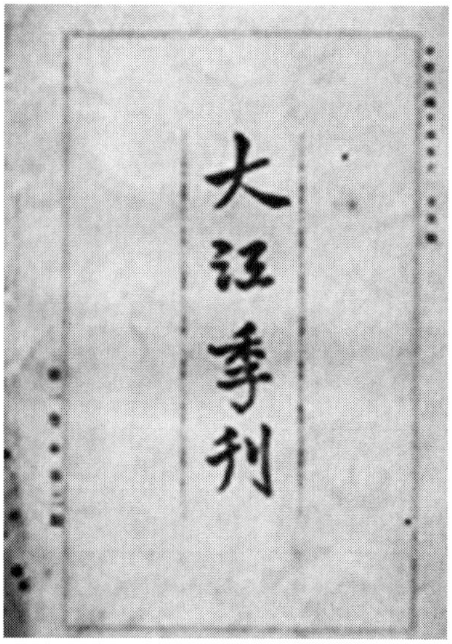

图6-1　《大江季刊》封面

资料来源:《大江季刊》1925年第1卷第2期。

表6-4　《清华周刊》发表的与大江会有关的文章一览(1925—1926年)

序号	著者	文章名称	发表刊物/时间
1	大江会	大江的宗旨:大江会宣言之四	《清华周刊》1925年第24卷第8期
2	傅正	听了罗君隆基所讲的国家主义以后	《清华周刊》1926年第24卷第17期
3	金人氏	专记:国家主义的论辩	《清华周刊》1926年第24卷第18期
4	罗隆基	罗隆基致傅正:国家主义辩论之尾声	《清华周刊》1926年2月27日
5	傅正	国家主义辩论之尾声:答罗君书	《清华周刊》1926年2月27日
6	雷从敏	研究系国家主义者及一切反动派的拿手好戏	《清华周刊》1926年第25卷第6期
7	非非	读缘君的"清华教育宗旨何在"	《清华周刊》1925年第345期
8	缘	再谈国家主义并答辩	《清华周刊》1925年第346期
9	哈哈	哈哈,国家主义!	《清华周刊》1925年第347期

续表

序号	著者	文章名称	发表刊物/时间
10	铁如	绝对的国家主义	《清华周刊》1925年第348期
11	惨	谈国家主义	《清华周刊》1925年第348期
12	周传儒	国家主义与中国教育	《清华周刊》1926年第25卷第15期
13	谢奋程	读傅正君“听了罗君隆基所讲的国家主义以后”之后	《清华周刊》1926年第25卷第15期
14	宗九	李璜“释国家主义”	《清华周刊》1925年1月
15	FF	告“吠怪”的国家主义者	《清华周刊》1925年第347期

资料来源:《清华周刊》,1925年,1926年。

大江会的主要创始人、负责人大多为“清华派”,因而具有较大的号召力,其在整个留美学生群体,尤其是清华赴美留学的学生群体当中产生了不小的吸引力,因此对联合会也产生了不小的影响。在这里需要对大江会与留美学生联合会创立的宗旨进行一个回顾。联合会创立的宗旨即仿照美国联邦体制将全美的留美中国学生“进行联合”,摒弃一切有形或无形的隔阂,力图跨越地域与国界的“深墙”,遵照“人能群”的大同理念,创造一个属于留学生或是属于全体在美中国人的公众领域。联合会在某些程度上甚至还提倡世界主义的理念,并不过分强调国家与国家的绝对界限。而相较于留美学生联合会开放且包容的特性,大江会的性质更近乎一个由极少数学生组织的政治组织,这个政治组织高擎着“国家主义”的旗帜,大声疾呼“国家主义”才是救中国唯一的良方,而开展一系列会务活动。大江会将这面“国家主义”的旗帜扛了起来,其实也在“自己的国”与“他人的国”之间画上了一条隐形的界线。这种理念把国家看成一家一姓,或一族一种的私物,相信这个国家是你的,那个国家是我的,牺牲你的国,不等于牺牲我的国。这显然与留美学生联合会所倾向于倡导的“万国之上犹有人类在(Humanity Above the Nation)”的“世界共同”理念相冲突。可以说,大江会所提出的国家理念与联合会似乎水火不相容、分歧巨大,但是大江会的某些理念依然在联合会当中得以渗透。这或许是由于两方面的原因:其一,联合会作为全美规模最大的中国留学生自治团体，自然具备了对不同意见的高度包容性。其二，或许是由于大江会所提出的"国家主义"论调在彼时较为"独树一帜、夺人眼球"，其较为激进的观点也比较符合当时众多留学生所秉承的"力争民族士气"的理念。[①]这一理念也恰恰是联合会中几乎所有留学生所秉持的核心理念，两个学会也因此具有了某种"共性"。

二、"兄弟会"与联合会

实际上，除了联合会衍生出的"大江会"之外，一些小型的学生会也逐渐随之衍生。在这一背景之下最具有代表性的即是"兄弟会"（Fraternity Association）。所谓的"兄弟会"是指美国高校中普遍存在的一类秘密（半秘密）或公开的学生社团，社团的基本性质属于社交类社团，主要联合因素在于会员的经济条件是否优越、会员间的兴趣是否相投。联合会当中的部分会员因具有某种地域、爱好上的共同点而结合成所谓的"兄弟会"——这种社团往往具有某种"狭隘自私"的特性，其内部的管理形式也流于"兄弟帮派"的模式，其风气也较为堕落奢靡。一般来说，每个大学内的各兄弟会按照惯例于每年秋季开学后展开招选新会员的工作，新会员在二年级的男生中进行选拔，大多选拔一些交友广泛、喜爱玩耍、家庭富裕的学生作为会员。早期各大学兄弟会会员约十余人，各自也制定出相应的社团活动，但这些活动大多属于吃喝玩乐的性质。除此之外，兄弟会又采用种种办法捉弄新入会的兄弟，例如倒吊、爬行或是学狗叫等。随着这类学生会的兴旺，留美学生的民主精神也逐渐变得委顿，伴随而来的则是留美中国学生联合会的衰落。在彼时的美国学校有若干类似兄弟会的组织，于是留美中国学生逐起而效仿。此类学生会属于有着某种"神秘宗教意味的秘密结合团体"，会员彼此以兄弟相称，对内互相援引庇护之能事，对外则持排斥倾轧主义。[②]在当时，世人对兄弟会所持的观点不尽相同。一部分中国联合会的

① 在此则基于群体核心人的导向作用可知，群体核心人往往作为组织的领袖，其引导作用是很强的，群体核心人的导向与公共组织冲突相关，也往往处于冲突的焦点之上。载陈国权：《组织行为学》，清华大学出版社，2006，第74页。

② 梁实秋：《留美学生与兄弟会》，《醒狮》1926年第70期，第1-2页。

学生认为应该给予学会支持，这是由于“兄弟会”这一鲜明的“兄弟之情”的特征及倾向之所在，因而有助于国家青年学子在异邦的团结力、凝聚力的增强。[①]

但另一部分联合会的学生则认为，这一学会的存在很显然分裂了留学生之间的团结，留学生群体中存在不少这一类非正当的社团，而含有政治臭味的党派对留学生联合精神是有害的。作为大江会的主要成员，同时也是留美学生联合会主要会员的潘光旦，于1925年写了一篇文章，批评兄弟会。他认为兄弟会虽然持有相对鲜明的民族主义倾向，但显然是一种“虚假的民族主义”或者是“受到局限的盲目的爱国主义精神”，所谓“兄弟会”的“兄弟”实质无疑等于结党营私、祸国殃民。由于兄弟会明显分裂了留学生之间的团结，也说明中国学生普遍缺乏一种合作精神和平等相处的能力，正是所谓的充盈自私的空气，而缺乏“磊落光明的人才，有小己而无大我，重私交而轻公谊”。[②]很显然，这一观念与同为留美生的常道直的观念不谋而合。常道直认为，兄弟会的出现与联合会团体所倡导的“共同主义”不相融，他认为这类兄弟会的出现往往“有小团体而无大国观念”。常道直进一步指出，在杜威论及留美学生联合会当中所出现的这一兄弟会的时候，也认为其是一种“私党(Clique)”而与联合会长期所倡导的平民主义、世界主义、大同主义的理想相冲突。[③]常道直对兄弟会所提出的批评，可谓一语中的。为了更清楚地说明自己对兄弟会的反对意见，常道直进一步指出兄弟会的存在无疑是“无大团体精神的体现”，留学生中尚有多数对外不公开的类似于兄弟会的团体，对留美学生的“联合精神”无疑是有害而无一利的，这类基于“私交之情”的学生会大多“对内无高尚目的之小团体……仅有‘有马同骑、有官同做’之狭隘的共同目的。……此等秘密结社在国内已发生不幸之现象，窃为不取”。[④]所谓兄弟会问题不是留美学生的问题，而是中国的一个大的社会问题。舒新城在《近代中国留学史》一书中也严肃指出留学生植党揽事竭尽所能的状况，他将这种状况置于整体中国社会发展对于留学生数量的考察上，他认为当初大批派遣留学生，是因为国内各种事业需人治理，乃以奖励实

① Sinley Chang:“Is Fraternity Desirable Among Chinese Students”, *The Chinese Students' Monthly*, Jan, 1925, p.26.

② 任鸿隽:《留美学界的几个问题》,《观察》1947年第2卷第11期,第8页。

③ 常道直:《留美学生与秘密结社问题》,《中华教育界》1926年第15卷第9期,第1-11页。

④ 常道直:《留学杂评》,《醒狮》1926年第70期,第5页。

官为手段,遂开幸进之门。而此后回国学生日益增多,社会事业并不能与留学生人数成一比例,于是渐有人浮于事之倾向,留学生为社会地位及生活上的种种问题,不能不植党以谋生活上之安全,人数愈多,事业不能发展如故。遂致各国留学生互相倾轧,排挤之风蔓延及至于同校之留学生,竟至美国学生有秘密组织的兄弟会等,以为回国包揽事业的根据。各国留学生为生活问题引朋呼类,排斥异己,固足使人不满。此前,他在本书序言中写道:“我每次想到留学问题,便有‘祸患将临’之感,这种情调自然可说是由于‘过虑’而发,但无昭示我们发生‘过虑’事实。”[①]

针对这种“一会之中有小会”的现实,梁实秋提出了三条忠告,以告诫留美学生联合会在会务管理模式方面需要具备“必要的审慎之心”:联合会应该警惕一切学会秘密结社的主张而以示其大公无私,而对于现今已出现的兄弟会,联合会应该责令其公布入会手续,公布章程细则,公布会员的名单。[②]对于学生群体缺乏公共观念而求“私心”的批评大多出现在《醒狮》《观察》等报刊当中,这类报刊也大多主张某种国家主义,即“内不妥协、外不亲善;内除国贼、外抗强权,我们的使命是要叫醒国内一切的青年”。[③]在潘光旦看来,兄弟会的创立最负面的结果是造成了人与人之间的异化,在兄弟会的互相包庇之下,普通成员无须承担真正的责任。于是,潘光旦号召留美生们一同抵制兄弟会,不要做“自闭和假装的兄弟”,而要做“体格健全、智力发达的社会一分子”,之所以要做这样的一分子,是因为需要与他人共同合作,也需要秉承“联合会”所一贯主张的开放且包容的主旨精神。[④]关于“大会之中有小会”的一系列争论也在此后不断持续着,就在潘光旦驳斥兄弟会一年之后,由于大江会与兄弟会的大部分主要成员于1926年先后回国,加之大江会与兄弟会相关定期会务的逐渐衰落与停滞,因此,大江会与兄弟会也随之解散了。

这里需要说明的是,纵观之后联合会的发展情形,即便诸如兄弟会、大江会等“小会”纷纷解散,但是联合会的凝聚力也并未恢复到之前的程度。纵观这一

① 舒新城:《近代中国留学史》,上海文化出版社,1989,第2页。

② 梁实秋:《留美学生与兄弟会》,《醒狮》1926年第70期,第3页。

③ 汗川:《留美外史》,《留美学生季报》1928年第13卷第2期,第65页。

④ 潘光旦:《近代中国留学史》,《留美中国学生月报》1925年,第25-37页。

“会中生会”的一系列过程,可以得到哪些结论呢?我们如何来看待“大会”与“小会”之间的相互关系呢?为了回答诸如此类的问题,我们做了如下的思考:自留美学生联合会初创之始,每年的学生年会无一不是与“讨论国家问题”联系在一起,则将来学业大成,能为国家之用;学生之间的往复谈论也往往涉及宗教的派别、中西双方的异同、学术与政治之间的关系、学生与国家未来命运的联系等方面。[①]隶属于联合会的留学生们有着相同的理想宗旨,即“振兴国势、保全种族,持平日之志气,能为国家之用”。但是联合会毕竟是由单个个体的留学生所组成的,这些留学生之间又难免出现一些争端与摩擦。以上联合会与大江会、兄弟会的关系自不必说,再如十多年后的1945年,纽约留美学生在纽约中国大厦举行了第二十三次纽约中国学生全体讨论大会,其间有林语堂及其夫人等社会名流到场,该次会议对中国国内工程等重工业行业的发展进行了详细讨论;另外密歇根学生联合会、麻省理工学院中国留学生联合会、明尼苏达大学中国留学生联合会、爱荷华省立大学、西雅图留美中国学生联合会也纷纷举行建国会议。[②]但是随着会务的发展,这种对于“共同的理念”的讨论逐渐被学员个体之间的嫌隙所代替。对于这一客观现实,留美学生谢扶雅认为:试想一处地方团体至多,其间自难免不生出党派意见来,有时偶加入一二好事之徒,从中略事掀弄,便不免发生风潮,种种怪象,不一而足。[③]

留美学生联合会在创立之初就在于创设一个公共空间以供在美的中国留学生成员相互沟通、交换意见,因此联合会当中必定存在着对不同问题的不同认识,这也恰恰是由于联合会的包容性、开放性所致。留美学生的不同的观念、价值观、行为方式非但没有在争鸣之中消解,反而很奇妙地共存于这一团体当中,从某个方面也可以说这些冲突不仅仅是必然的存在,更是必需的存在,在某种环境之下更是维持联合会存在、推动联合会发展的重要动力。因此,对联合会当中存在的这些思想的争端、分歧、冲突的分析,有助于启迪当下,更好地给当下一系列相似的社团关于如何处理相似的问题提供有价值的借鉴。当然,留美学生联合会是不能完全代表留学界全体的,因而不免引起种种误会与意见上

① Chinese Students' Alliance: *Pacific Coast Students' Annual Bulletin of 1908*, San Francisco, 1908. p.57.

② 孟治:《新年对留美学界的前望》,《学建通讯》1945年第22期,第1–2页。

③ 谢扶雅:《游美心痕》,世界书局,1929,第60页。

的冲突，所以有的留学生认为留美中国学生联合会“在理论上是少不得的，但实际上又似乎无关紧要”，而大多数在美留学的学生与学生会似乎完全没有关系，少数人加入联合会也不过是“随意附和”。按照哈贝马斯对“公共领域”的性质定义来看，在某种程度上，在美的中国留学生所组成的共同体，以各种政治和文化的意识形态为基本分野，也就是说虽然留美中国学生具有相同的“国族”情感，但进一步细分来看，以个体为单位的留美学生还是存在着这样或那样的意识差异。在这种现实情况之下，由于难以达到决然的统一，会内的各项事务也很容易给了少数办事人一个“操纵的机会”，联合会在运作时则自然十分容易引起消极的訾议。①有人就针对留美学生联合会内部政治斗争提出了批评意见，如留美学生任鸿隽就指出海外学生群体内部这类政治斗争的状况，已经极大地影响到了整个留美学界：

> 从前的所有学生团体……足以练习学生组织的能力与养成民治的习惯……此种组织忽然不复存在了，据闻，在民国十三四年间，由中国来美的学生，带来了一些政团的种子，于是学生团体开会时，每每以政治势力的竞争，而演成角力的武剧……可知留美学界在团体组织上，不但是没有进步，而且是大大的退步，由已经自由独立的成人，退步到须人而行的幼稚学生。同时所谓特殊组织的兄弟会等，则颇为发达……有小己而无大我，重私交而乏公谊。这也许是国内一般社会情形的反映罢，但要在这样空气中造成磊落光明的人才，恐怕是缘木求鱼之类了。②

联合会与其他小型学会、联合会与会员之间的相互关系，可谓既合作又对立、既统一又分裂，但无论这些小型学会与联合会是怎样的相互关系，这些社团的创办人与参与者、运作者、组织者与管理者都同为中国留美学生，这就存在一个异常诡异的问题：为何具有相同背景的主体，所建立的各种机构之间会出现如此错综复杂的相互关系呢？创立起来的这些团体却又相互制衡？实际上，这有必要从更为广阔的角度进行理性分析。戴维·米勒（David Miller）认为，人之所以得以相互连接，是出于三类需求：工具性联合体（Instrumental Association）的需求、国家公民身份（National Citizenship）的需求、团结性社群（Solidaristic

---

① 潘光旦：《今后之季报与留美学生》，《留美学生季报》1926年第11卷第1期，第12页。

② 任鸿隽：《留美学界的几个问题》，《观察》1947年第2卷第11期，第8页。

Community)的需求。前两种需求大多是指国民通过各种公民权利及以义务规定,进行个体之间的利益再分配,这两种连接是属于本质需求层面的,而第三类个体之间得以连接的需求,则存在于人们共享共同的领域认同之时,首先是在人们之间产生相互理解和相互信任的面对面的关系,这一圈子之中的人们既是由于有相互血缘关系或相互熟识机会,也是由于有共同信仰或文化理念而联系在一起的。[①]在这种社团群体的连接当中,个体是通过对群体的公共的认同而产生情感及利益上的联系,由于社群团体的信仰及理念是每一位成员的个人信仰,成员们的自愿结社也因而成了成就集体目标的最大助力,因此,这种社群的连接则成了三种连接关系当中最具有主体能动性、最为亲密的团结模式。[②]

虽然在创会理念、运行宗旨等方面有着这样或那样的差异,但联合会及联合会中的其他小会都是立足于在美留学生自愿组织、自我治理的基础之上的,意在强调留学生的"团结力",使中国学生得以在异国的土地之上相互凝聚。因此也就自然实现了学者戴维·米勒所提倡的人与人之间之所以相互连接的最重要的一条理论,也就是说在长期的发展宗旨之上,群体与群体之间又存在着"难得的一致"而非"根本的冲突"。在这一点上,这些社团的存在也都指向学生之间的某种需求,正因为这种共同的需求及理念得以相互融合,所以,无论是影响范围更为巨大、会员人数更为众多的联合会,还是少数人所结合的兄弟会、大江会,都因此具有存在的现实需求基础。然而现实当中,人与人之间的关系却又是复杂的,每一个社团当中的个体既是社群中的一员,同时也是社会中的一分子,每一个人的存在都具有一种复杂的现实含义,因此这几种关系有可能是相互交叉的。这也就意味着个体在事件的选择与情感方面可能会存在着各类冲突——对于此类冲突,我们所应采取的态度应是一种"理解性的包容",需要理解学生群体的自治能力与健全的社团舆论是需要不断教育、持续探索与漫长时间培植才能够发达的,并要给予此类学生群体必要的时间与广阔的空间去完善并改进其职能。留美中国学生联合会遵循的是一种基于彼岸留美学生自理、自治、自决的一种社团制度,也是一种学生群体之间"联合式的共同生活",更是学生个体之间相互经验的交织,学生群体完满的自治并不是某一天就可以成功

① 戴维·米勒:《社会正义原则》,应奇译,江苏人民出版社,2008,第32页。

② 同上,第37页。

的，时间、探索，甚至是必要的试错都是重要的培育条件，而且留学生社团的自治能力必须由内渐渐生长，而非由外部强加于群体之上。[①]明确了这一点或许有助于我们以更为包容的、理解的心态来看待联合会当中这种“大会与小会”的相互关系。

第三节　联合的价值——一种“公共精神”的确立

留美中国学生联合会是在近代留学的背景之下出现的一个最重要的社团，它在留美学生群体当中有着极大的影响力及感染力。根据不同的理论，判断一个社团是否完备有不同的标准，这些不同的标准有助于我们判断留美中国学生联合会的不同功能之所在，进而帮助我们更好地认识联合会的价值。根据现在学术界较为公认的两类模式，即美国学者乔治·C.霍曼斯（George C.Homans）及美国学者罗伯特·M.麦基佛（Robert M. Maclver）的理论为根据，来对留美中国学生联合会进行剖析。首先，按照美国学者乔治·C.霍曼斯在其著作《人类群体》中的观点，一个学生社团需要具备以下五个方面的特征：（1）具有一定数量的成员，这部分成员需要具有某种同质性；（2）具有较为持久的社会交往和较为稳定的社会关系，社团成员之间需要有频繁且稳定的互动；（3）相互之间较为一致的活动目标，这种目标是成员相互之间社会交往和较为稳定的社会关系的前提，也是群体凝聚力的根本来源；（4）组织有较为明确的行为规范，这种规范可以是成文固定的规章，也可是成员之间的某种约定俗成；（5）空间开放性与较为凝聚的群体意识，社团为了完成自身的会务发展需要和外界保持多样化的交往方式，同时社团对内又需要使群体成员产生一种社团向心力及认同感。其次，按照罗伯特·M.麦基佛在《现代的国家》中对于社团内涵要求的详细罗列可见，一个完备的社团必须满足以下四个条件：（1）群体成员具有认同感，聚在群体之中的个体需要在某些方面具有某种相似的社会属性；（2）群体成员之间具有情感或身份归属感；（3）群体之中需要存在核心人物，这些成员凭借群体运行的规则

① 陶孟和：《社会与教育》，福建教育出版社，2008，第152-155页。

获得了群体成员的认可，并对群体的其他成员具有影响力；(4)群体本身具有一定的稳定性，对成员有相对较强的凝聚力，并形成成员彼此认同遵守的一系列行为模式。①

无论以哪种理论判断，留美中国学生联合会无疑都是满足以上这些条件的。从本质上来看，留美中国学生联合会作为求学于异邦的留学生中最大且最重要的团体，较之前零散成立的一部分学生社团的规模相对宏大，在近现代的中国历史上网聚了较多的在美留学生，也具有相当数量的固定会员。这部分会员虽然身处全美各地，但联合会或是通过年度夏季年会，或是创办联合会会刊的交流平台以供在美中国留学生进行稳定且频繁的互动交往，通过联合会提供的机会，会员在私下也逐渐构建起较为紧密的联系。同时，留美中国学生联合会的活动视野及活动空间也较为开阔，随着联合会的不断发展，联合会也积极谋求与国内外其他社团的联络合作，诸如与寰球中国学生会、留欧学会、中国教育研究会、中国学生救国联合会等社团的砥砺合作。最值得注意的是，在蒋梦麟于北京高等师范成立纪念日暨学生自治会成立的讲演中，就提到学生自治的精神是全体一致的公共意志，也是自治的最根本基础。团体的结合不仅仅在于章程及活动的现实存在，不是一种"时髦"的运动，不是一种机械性的组织，当然也不是一种"空虚的美名"，而实质在于使留美中国学生养成一种公共的意识、一种彼此之间活活泼泼的"合群精神"。同时它也提出学生自治所具有的四大责任：(1)提高学术程度的责任；(2)公共服务的责任；(3)产生文化的责任；(4)改良社会的责任。②虽然说留美中国学生联合会具有一套相对完整、成熟的社团章程、运行机制，其社团的组建及活动宗旨也指向相同的目标，其会务运作形式也生动活泼、井然有序，这些不失为能体现留美学生联合会重要价值的重要方面，但联合会最重要的存在价值体现在对在美中国留学生的"群意识"具有极大的提升作用，中国学子的"公共精神"也随之一振，因而成员之间具有了一致的活动目标，联合会也因此具有了群体凝聚力。值得指出的是，这种群体的凝聚力在大洋彼岸更显珍贵，一个新创办的异邦社团将毕业于国内不同院校且成

① 麦基佛：《现代的国家》，胡道维译，商务印书馆，1937，第20页。

② 蒋梦麟：《学生自治——在北京高等师范演说》，载曲士培主编《蒋梦麟教育论著选》，人民教育出版社，1995，第136-137页。

长背景、学习经历、行为思想等互不相同的留美中国学生网聚在一起，进而在彼此之间凝造出一种群体认同及凝聚力，更是难能可贵的一种努力。留美学生联合会的组建与壮大，也意味着近代彼岸留学生"公共意识"的兴起，这种意识在异邦得以萌发、实践，随后也成为这些学生回国之后纷纷组建一系列社团的重要助推力。因此可以说留美学生联合会成为研究近代留美学生群体相关的主题中，绕不过去的一个重要社团。

留美学生联合会从美国西海岸的一个小型学生团体，逐渐发展到联合全美留学生的最大的留美学生联合团体，经历了近三十载的风雨岁月。1931年后，随着会务活动越来越散漫，最终避免不了黯然解体的遗憾命运。联合会的成立、繁荣乃至衰落，成为留美学界一个非常值得研究的历史现象。从学术研究层面来看，留美学生联合会这一路崎岖却又光荣的历史给予后人思考的空间十分巨大。作为境外首创的留美学生联合组织，它的总体理想追求是与时代的进程相一致的，主流的思想倾向也是接受西方先进的思想，并以此来改造国内的传统文化。留美生积极并热情地聚合起来对社会、国家、团体、自身进行改造的努力，也正是近代中国大多数中国人通过对时局的思考所慢慢做出的个人选择。[①]留美学生联合会作为一个留学生青年社团，期望以美国的"联邦制"模式来管理联合会社群，它以一个相对松散的模式，将具有共同理想目标的中国留学青年聚集在一起，向这些学子投去了一个共同的且极具号召力的目标——建立一个美好的中国，因而引发了全体学子通过联合会所开展的一系列活动以实践报国之心或体验民族共同情感。在这种共同的情感激励之下，在国家时值多难之秋，几乎全体留美学生均为增进国家社会发展而努力、为谋整个国家民众的福利而努力、为民族争荣光而努力、为唤醒民众团结救国而努力，那种"国家得到兴盛之日，即是留美学生成功之时"的理念已成为这一群体患难中不懈"冲锋"的重要动力。因此可以说，留美学生联合会之所以能存在，很大程度上是因为留美学生对民族的责任感、对个人最崇高理想的追求、对群体最为真诚的使命感。当然，留美学生身上所存的这种独特的精神，不仅在异邦中成为推动留学生相互联合最重要的动力，也被留学生携带归国，促使他们在国内组建起了

① 吴小龙：《少年中国学会研究》，上海三联书店，2006，第221-223页。

一些留学生的团体，如“中华游美回国学生会”等。在这一学生会中，会长以及几乎所有的会务成员都曾经是留美中国学生联合会的骨干，如贺懋庆、李锡之、孙恒、罗惠侨、易鼎新等。

但是历史的潮流奔腾向前永不休止，联合会慢慢陨落的历程也充分表明，无论是怎样的个人与群体，无论如何渴望及追求一种理想层面的异域学生自治模式，依旧是逃离不了历史命定的结局。在这一现实下，我们究竟该如何思考留美中国学生联合会在历史中的地位与价值呢？留美中国学生联合会从无到有再到解散、规模从小到大再到黯然解体、影响力从弱到强再到衰退，究竟该如何认识这一系列的历史境遇？究竟该如何超越这种学生社团的历史遗憾？这一系列问题无疑是值得思考的。对于这些问题，诚然没有准确的答案，或许对留美中国学生联合会持有“理解并同情”的态度才是可取的，同时将联合会的创立、成长、壮大、衰落等一系列历程放于现实的中国国情背景下来考察其内在价值，并辅以美国的具体现实背景来考察，亦是十分有必要的。

首先，对于留学生的这种对于结社的主动及热情，是必须给予肯定及鼓励的，这也是在研究所有近代社团时所应采取的根本态度。对于这样一个极具代表性与先启性，拥有很大一批志同道合、具有激情与梦想、胸怀国家与民族情怀的留学生群体支持，同时也深具开放性与包容性并积极与其他社团进行沟通合作的海外留学生社团，是非常值得肯定的。长期以来，“中国人素重家族主义与部落思想”，其“中国人如散沙，久为西人所讪笑……徒有家族之团结力，其他自治之团结力、公益之团结力，则甚薄弱”，[①]对“公众精神”也重视甚少，[②]即使有，也脱离不了“非徒负自治之美名，实贵有自治之组织与精神”[③]。因此这部分留学生群体所建成的公共领域团体，作为在美留学生的一支重要的社会集合力量，具有极为重要的地位与作用，也可谓是突破了传统“家族主义与部落思想”的首创。在“公众精神”的倡立之下，联合会则具有了双重目标，具体而言，第一重目标是工具性目标，第二重目标则是表达沟通目标，以下分别进行说明：

第一方面，从总的工具性目标来说，一个群体组织成立的首要条件必定是

① 沈子英：《美洲华侨之弱点及将来之险象》，《留美学生年报》1914年第3期，第37页。

② 《杜威论中国现状》，《尚贤堂纪事》1921年第12卷第2期，第8-12页。

③ 陈其昌等编《各国教育谈》，商务印书馆，1924，第155页。

有助于群体中的个体通过各种途径达到某种工具性目标，以满足其成员的工具性需求，但凡一个群体组织不能满足这一条件，那么其成立的价值也不复存在。就留美中国学生联合会来说，其成立初期是以在美的留学生们“联络感情、交换智识、增进公益为宗旨”[①]，可以说，留美中国学生联合会的成立宗旨即在于服务在美留学生。这三点是留美学生在美学习与生活所需要解决的最重要的三重问题，因此留美中国学生联合会的创办无疑是满足了在美中国留学生的工具性需求，使得联合会中的个体既主动承担了自身相应的责任与义务，又享受到了团体生活的乐趣。

第二方面，留美中国学生联合会同时也满足了在美留学生的表达沟通需要，使在美留学生获得了一种情感上的支持与帮助。由于浸染了儒家内敛气质，加之太过注重书本知识的学习及具有根深蒂固的埋头伏案习惯，留学生在交游中不免过于羞涩，或是拥有“太过偏重深交的高洁态度”，这无疑有碍于团体生活的健康发展，也阻碍留学生成功地参加团体生活，个人生活范围不免变得狭窄。留学生长期寄居异国，如何“消异地客居之愁感”，从而为留美学生“策文学技艺之进步，于祖国学术之发达、政俗之改良”[②]，这在当时可谓是一个亟待解决的问题。在这一现实下，留美学生联合会的创立具有独创性，是极具意义的可贵尝试。这项尝试，首先就体现出了一种“国人之团结”的精神，也深深为留美学生所肯定，他们认为，在美学习生活过程中，纯粹的书本知识不足以让他们为将来的重大责任做好准备——他们必须尽可能地寻找各种实践的方式，借以提升知识与经验，就经验而言，留美学生联合会便是一个自治的实验室，留美学生在其中得以实施各项理想的试验。”[③]

其次，更为值得注意的是，联合会还大力对其活动类型进行了开拓与创新，不仅定期举行年会，还创办了隶属于联合会麾下的会刊(《留美中国学生月报》以及《留美学生季报》等)，而这类期刊构建出了一个相对松散却又具有开放性及弹性的交往网络；同时联合会还通过留学生社团这一机构所创办的学术协会、学科专业小组等而使留学生自发地组织聚集在一起。剧演、参观博物馆、同

---

①《麻省理工学校中国学生会通信》，《留美学生季报》1915年第2卷第3期，第113页。

② 刘树杞：《中美中国学生年会五度纪事》，《留美学生季报》1914年第1卷第4期，第79页。

③ S.T.Lok, Why Join the Alliance? *The Chinese Students' Monthly*, Jan, 1909, pp.171-172.

学交流会、演讲会及各种沙龙等娱乐及对话形式则为留美学生群体提供了一种公共空间，这种留美生所组织创办、自由参与并积极维持的公共领域，从政治领域延伸到教育领域、现实领域以及生活领域。因此可以说，留美学生群体相互作用的空前繁荣时期，也是学生群体思想最为多姿多彩的时期，几乎没有一个留学生在日后回忆起加入“联合会”的往事的时候，不是带着无限的深情和缅怀的。例如有的留学生认为，“没有一个在美国留过学的中国学生，情愿在离开美国时候没有参加过中国留学生联合会，甚至是参加全美中国学生联合会举办的年会，这是由于在实践中体验民主并与他的同胞分享自治的经验，为了一个共同的目标——中国的富强——而同心协作。”

这种联合会的同心协作，受到了大部分联合会会员的肯定：“留美学生联合会作为北美洲中国学生联合会是我们全美同学共同的组织，深具开放性与包容性，对全体在美留学生具有不可替代的凝聚力，它的组织与事业事务开展的成功，全靠全体留学生同学们的努力。”[①] 除此之外，联合会作为一个“公共领域”，在于强调公众意见和公众舆论的形成。[②]这一点早为留美学生所认可。一名署名为陈业勋的留学生在《留东学报》上发文指出，因为现阶段的中国整个社会问题与教育问题依然没有得到解决，正是因为这些最根本的问题没有解决，因此如果这批留学生，无论是留学西洋或是留学东洋的留学生，倘若还是置出路问题于幻梦，则不免有自杀的危险，因此，这批留学生“必须做些什么”。[③]当然，这意味着留学生不但不能不置身于社会，努力于社会改造的事业、努力于中国改造的事业，而且最为关键的，也是决定改造目标是否能够实现的最重要因素，则是“除了埋头做学理的探讨之外，还须要参与如上所述与自己相适应的团体生活，共同在学术上、文化上努力……联络感情、砥砺学行”[④]。这在当时是最为迫切的需要。基于这点，联合会所营造的团体意识乃是一种类似的心理，一旦形成群体的意识与集体的精神，便产生公共利益的观念，倘若一个民族共同处于安乐祥和或者患难的时代，这种公共意识则表现为这一团体共同拥抱某种理想

① 《Pittsburg同学之努力》，《留美学生月刊》1921年第2卷第1期，第73-74页。

② 哈贝马斯：《公共领域》，载汪晖、陈燕谷主编《文化与公共性》，生活·读书·新知三联书店，2005，第125-133页。

③ 陈业勋：《再谈“关于留学教育问题”》，《留东学报》1935年第1卷第2期，第122-129页。

④ 陈业勋：《再谈“关于留学教育问题”》，《留东学报》1935年第1卷第2期，第122-129页。

生活的态度与趋向，这种态度与趋向对于彼时塑造留美学生这一全新国民尤为重要，这也即是我们需要肯定留美学生联合会的“联合精神”之所在。

最后，联合会后期面临的衰落、大会中出现小会、群体凝聚力消减等一系列现实情况，也有助于我们更好地认识这一境外学生团体。尽管随着社团的逐渐发展，群的意识在中国人的心中逐渐生根、发芽，但是近代国人对于学生共同领域的认同在某种程度上仍然不免流于肤浅。这种肤浅认识的窠臼，对于受过教育的留美学生也不能避免。留美学生虽然共同组织成立了一个属于全体留美学生的联合会，但是由于其中依然存在一部分留学生对于“共同领域”的理解性偏差，这一团体中不可避免地出现了某种分裂。这种分裂较之共同领域的这种归属之情显得微弱，但并不是说它在留美学生群体中完全不具备影响力，当团体的“向心力”一旦与另外一些价值相冲突，诸如家族、个人利益、声望、私人情感等方面的利益，这种分裂的影响力便凸显出来。无论是留美学生联合会，还是大江会，或者是兄弟会，或者是院校的不同留美学生会，它们都是留学生自愿结社的产物。这对于留学生们“自治能力”的培养与提高有着极大的帮助。基于这一点，可以说这类不同团体的成立基础是有极大相似性的。但是不同留学生团体成立所依据的宗旨与理念截然不同，同时由于不同的留学生有着不同的性情、处事方式，他们在团体运作过程中自然不可避免地产生冲突。这些冲突或许是来自人员人事方面的冲突，或许是来自群体利益的冲突，使得彼此之间自然呈现出了“同而不和”的关系格局。当然，这种冲突的理念一方面是联合会对于大部分留美学生的聚集所引发的，因此可以通过联合会这一共同讨论的机关得以消解从而避免冲突现象的发生——避免的方法即在于使各方面减少私人不负责任的批评，另一方面在于加强留学生联合会的凝聚力及向心力。

留美学生联合会从创设之初，即是自觉作为一个广泛存在于异邦的、自由的学生群体，除了依靠留学生们的理想热忱和自律精神将留学生凝聚在一起，更多的是依靠一种“共同国族”的观念而集结成社的，毕竟留美学生异邦求学“非为个人计，乃为国家计、为世界计”①，留学生有着“非图国家富强不可”的精神，这也几乎成了每一位近代留美学生身上所镌刻的理想宗旨，也是这群留学

① 蔡雄：《论求学之道》，《留美学生季报》1916年第3卷第3期，第133页。

生背井离乡远渡异邦克服重重困难的精神之帆。按照布迪厄的场域理论来看，他认为每一个知识共同体在本质上都是一个具有自主性的场域，[①]这一点对于联合会同样适用。“为中国的富强而同心协作”成了联合会会员共同的理想与追求，因此联合会的形成自然是留美学生必然的选择。由于具有相同的血缘和故国的情愫，留美学生联合会让会员个体找到了情感上的归宿与慰藉。换句话说，这恰恰是由于亲密的需要，面对面的真实沟通以及成为群体的成员需求所推动，留美学生群体组织才有了构建的内在合理性。[②]也正如一个共同社团，绝不是偶然的，必有其前因与后果。在知识活动的蓬勃气氛之下，有一种思想之上和情感上的安全感，迅速在学生之中发展开来，只有这时候，中国青年们才更好地归属于公共社团。[③]

曲终有散，对于留美中国学生联合会这一主题的探讨在本次研究中即将告一段落。但是，历史滚滚向前，学术理论也日新月异，随着国内与海外更多的史料档案得以发掘，对于留美中国学生联合会的认识也将更加深入。可以说，对于留美中国学生联合会的研究，才刚刚起步，今后对留美中国学生联合会的研究将在喜悦的探索中不断前行。近代留美学生在留美中国学生联合会中的一系列历史活动，闪烁着彼岸留学生们最纯真的理想之光；每一位留美中国学生联合会学子灿烂的笑容永久镌刻在了枯黄的史页中，也镌刻着这群留学生们最令人心潮澎湃的期许，在历史的长河中不时缅怀彼岸学子的纯善理念，这对于后来的研究者无疑是一份最温暖的慰藉。

---

① 皮埃尔·布迪厄、华康德：《实践与反思——反思社会学导引》，李猛、李康译，中央编译出版社，1998，第13页。

② Park& Miller: Old World Traits Transplanted, p.16，转引自 Neely Anne Elizabeth: *The Foreign Student on the American Campus*, Thesis submitted to the department of Sociology in the University of Chicago, 1922.pp.40-41. 原文为：“The need of intimate, face-to-face relations, the desire to be a member of society isvery powerful.”

③ 蒋梦麟：《西潮与新潮——蒋梦麟回忆录》，东方出版社，2006，第168页。

主要参考文献

著述、资料汇编

麦基佛:《现代的国家》,胡道维译,商务印书馆,1937。

储朝晖:《中国现代教育社团发展史论》,西南师范大学出版社,2020。

张剑:《科学社团在近代中国的命运——以中国科学社为中心》,山东教育出版社,2005。

林子勋:《中国留学教育史(1847—1975)》,华冈出版社。

章清:《"胡适派学人群"与现代中国自由主义》,上海古籍出版社,2004。

刘集林等:《中国留学通史(晚清卷)》,广东教育出版社,2010。

刘青峰:《民族主义与中国现代化》,香港中文大学出版社,1994。

哈贝马斯:《公共领域的结构转型》,曹卫东等译,学林出版社,1999。

吴小龙:《少年中国学会研究》,上海三联书店,2006。

范铁权:《近代中国科学社团研究》,人民出版社,2011。

陈正茂:《理想与现实的冲突:少年中国学会史》,秀威资讯科技股份有限公司,2010。

孙广勇:《社会转型中的中国近代教育会研究》,华中师范大学出版社,2007。

王建芹等:《从自愿到自由——近现代社团组织的发展演进》,群言出版社,2007。

桑兵:《清末新知识界的社团与活动》,上海三联书店,1995。

王奇生:《中国留学生的历史轨迹(1872—1949)》,湖北教育出版社,1992。

宋秋蓉:《近代中国私立大学发展史》,陕西人民教育出版社。2006。

陈其昌等:《各国教育谈》,商务印书馆,1924。

高平叔:《蔡元培教育论著选》,人民教育出版社,2011。

单中惠、王凤玉:《杜威在华教育讲演》,华东师范大学出版社,2016。

康有为:《大同书》,辽宁人民出版社,1994。

王栻:《严复集》(第4册),中华书局,1986。

张灏:《梁启超与中国思想的过渡(1890—1907)》,江苏人民出版社,1995。

梁启超:《梁启超选集》,上海人民出版社,1984。

郑大华,任菁:《强学——戊戌时论选》,辽宁人民出版社,1994.

陶孟和:《社会与教育》,福建教育出版社,2008。

刘志宏:《赴美留学指导》,商务印书馆,1946。

陈国权:《组织行为学》,清华大学出版社,2006。

李书纬:《少年行:1840—1911晚清留学生历史现场》,广东人民出版社,2016。

顾维钧:《顾维钧回忆录》(第一分册),中国社会科学院近代史研究所译,中华书局,1983。

陈学恂:《中国近代教育史教学参考资料》(中册),人民教育出版社,1987。

卫道治:《中外教育交流史》,湖南教育出版社,1998。

徐正铿:《留美采风录》,商务印书馆,1926。

叶维丽:《为中国寻找现代之路——中国留学生在美国(1900—1927)》,周子平译,北京大学出版社,2012。

陶亢德:《美国生活》,亢德书房,1941。

高平叔:《蔡元培教育论著选》,人民教育出版社,2011。

任剑涛:《建国之惑:留学精英与现代政治的误解》,中国政法大学出版社,2012。

叶维丽:《为中国寻找现代之路——中国留学生在美国(1900—1927)》,周子平译,北京大学出版社,2012。

李喜所:《近代留学生与中外文化》,天津教育出版社,2006。

周振鹤:《晚清营业书目》,上海书店出版社,2005。

安德森:《想象的共同体:民族主义的起源与散布(增订版)》,吴叡人译,上海人民出版社,2016。

张灏:《幽暗意识与民主传统》,新星出版社,2006。

方平:《晚清上海的公共领域(1895—1911)》,上海人民出版社,2007。

李佃来:《公共领域与生活世界——哈贝马斯市民社会理论研究》,人民出版社,2006。

哈贝马斯:《公共领域的结构转型》,曹卫东等译,学林出版社,1999。

梁实秋:《谈闻一多》,台湾传记文学出版社,1967。

徐友春:《民国人物大辞典》(增订版),河北人民出版社,2007。

陈国权:《组织行为学》,清华大学出版社,2006。

陶亢德:《欧风美雨》,宇宙风社,1938。

舒新城:《近代中国留学史》,上海文化出版社,1989。

谢扶雅:《游美心痕》,世界书局,1929。

戴维·米勒:《社会正义原则》,应奇译,江苏人民出版社,2008。

陶孟和:《社会与教育》,福建教育出版社,2008。

麦基佛:《现代的国家》,胡道维译,商务印书馆,1937。

蒋梦麟:《学生自治——在北京高等师范演说》,载曲士培主编《蒋梦麟教育论著选》,人民教育出版社,1995。

汪晖、陈燕谷:《文化与公共性》,生活·读书·新知三联书店,2005。

皮埃尔·布迪厄、华康德:《实践与反思——反思社会学导引》,李猛、李康译,中央编译出版社,1998。

清华大学校史研究室:《清华大学史料选编 第一卷 清华学校时期(1911—1928)》,清华大学出版社,1991。

金顺明:《中国近代教育团体刍论》,硕士学位论文,杭州师范大学教育系,1997。

王奇生:《留学与救国——抗战时期海外学人群像》,广西师范大学出版社,1995。

李喜所等:《近代中国的留美教育》,天津古籍出版社,2000。

蒋梦麟:《西潮与新潮——蒋梦麟回忆录》,东方出版社,2006。

梁启超:《饮冰室合集》,中华书局,1989年。

档案

台北"中研院"近代史研究所档案馆档案

会议报告、年鉴

中国留美学生:《美洲留学报告》,1904。
《寰球中国学生会年鉴》

报刊

《东方杂志》
《教育评论》
《学术月刊》
《留美学生季报》
《观察》
《留美学生年报》
《申报》
《学建通讯》
《教育杂志》
《新教育》
《留美中国学生月报》
《醒狮》
《大公报》
《时报》
《留英学报》
《留东学报》
《清华周刊》
《学生》

《教育理论与实践》

《华商联合会报》

《北京师范大学学报(社会科学版)》

《华中师范大学学报(人文社会科学版)》

《陕西教育月刊》

《北方交通大学学报》

《学校新闻》

《生命(北京)》

《清华副刊》

《寰球中国学生会周刊》

《江淮文史》

《中华教育界》

《尚贤堂纪事》

《独立评论》

《学术建国丛刊》

《生命(北京)》

《近代史研究》

《史林》

其他文献

Robert E. Lewis: The Students of China for Christ, New York: International Committee Young Men's Christian Associations, 1898.

The New York Chinese Students' Club: The Chinese Annual, Vol. 1, No.1, August 1911.

Arthur Judson Brown: The Chinese Revolution, New York: Student Volunteer Movement for Foreign Missions, 1912.

The World's Chinese Students' Journal, Shanghai: World's Chinese Students' Federation, 1912.

Joseph King: Our Neighbors: The Chinese, Chicago: Browne&Howell Company, 1913.

Bennett, John E. Our National Tendency and its Goal, San Francisco, Press of Schwabacher-Frey Stationery Co., 1914.

Bitton Nelson: The Regeneration of New China, London: United Council for Missionary Education, 1915.

Chinese Students' Union: The Truth About the Sino-Japanese "Conversations": Righteousness Exalted a Nation. London: The Chinese Students'Union Publisher, 1915.

Paul Myron Wentworth: Our Chinese Chances Through Europe ' s War, Chicago: Linebarger Brothers Publishers, 1915.

Harry Lyman Koopman: The Booklover and His Books, Boston: The Boston Book Company Press, 1917.

Kung Yuan-Kusuh: The Judgment of the Orient, Some Reflections on the Great War Made by the Chinese Student. New York: E.P.Dutton&Company, 1917.

Chinese Students' Christian Association in North America, The Chinese Students ' Christian Journal, 1918.

The China National Defense League in Europe, The Central Union of the Chinese Students in Great Britain: The World Peace and Chinese Tariff Autonomy. London: G.Allen&Unwin Ltd.Press, 1919.

Sze, F. C. Is Japan a Burning Menace to the World's Peace? Urbana-Champaign: The Publicity Bureau of the Chinese Students in the University of Illinois, 1919.

T.C.Woo, China's Case Against Japan in Kiaochou its Past and Present, Urbana: University of Illinois Press, 1919.

Ayscough Florence Wheelock: Friendly Books on Far Cathay, being a Bibliography for the Student and Synposis of Chinese History. Shanghai: Comercial Press, 1921.

Yeung Kwok Tsuen: The Intelligence of Chinese Children in San Francisco and

Vicinity. Thesis submitted to the Department of Education and the Committee on Graduate Study of the Leland Stanford Junior University, 1921.

Chinese Students 'Christian Association in North America, The Chinese Students' Christian Journal, 1921.

Saunders, J. Roscoe: The Chinese As They Are. New York: Fleming H. Revell Company, 1921.

Neely Anne Elizabeth: The Foreign Student on the American Campus, Thesis submitted to the department of Sociology in the University of Chicago, 1922.

China Today through Chinese Eyes. New York, George H. Doran Company, 1922.

The Chinese Students' Alliance in the United States of America: Report of the President of the Chinese Students ' Alliance for the Alliance Work on the Washington Conference and the Committee, April , 1922.

Jennings P. Chu: Chinese Students in America — Quality Associated with Their Success, New York: Columbia University, 1922.

China Educational Commission: Christian Education in China : A Study Made by an Educational Commission Representing the Mission Boards and Societies

Conducting Work in China, New York: Committee of Reference and Counsel of the Foreign Missions Conference of North America, 1922.

Tow, Julius Su: The Real Chinese in America , being an Attempt to Give the General American Public a Fuller Knowledge and a Better Understanding of the Chinese People in the United States. New York: The Academy Press, 1923.

Porter Lucius Chapin: China's Challenge to Christianity, New York: Missionary Education Movement of the United States and Canada, 1924.

Thesis and Dissertations by Chinese Students in America, 1902—1928, China Institute in America., 1928.

Latourette Kenneth Scott: A History of Christian Missions in China, New York: The Macmillan Company, 1929.

Roberta Ma(Ma Hsin-Yi): China Calls. Virginia, Richmond: The William Byrd

Press, Inc. 1938.

China Institute in America: National Reconstruction Journal. New York: Committee on Wartime Planning for Chinese Students in the United States, 1942.

Committee for a Democratic Far Eastern Policy: Letters from Home: How432

New China Looks to Her Students Who have Studied Abroad.New York, 1950.

China Institute in America: A Survey of Chinese Students in American Universities and Colleges in the Past One Hundred Years , In Commemoration of the One.

Hundredth Anniversary of the Graduation of the First Chinese from an American University (1854 — 1954), Yung Wing, B.A., Yale, 1954.

丛书跋

2012年完成自己主编的2012年度国家出版基金资助项目“20世纪中国教育家画传”后，就策划启动新的研究项目，于是决定为曾在中国教育现代化过程中发挥巨大作用而又少有人知的教育社团写史，并在2013年3月拿出第一个包含8本书的编撰方案。当初怎么也没想到这一工作一再积累后延，几乎占用了我8年的主要时间，列入写作的社团一个个增加，参加写作的专家团队、支持者和志愿者不断扩大，最终汇成30本书和由50多位专家组成的团队，并在西南大学出版社鼎力支持下如愿以偿地获得2019年度国家出版基金资助。

1895年中日甲午海战中国战败后，中国社会受到强烈震动，有识之士勇敢地站出来组建各种教育社团，发展现代教育。1895年到1949年，在中国传统教育向现代教育转化、嬗变的过程中，产生了数以百计的教育社团。中华教育改进社等众多的民间教育社团在中国教育现代化进程中都曾发挥过重要的、甚至是无可替代的作用，到处留下了这些社团组织的深深印记，它们有的至今还在发挥着潜移默化的作用，它们是中国教育智库的先声。

但随着时间的推移，知道这段历史的人越来越少。教育社团组织与中国教育早期现代化既是一个有丰富内涵的历史课题，更是一个极具现实意义的实践课题。挑选“中国现代教育社团史”这一极为重大的选题，联合国内这一领域有专深研究的专家进行研究，系统编撰教育社团史，既是为了更好地存史，也是为了有效地资政，为当今及此后教育专业社团的建立、发展和教育改进与发展提供借鉴，为教育智库发展提供独具价值的参考，为解决当下中国教育管理问题提供借鉴，从而间接促进当下教育质量的提升和《中国教育现代化2035》目标的实现。简言之,为中国现代教育社团修史是一项十分有意义的工作。

在存史方面,抢救并如实地为这些社团写史显得十分必要、紧迫。依据修史的惯例,经过70多年的沉淀,人们已能依据事实较为客观地看待一些观点,为这些教育社团修史,恰逢其时;依据信息随时间衰减的规律,当下还有极少数人对70多年前的那段历史有较充分的知晓,错过这个时期,则知道的人越来越少,能准确保留的信息也会越来越少,为这些社团治史时不我待。因此,本套丛书担当着关键时段、恰当时机、以专业方式进行存史的重要责任。

在资政方面,为中国现代教育社团修史是一项十分有现实意义的工作。中国教育改革除了依靠政府,更需要更多的专业教育社团发展起来,建立良性的教育评价和管理体系,并在社会中发挥更大的作用。社团是一个社会中多种活力的凝结和显示,一个保存了多样性社团的社会才是组织性良好的社会,才是活力充足的社会。当时的各个教育社团定位于各自不同的职能,如专业咨询、管理、评价等,在社会和教育变革中以协同、博弈等方式发挥出巨大的作用。它们的建立和发展,既受到中国现代新式教育发展的制约,又影响了中国现代新式教育发展的进程。研究它们无疑会加深我们对那个时期中国新式教育发展过程中各种得失的宏观认识,有助于从宏观层面认识整个新式教育的得失,进而促进教育质量和品质的提升。现今的教育社团发展不是在一张白纸上画画,1900年后在中国产生的各种教育社团是它们的先声。为中国现代教育社团修史将会为当下及未来各个社团的建立发展和教育智库建设提供真实可信而又准确细致的历史镜鉴。

做好这项研究需要有独特的史识和对教育发展与改革实践的深刻洞察,本丛书充分运用主编及团队三十余年来从事历史、实地调查与教育改革实践研究的专业积累。在启动本研究之前,丛书主编就从事与教育社团相关的研究,又曾做过一定范围的资料查找,征集国内各地教育史专业工作者意见,依据当时各社团的重要性和历史影响,以及历史资料的可获取性,采用既选好合适的主题,又选好有较长时期专业研究的作者的“双选”程序,以保障研究的总体质量,使这套丛书不仅分量厚重,质量优秀,还有自己的特色。

本丛书的"现代"主要指社团具有的现代性，这样的界定与中国教育现代化进程相吻合。以历史和教育双重视角，对中华教育改进社等具有现代性的30余个教育社团的历史资料进行系统的查找、梳理和分析。对各社团发展的整体形态做全面的描述，在细节基础上构建完整面貌，对其中有歧义的观点依据史实客观论述，尽可能显示当时全国教育社团发展的原貌和全貌，也尽可能为当下教育社团与教育智库的建立和发展提供有益的历史镜鉴。

为此，我们明确了这套丛书的以下撰写要求：

全套丛书明确史是公器，是资料性著述的定位，严格遵循史的写作规范，以史料为依据，遵守求真、客观、公正、无偏见的原则，处理编撰中的各类问题。

力求实现四种境界：信，所写的内容是真实可靠的，保证资料来源的多样性；简，表述的方式是简明的，抓住关键和本质特征经过由博返约的多次反复，宁可少一字，不要多一字；实，记述的内容是有实际意义和价值的，主要体现为内容和文风两个方面，要求多写事实，少发议论，少写口号，少做判断，少用不恰当的形容词，让事实本身表达观点；雅，尽可能体现出艺术品位和教育特性，表现为所体现的精神、风骨之雅，也表现为结构的独具匠心，表达手法的多样和谐、图文并茂。

对内容选取的基本标准和具体要求如下：

（1）对社团的理念做准确、完整的表述，社团理念在其存续期有变化的要准确写出变化的节点，要通过史料说明该社团的活动是如何在其理念引导下开展的。

（2）完整地写出社团的产生、存续、发展过程，完整地陈述社团的组织结构、活动规模、活动方式、社会影响，准确完整地体现社团成员在社团中的作用、教育思想、教育实践，尽可能做到"横不缺项，纵不断线"。

（3）以史料为依据，实事求是，还原历史，避免主观。客观评价所写社团对社会和教育的贡献，不有意拔高，也不压低同时期其他教育社团。关键性的评价及所有叙述要有多方面的史料支撑，用词尽可能准确无歧义。

（4）凸显各单册所写社团的独特性，注意铺垫该社团所在时代的社会与教育背景，避免出现违背历史事实的表述。

(5)根据隔代修史的原则，只记述中华人民共和国成立之前的历史。对后期延续，以大事记、附录的方式处理，不急于做结论式的历史判定。

(6)各书之间不越界，例如江苏教育会与全国教育会联合会之间，江苏教育会与中华教育改进社之间，详略避让，避免重复。

写法要求为：立意写史，但又不写成干巴、抽象、概念化的历史，而是在掌握大量资料的基础上，全面、深刻理解所写社团的历史细节和深度，写出人物的个性和业绩，写出事件的情节和奥秘，尽可能写出有血有肉、有精气神的历史，增强可读性。写法上具体要求如下：

(1)在全面了解所写社团基础上，按照史的体例，设计好篇目、取舍资料、安排内容、确定写法。在整体准确把握的基础上，直叙历史，不写成专题或论文，语言平和，逻辑清晰。

(2)把社团史写得有教育性。主要通过记叙社团发展过程中的人和事展示其具有的教育功能；通过社团具有的专业性对现实的教育实践发生正向影响，力求在不影响科学性、准确性的前提下尽量写得通俗。

(3)能够收集到的各社团的活动图片尽可能都收集起来，用好可用的图，以文带图，图文互补，疏密均匀。图片尽可能用原始的、清晰的，图片说明文字(图题)应尽量简短；如遇特殊情况，例如在正文中未能充分展开的重要事件，可在图题下加叙述性文字做进一步介绍，作为一个独立的知识点。

(4)关键的史实、引文必须加注出处。

据统计，清末至民国时期教育社团或具有教育属性的社团有一百多个，但很多社团因活动时间不长、影响不大，或因资料不足等，难以写成一本史书。本丛书对曾建立的教育社团进行比较全面的梳理，从中精心选择一批存续时间长、影响显著、组织相对健全、在某一专业领域或某一地区具有代表性、典型性的教育社团进行深入研究，在此基础上做出尽可能符合当时历史原貌和全貌的整体设计，整体上能够充分完整地呈现所在时代教育社团的整体性和多样性特征，依据在中国教育现代化进程中所发挥的作用大小选择确定总体和各部分的研究内容，依据史实客观论述，准确保留历史信息。本丛书的基本框架为一项总体研究和若干项社团历史个案研究。以总体研究统领各个案研究，为个案研究确定原则、方法、背景和思路；个案研究为总体研究提供史实和论证依据，各个案研究要有全面性、系统性、真实性、准确性、权威性、实用性，尽量写出历史的原貌和全貌，以及其背后盘根错节的关系。

入选丛书的选题几经增减，最终完稿的共30册：

《中国现代教育社团发展史论》《中华教育改进社史》《中华平民教育促进会史》《生活教育社史》《中华职业教育社史》《江苏教育会史》《全国教育会联合会史》《中国教育学会史》《无锡教育会史》《中国社会教育社史》《中国民生教育学会史》《中国教育电影协会史》《中国科学社史》《通俗教育研究会史》《国家教育协会史》《中华图书馆协会史》《少年中国学会史》《中华儿童教育社史》《新安旅行团史》《留美中国学生联合会史》《中华学艺社史》《道德学社史》《中华教育文化基金会史》《中华基督教教育会史》《华法教育会史》《中华自然科学社史》《寰球中国学生会史》《华美协进社史》《中国数学会史》《澳门中华教育会史》。

本丛书力求还原并留存中国各现代教育社团的历史原貌和全貌，对当时各教育社团的发展历程、重要事件、关键人物进行系统考察，厘清各社团真实的运作情况，从而解决各社团历史上一些有争议的问题，为教育学和历史学相关领域的发展提供一定的帮助，拓展出新的领域，从而传承、传播教育先驱的精神，为当今教育改革和发展提供历史借鉴和智慧资源，为今后教育智库的发展提供有中国实践基础的历史参考，在拓展教育发展的历史文化空间上发挥其他著述不可替代的作用。在写作过程中严格遵守史的写作规范，以史料为依据，遵守求真、客观、公正、无偏见的原则，处理编撰中的各类问题。

这是一项填补学术空白的研究。这个研究领域在过去70多年仅有零星个别社团的研究，在史学研究领域对社团的研究较多，但对教育社团的研究严重不足；长期以来，在教育史研究领域没有对教育社团系统的研究；对民国教育的研究多集中于一些教育人物、制度，对曾发挥不可替代作用的教育社团的研究长期处于不被重视状态。因此，中国没有教育社团史的系列图书出版，只有与新安旅行团、中华职业教育社相关的专著，其他教育社团则无专门图书出版，只是在个别教育人物的传记等文献中出现某个教育社团的部分史实，浮光掠影，难以窥其全貌。但是教育社团对当时教育的发展发挥了倡导、引领、组织、管理、评价等多重功能，确实影响深远，系统研究中国现代教育社团是此前学术界所未有过的。该研究可以为洞察民国教育提供新的视角，在今后一段时期内具有标志性意义，发挥其他著述不可替代的作用。

这是一项高难度的创新研究。它需要从70多年历史沉淀中钩沉，需要在教育学和史学领域跨越，在教育历史与现实中穿梭，难度系数很高、角度比较独特，20多年前就有人因其难度高攻而未克。研究过程中我们将比较厚实的历史积累和对当下教育问题比较深入的洞见相结合，以史为据，以长期未能引起足够重视的教育社团为研究对象，梳理出每个社团的产生、发展、作用、地位。

这是一项促进教育品质提升的研究。中国当下众多教育问题都与管理和评价体制相关。因此，我们决定研究中国现代教育社团史，对中国教育现代化进程中发挥过重要作用的诸多教育社团的历史进行抢救性记述、研究，对中国教育体系形成的脉络进行详尽的梳理，记录百年中国教育现代化进程中教育社团所起的重大作用，体现教育现代化过程中的“中国智慧”，为构建中国教育科学话语体系铺垫史料、理论基础，探明1898到1949年间教育社团在中国教育现代化发展中的作用，为改善中国教育提供组织性资源。

这是一项未能引起足够重视的公益性研究。本研究旨在还原并留存各教育社团的历史原貌和全貌，传承、传播教育先驱的精神，为当今教育改革和发展提供历史借鉴和智慧资源，拓展教育发展的历史文化空间，需要比较厚实的历史积累和对当下教育问题比较深入的洞见。本研究长期处于不被重视状态，但是其对教育的发展确实影响深远，需要研究的参与者具有对历史和现实的使命感。

这个研究项目在设计、论证和实施过程中得到业内专家的大力支持、高度关注和评价。中国教育学会教育史分会原会长田正平先生热心为丛书写了推荐信，又拨冗写了总序，认为：“说到底，这是当代中国教育改革的需要和呼唤。教育是中华民族振兴的根基和依托，改革和发展中国教育，让中国教育努力赶上世界先进水平，既是中央政府和各级政府义不容辞的职责，也必须依靠广大教育工作者的自觉参与和担当。从这个意义上讲，中国近代教育会社团体与中国教育早期现代化研究，既是一个有丰富内涵的历史课题，更是一个极具现实意义的重大问题。”中国现代教育社团史的课题，“从近代以来数十上百个教育社团中精心选择一批有代表性、典型性、产生过重大影响的教育社团，列为专题，分头进行了深入的研究。我相信，读者诸君在阅读这些成果后所收获的不仅仅是对教育社团的深入理解和崇高敬意，也可能从中引发出一些关于当代中国教育改革的更深层次的思考”。

北京师范大学教育学部原部长、清华大学教育学院院长石中英教授在推荐中道：“对那些历史上有重要影响的教育社团进行研究，既具有非常重要的学术价值，也具有非常强烈的现实意义。”“当前，我国改革开放正在逐步地深入和扩大，激发社会组织活力，在整个社会治理体系建设中具有重要作用。现代教育治理体系的建设，也迫切需要发挥专业的教育社团的积极作用。在这个大背景下，依据可靠的历史资料，回溯和评价历史上著名教育社团的产生、发展、组织方式和活动方式等，具有现实意义和社会价值。”“总的来说，这个项目设计视角独特，基础良好，具有较高的学术价值、实践价值和出版价值。”

1990年代，中央教育科学研究所张兰馨等多位前辈学者就意识到这一选题的重要性，曾试图做这一研究并组织编撰工作，终因撰写团队难以组建、资料难以查找搜集等各种条件限制而未完成。当我们拜访80多岁的张兰馨先生时，他很高兴地拿出了当年复印收藏的一些资料，还答应将当年他请周谷城先生题写的书名给我们使用，既显示这一研究实现了学者们近30年未竟的愿望，也使这套书更具历史文化内涵。

西南大学出版社是全国百佳图书出版单位、国家一级出版社、全国先进出版单位，承担了多项国家重大文化出版工程项目、国家出版基金资助项目、重庆市出版专项资金资助项目，具有丰富的国家、省市重点项目出版与管理经验。该社出版的多项国家级项目受到各级主管部门、学界、业内的一致好评。另外，西南大学的学术优势为本书的出版提供了学术支撑。

本项目30余位作者奉献太多。他们分别来自中国人民大学、北京师范大学、华东师范大学、中山大学、首都师范大学、浙江师范大学等多所高校和研究机构，他们长期从事相关领域的研究，具有极强的学术责任感，具备了较好的专业基础，研究成果丰硕，有丰富的写作经验。在没有启动经费的情况下，他们以社会效益为主，把这项研究既当成一项工作任务，又当成一项对精湛技术、高雅艺术和完美人生的追求，以高度的历史使命感和现实的使命感投入研究，确保研究过程和成果具有较高的严谨性。他们旨在记录中国教育现代化过程中教育社团所起的重大作用，体现教育现代化过程中的“中国智慧”，写出理论观点正确、资料翔实准确、体例完备、文风朴实、语言流畅，具有资料性、科学性、思想性，经得起历史检验的，有灵魂、有生命、能传神的现代教育社团史。

这套丛书邀约的审读委员主要为该领域的专家，他们大多在主题确定环节就参与讨论，提供资料线索，审读环节严格把关，有效提高了丛书的品质。

本人为负起丛书主编职责，采用选题与作者“双选”机制确定了撰写社团和作者，实行严格的丛书主编定稿制，每本书都经过作者拟提纲—主编提修改意见—确定提纲—作者提交初稿—主编审阅，提出修改意见—作者修改—定稿的过程，有些书稿从初稿到定稿经过了七到八次的修改，这些措施有效地保障了这套丛书的编撰质量。尽管做了这些努力，仍难免有错，敬希各位不吝赐正。

十分感谢国家出版基金资助。本丛书有重大的出版价值，投入也巨大，但市场相对狭窄。前期在项目论证、项目启动、资料收集、组织编写书稿中投入了大量的人力、物力。多位教育专家和史学专家经过八年的努力，收集了大量的资料，研究的深度和广度都大大超出此前这一领域的研究。各位作者收集了大量的历史资料，走访了全国各大图书馆、资料室，完成了约一千万字、数百幅图片的巨著。前期的资料收集、研讨成本甚高，而使用该书的主要为教育研究者、教育社团和教育行政人员。即便丛书主编与作者是国内教育学、教育史学领域的权威专家，即便丛书经过精心整理、撰写而成，出版后全国各地图书馆、研究院所会有一定的购买，有一定的经济效益，但因发行总数量有限，很难通过少量的销售收入实现对大量经费投入的弥补，国家出版基金资助是保障该套丛书顺利出版的关键。

教育在实现中华民族伟大复兴中发挥着不可替代的作用。完整、准确、精细地回顾过去方能高瞻远瞩而又脚踏实地地展望未来，将优秀传统充分挖掘展现、利用方能有效创造未来，开创教育发展新时代。在中国教育现代化进程中众多现代教育社团是促进者。中国人坚定的自信是建立在5000多年文明传承基础上的文化自信。中国现代教育社团的发起者心怀中华，在中华民族处于危亡之际奔走呼号，立足弘扬中华优秀文化传统提倡革新。本丛书深层次反映了当时中国仁人志士组织起来，试图以教育救国的真实面貌，其中涉及几乎全部的教育界知名人物，对当年历史的还原有利于挖掘中华优秀传统文化的强大生命力和在民族危亡关头的强大凝聚力，弘扬中华优秀传统文化，为构建中华优秀传统文化传承发展体系添砖加瓦。研究这段历史，对于推动中华优秀传统文化创造性转化、创新性发展，对于促进教育智库建设，发展中国教育事业，发挥教育在促进中华民族伟大复兴中的作用具有重要意义。

愿我们所有人为此的努力在中国教育现代化进程中生根、发芽、开花、结果。

储朝晖